Das Kochbuch

Danksagung

Ein herzliches Dankeschön an Kay Scarlett und Juliet Rogers für ihren Mut, ein weiteres Werk mit mir in Angriff zu nehmen, vor allem, wenn es sich dann von einem einfachen Buch zu einem enormen Wälzer auswächst. Dank auch an Jackie Frank für die Gelegenheit, das Projekt durchzuziehen. Einen großen Dank an Marylouise Brammer für ihre harte Arbeit rund um das Design. Margaret Malone hätte eigentlich einen Orden verdient für ihre unermüdliche Arbeit und ihren Enthusiasmus, ein derartiges Monstrum herauszubringen. Ich schulde dir diverse Runden, nachdem wir die über Monate zwischen uns hin und her tanzenden Wörter endlich auf den Weg geschickt haben. Ein wirklich ganz großes Dankeschön an dich und das ganze Team von Murdoch Books.

Die Zeit im Studio war einmal mehr eine Gelegenheit, gemeinsam mit Freunden an einem Projekt zusammenarbeiten, das scheinbar kein Ende nehmen wollte. Einen großen Dank an Jo Glynn für die harte Arbeit in der Küche und an Ross Dobson für seinen Starauftritt zum Abschluss des Shootings. An Petrina Hicks für eine Detailfreudigkeit im Studio, die die Messlatte für Fotoassistenten fast unerreichbar hoch gelegt hat. Einen großen Dank an Margot Braddon für ihre rastlose, nimmermüde Suche nach interessantem Küchenzubehör, und an Marcus Hay für die schönen Räumlichkeiten.

Wie immer wäre auch dieses Buch ohne Petrina Tinslay nicht möglich gewesen. Dies ist unser viertes gemeinsames Buch, daher gehen mir langsam die Superlative aus, um die Größe des Danks zu beschreiben, den ich ihr schulde. Nichtsdestotrotz – danke für die wunderschönen Bilder, für deine Freundschaft und für deine Engelsgeduld angesichts eines riesigen Bergs Arbeit, kilometerlangen Bildmaterials und gelegentlichen Babygeschreis. Für eine Zeit war dein Studio für mich wie ein zweites Zuhause.

Ebenfalls unbezahlbar großen Dank schulde ich Warwick, die mir mit Herzlichkeit und Humor zur Seite stand und die sich die letzten sechs Monate mit fürsorglich wiegenden Armen um Sams Wohl und Ablenkung bemühte. Ohne dich hätte ich es nicht geschafft. Danke auch an Warwicks Familie, vor allem an ihre Schwester Kate und an Opa und Oma Orme, die, um es mit Virginia Woolfs unvergessenen Worten zu sagen, mir bei vielen Gelegenheiten halfen, einen Raum ganz für mich allein zu finden, wenn mich der Abgabetermin mal wieder in Panik versetzte. Danke an Ben und Sam für ihre Nachsicht während meiner Abwesenheit und an Mum und Dad für lebenslange Freundschaft und dafür, dass sie immer für mich da sind.

Ein Buch voller Schüsseln und Schalen erzeugt eine ellenlange Liste des Danks. Nun denn: Danke an Mark Cornway für das wundervolle Emaillegeschirr und an Bison für das farbenprächtige Küchenzubehör. Danke an Mud Australia und Dinosaur Designs für ihre erlesenen Schüsseln und Teller und an Orson & Blake, The Bay Tree, Design Mode International und The Sydney Antique Centre für die vielen Utensilien. Ein dickes Dankeschön an David Edmonds für die großzügige Bereitstellung seiner außergewöhnlichen Keramik. Danke auch an Smeg und Wheel & Barrow für die Küchengeräte und Marblo, Major and Tom, Sydney Countertop Fabrications, Thonet Australia und Worling Saunders für ihre freundliche Bereitstellung von Arbeitsplatten, Möbeln und Kleidung.

Unser Verlagsprogramm finden Sie unter www.christian-verlag.de

Übersetzung aus dem Englischen: Helmut Ertl
Textredaktion: Anja Ashauer-Schupp
Korrektur: Petra Tröger
Satz: Studio Fink, Krailling
Umschlaggestaltung: Caroline Daphne Georgiadis,
Daphne Design

Die Originalausgabe mit dem Titel *Marie Claire Kitchen* wurde erstmals 2004 im Verlag Murdoch Books Pty Ltd., London, veröffentlicht.

Die Deutsche Nationalbibliothek verzeichnet diese Publikation in der Deutschen Nationalbibliografie; detaillierte bibliografische Daten sind im Internet über http://dnb.d-nb.de abrufbar.

Gesamtherstellung Verlagshaus GeraNova Bruckmann GmbH

ISBN 978-3-86244-079-5

Christian Verlag
Postfach 400209
80702 München
E-Mail: lektorat@verlagshaus.de

Das Kochbuch

600 gute Gründe zum Kochen

Michele Cranston

Fotografie
Petrina Tinslay

CHRISTIAN

Inhalt

Mach's einfach!

Essen gehört zu den großen Freuden des Lebens und für alle, die in der Küche in ihrem Element sind, ist nichts so entspannend und befriedigend wie ein aufgeschlagenes Kochbuch, ein Korb voller frischer Zutaten und ein griffbereites scharfes Messer.

Schälen und schnippeln und dabei ein Liedchen vor sich hin summen – für manche gibt es nichts Schöneres. Doch nicht jeder springt auf eine Schüssel reifer Tomaten an wie Doris Day. Für viele ist die Küche ein Minenfeld voller Hektik und Verzweiflung. Das muss nicht sein. Mein Motto war schon immer, die Dinge unkompliziert zu halten. Mein bester Rat für den Anfänger lautet: Mach's einfach! Wer ein paar Grundtechniken beherrscht, Zutaten von guter Qualität kauft und sich ab und zu etwas Besonderes gönnt, hat bereits den Schlüssel zum Erfolg. Halten Sie den Speisezettel unter der Woche schlicht – zu kulinarischen Höhenflügen schwingen Sie sich lieber am Wochenende auf.

Dieses Buch begann als Grundkochschule, als eine Art Gebrauchsanweisung, wie man mit Freude für Familie und Freunde kocht – und für sich selbst natürlich. Doch dann gingen mir einige unserer beliebtesten Rezepte aus der Vergangenheit durch den Kopf und so wurde das

Buch schließlich zum gemischten Doppel – Kochschule und „Greatest Hits" in einem.

Insgesamt sind es acht Kapitel geworden: Frühstück, Geliebte Leibspeisen, Salate, Sommer satt, It's Teatime, Cocktails, Dinner und Desserts. Jedes Kapitel beginnt mit Anregungen, die inspirieren und Appetit machen sollen. Dazu gehören Schritt-für-Schritt-Anleitungen für vielfältige Zubereitungen von Rührei über Brathähnchen bis zum cremigen Vanilleeis und klassische Rezepte, an denen wichtige Techniken illustriert werden. Hinzu kommen Tipps und Tricks, etwa wie man Gerichte abwandelt, wie man Zutaten variiert oder wie sich ein Rezept abkürzen lässt, wenn die Zeit knapp ist. Die Kapitel schließen mit Rezepten – sie sind meine persönlichen „Best of" und spiegeln meine Vorliebe für die frische, schnelle und einfache Küche. Dieses Buch zusammenzustellen hat großen Spaß gemacht und ich hoffe, es bringt Gelassenheit in Ihre Küche – und Genuss auf Ihren Tisch!

Frühstück

Kein Zweifel, das Wochenende bietet sich für ein gutes Frühstück an. Der Luxus, um neun noch im Pyjama herumzulaufen, muss gefeiert werden. Was käme da gelegener als knuspriger Toast, duftender Kaffee und ein paar Leckerbissen, bei denen auch Schlafmützen hellwach werden?

Frühstücksideen

die Zutaten in Stellung bringen:

Eier mit allem Pipapo,

Obst und Kaffee

schlagen, rühren, brutzeln & braten

und sich genüsslich den Weg in den

Frühstückshimmel

schlürfen.

Sparen Sie nicht an der Qualität – einfachen Klassiker machen sie den

Rührei

1 2 Eier und 4 Esslöffel Sahne in eine Schüssel geben, leicht salzen und kräftig verquirlen.

2 Eine beschichtete Pfanne auf mittlerer bis hoher Stufe erhitzen und 2 Teelöffel Butter darin nur eben zerlassen. Die verquirlten Eier hineingießen und garen, bis die Masse am Rand zu stocken beginnt. Dann das Ei mit einem Holzlöffel rundherum vom Pfannenrand zur Mitte hin schieben. Gart es zu rasch, die Hitze etwas reduzieren.

3 Das Rührei weiter auf diese Weise garen und das gestockte Ei zur Pfannenmitte schieben. Sobald sämtliches Ei gestockt ist, die Pfanne vom Herd nehmen und das Rührei auf einem Teller anrichten. Mit frischem Toast und Beilagen servieren. Für 1 Person.

Tipps & Tricks

- Das Geheimnis für gutes Rührei ist eine gute Pfanne. Wenn Sie häufig Eierspeisen zubereiten, lohnt die Anschaffung einer beschichteten Pfanne mit schwerem Boden. Darin bleibt die Hitze konstant, das Ei gart gleichmäßiger. Und da es nicht anhaftet, lässt es sich auch leichter rühren.
- Bereiten Sie höchsten zwei Portionen Rührei auf einmal zu, denn zu viel Ei in der Pfanne ist schwer zu handhaben und neigt zum Übergaren. Bei größeren Mengen sollte man mit zwei Pfannen oder in mehreren Durchgängen arbeiten.
- Achten Sie beim Eierkauf auf das Mindesthaltbarkeitsdatum, damit Sie sicher sein können, dass die Eier wirklich frisch sind. Verwenden Sie nur Eier von bester Qualität, beispielsweise Freiland- oder Bioeier – Sie werden sich wieder daran erinnern, wie ein Ei schmecken muss.

frische Bioeier schmecken besser und bei diesem ganzen Unterschied.

Klassische Eiergerichte

Pochiert

Bei pochierten Eiern ist absolute Frische das A und O. In eine tiefe Pfanne etwa 5 cm hoch kaltes Wasser füllen, 1 Teelöffel Weißweinessig zugeben und bis knapp zum Siedepunkt erhitzen. 1 Ei auf eine Untertasse schlagen und vorsichtig in das nur eben siedende Wasser gleiten lassen. Die Hitze reduzieren und das Ei 5 Minuten pochieren. Mit einem Schaumlöffel herausheben und auf Küchenpapier abtropfen lassen. Mit Vollkorntoast servieren. Für 1 Person.

Gekocht

2 Eier aus dem Kühlschrank nehmen und auf Raumtemperatur erwärmen lassen. In einen kleinen Topf genügend kaltes Wasser füllen, um die Eier zu bedecken, und bei starker Hitze aufkochen. Sobald es sprudelnd kocht, die Hitze etwas reduzieren, mit einem Löffel die Eier hineinlegen und in 5 Minuten wachsweich kochen. Herausheben und kalt abschrecken. Für hart gekochte Eier die Garzeit um 1–2 Minuten verlängern. Die Eier in Eierbecher setzen und die Spitze mit einem scharfen Messer kappen. Mit Meersalz, Pfeffer und Buttertoast servieren. Für 2 Personen.

Eierspeisen sind denkbar einfach: Eier, Salz, Pfeffer,

Gebraten

In einer beschichteten Pfanne mit schwerem Boden 2 Esslöffel Pflanzenöl und 1 Esslöffel Butter auf mittlerer bis hoher Stufe erhitzen. Sobald die Butter aufschäumt, vorsichtig 1 Ei hineinschlagen. Die Hitze auf mittlere Stufe reduzieren, das Ei 1 Minute braten und dabei das heiße Fett über das Eigelb ziehen. Die Pfanne vom Herd nehmen und einen Toast buttern. Das Spiegelei mit einem Pfannenwender herausheben und mit dem Toast, Meersalz und frisch gemahlenem schwarzen Pfeffer servieren. Für 1 Person.

Gebacken

Den Ofen auf 180 °C vorheizen. Zwei Auflaufförmchen von 8 cm Durchmesser großzügig ausbuttern, in eine Bratenpfanne stellen und diese bis zur halben Höhe der Förmchen mit heißem Wasser füllen. 4 Eier in eine Schüssel schlagen, 1 Esslöffel Schnittlauchröllchen und 2 Esslöffel fein geriebenen Parmesan zugeben und kräftig verquirlen. Die Eiermasse mit Salz und Pfeffer würzen, in die Förmchen gießen und 15 Minuten im Ofen garen, bis sie gestockt ist.
Für 2 Personen.

Butter und knuspriges Brot – mehr nicht.

Omelett

1 3 Eier trennen. Die Eiweiße zu Eischnee schlagen, bis sich weiche Spitzen bilden. Vorsichtig die Eigelbe unterziehen.

2 Eine beschichtete Pfanne von 25 cm Durchmesser auf mittlerer Stufe erhitzen und 1 Esslöffel Butter hineingeben. Sobald sie geschmolzen ist und zu schäumen beginnt, die Eimasse hineingießen und garen. In der Anfangsphase die Ränder mit einem Spatel behutsam zur Mitte hin schieben.

3 Sobald das Ei fast gestockt ist, das Omelett zusammenfalten und die Pfanne vom Herd nehmen. Das Omelett behutsam auf einen Teller gleiten lassen und mit einem Salat aus jungem Spinat und Schnittlauch garnieren. Für 1–2 Personen.

Tipps & Tricks

- Für ein gefülltes Omelett geben Sie kurz vor dem Zusammenfalten geriebenen Käse, gehackte Kräuter oder sautierte Pilze in die Mitte.
- Je nach Größe des Appetits reicht dieses Omelett für 1–2 Personen. Bei größeren Mengen sollte man die Omeletts separat zubereiten, da sie in einer einzigen Pfanne schwer zu handhaben sind.
- Noch einfacher als dieses Schaumomelett ist die klassische Version im Stile eines Eierpfannkuchens: 3 Eier verquirlen. In der Pfanne etwas Butter zerlassen, die Eier hineingießen und backen, bis sie an der Unterseite gestockt ist. Mit geriebenem Käse oder gehackten Kräutern bestreuen und unter dem vorgeheizten Backofengrill fertigstellen, bis der Käse goldbraun und das Ei gänzlich gestockt ist. Für eine herzhaftere Variante können Sie neben Käse noch knusprig gebratenen Speck oder sautierte Pilze und jungen Spinat zugeben.

Klassische Beilagen rund ums Ei

Sautierte Champignons

400 g Champignons in Scheiben schneiden, mit 2 Esslöffeln Butter und 1 fein gehackten Knoblauchzehe in eine Pfanne geben und mit ein wenig Meersalz würzen. Auf mittlerer Stufe erhitzen und, sobald die Butter schäumt, einen Deckel auflegen. Den Herd auf kleine Stufe stellen und die Pilze zugedeckt 10 Minuten garen. Vom Herd nehmen, mit frisch gemahlenem schwarzem Pfeffer würzen und servieren.
Für 4 Personen als Beilage.

Gebackene Bohnen (Baked Beans)

Über Nacht 500 g getrocknete weiße Bohnen in Wasser einweichen. Den Ofen auf 180 °C vorheizen. 1 Dose (400 g) gehackte Tomaten, 3 Esslöffel Melasse, 3 Esslöffel braunen Zucker, 1 Teelöffel Senfpulver, 750 ml Wasser, 1 Esslöffel Meersalz und 1 großzügige Prise frisch gemahlenen schwarzen Pfeffer in einem mittelgroßen Topf zum Kochen bringen und rühren, bis sich der Zucker aufgelöst hat. 3 Scheiben durchwachsenen Speck in einen großen Schmortopf legen und mit den abgetropften Bohnen bedecken. Die Tomatensauce darübergießen und umrühren. Zugedeckt im Ofen 6 Stunden backen und stündlich kontrollieren, ob noch genügend Flüssigkeit im Topf ist. Bei Bedarf etwas Wasser zugießen. Für 8–10 Personen als Beilage.

Spinat

500 g jungen Spinat unter fließendem kaltem Wasser waschen. Stiele und etwaige Wurzeln entfernen, die Blätter grob hacken. In einer großen Pfanne 1 Esslöffel Butter bei mittlerer Temperatur aufschäumen. Den abgetropften Spinat hineingeben und zugedeckt 2 Minuten dünsten. Vom Herd nehmen und vor dem Servieren mit Meersalz und frisch gemahlenem schwarzem Pfeffer würzen. Für 4 Personen als Beilage.

Ofentomaten

Den Ofen auf 180 °C vorheizen. 2 Eiertomaten längs halbieren und auf ein mit Backpapier bedecktes Blech legen. Mit Thymianzweigen belegen und großzügig mit Meersalz und frisch gemahlenem schwarzem Pfeffer würzen. Mit nativem Olivenöl extra beträufeln und 40 Minuten im Ofen backen. Für 2 Personen als Beilage.

Einen Toast auf den Toast

Oft sind die einfachsten Dinge im Leben auch die schönsten. Wie sonst wäre zu erklären, dass mir selbst nach jahrelanger Küchenpraxis mit den ausgefallensten Zutaten ein simpler knusprig-warmer Toast immer noch den größten Genuss bereitet. Ein paar Garnituren und Beläge dazu – goldbraun gebratene Pilze, Grilltomaten oder saftiger Schinken – und fertig ist ein Frühstück, das selbst den müdesten Gaumen munter macht.

Mehr als nur „Röstschnitte"

Jeder hat seine eigenen Vorstellungen von einem perfekten Toast. Hier sind ein paar Anregungen für ein ebenso schnelles und schmackhaftes Frühstück:

- Türkisches Fladenbrot toasten und mit frischem Ricotta bestreichen. Etwas Honig darüberträufeln und mit Zimt bestreuen. Dazu Bananenscheiben oder frische Pfirsiche servieren.
- Eine dicke Scheibe Brioche toasten, dick mit griechischem Joghurt bestreichen und mit gedünsteten Früchten garnieren. Mit Puderzucker bestaubt servieren.
- Getoastetes Körnerbrot mit heißen Baked Beans (s. S. 20) bedecken und mit geriebenem Cheddar bestreuen. Mit Rucola garnieren und servieren.
- Früchtebrot toasten, mit griechischem Joghurt und gedünstetem Rhabarber (s. S. 27) garnieren und servieren.
- Vollkornbrot mit zerdrücktem Avocadofleisch bestreichen und mit einem Spritzer Zitronensaft und reichlich frisch gemahlenem schwarzem Pfeffer würzen – ein Evergreen.
- Für eine frische, würzige Variante Sauerteig- oder Weißbrot mit dünnen Tomatenscheiben belegen, mit nativem Olivenöl extra beträufeln, mit Meersalz und Pfeffer würzen und mit zerpflücktem Basilikum garnieren. Sättigender wird es, wenn Sie zusätzlich Avocadospalten oder dick geschnittenen Käse daraufgeben.
- Getoastetes Körnerbrot mit Bananenscheiben belegen, mit Zitronensaft beträufeln und vor dem Servieren mit braunem Zucker bestreuen.
- Etwas gemahlenen Zimt und braunen Zucker mit weicher Butter verrühren, auf getoastete Brioche streichen und unter dem Grill gratinieren, bis die Butter schäumt. Mit frischen Beeren servieren.

Morgendliche Muntermacher

Wenn Sie einen herzhaften Start in den Tag brauchen oder ein paar Anregungen für einen Sonntagsbrunch suchen, dann sind Sie bei diesen Toasts auf der richtigen Spur:

- Getoastetes Brot mit Ofentomaten und Cheddar belegen und unter dem Grill gratinieren, bis der Käse blubbert. Mit knusprig gebratenem Speck servieren. Oder die Tomaten mit Ricotta und Tapenade (schwarzer Olivenpaste) garnieren und mit Vollkorntoast servieren.
- Vollkornbrot toasten und mit gekochtem Schinken und sautierten Champignons (s. S. 20) belegen. Saft und Bratfett der Pilze darüberziehen und mit frischem jungem Spinat servieren.
- Vollkorntoast mit gedünstetem Spinat (s. S. 21) bedecken und mit Emmentaler belegen. Unter dem Grill überbacken, bis der Käse zu schmelzen beginnt. Mit zerstoßenem Pfeffer bestreut servieren.
- Focaccia mit dünnen Salamischeiben und Provolone sowie eingelegten Artischockenherzen und dünn geschnittenen Tomaten belegen. Unter dem Grill überbacken, bis der Käse geschmolzen ist. Mit bestem Olivenöl beträufeln – Focaccia ganz klassisch.
- Kochschinken und Greyerzer zwischen zwei dünne Scheiben Sauerteigbrot schichten, das Sandwich von außen buttern und in der Pfanne bei schwacher Hitze braten, bis es goldbraun und der Käse geschmolzen ist. Mit Früchte-Chutney servieren.
- Immer noch beliebt – das klassische Sandwich mit Speck, Salat und Tomate: Zwei Scheiben Weiß- oder Sauerteigbrot toasten und mit Mayonnaise bestreichen. Eine Scheibe mit knusprigem Speck, dünnen Tomatenscheiben und Eisbergsalat belegen, die zweite Scheibe auflegen und mit einer Bloody Mary oder Virgin Mary (alkoholfrei) servieren – ein wirkungsvolles Katerfrühstück.
- Für alle, die einen schweren Kopf haben, hier ein altbewährtes Rezept, das einen wieder auf die Beine bringt. In die Mitte einer dicken Scheibe Sauerteigbrot ein Loch schneiden. Das Brot in Olivenöl braten und ein Ei in das Loch schlagen. Sobald das Ei stockt und das Brot von unten gebräunt ist, umdrehen und von der anderen Seite goldbraun braten. Mit süßer Chilisauce servieren – ein herzhafter Schmaus mit Kick.

Klassische Körner & Getreide

Süßer Couscous

In einem Topf 175 g Couscous, 3 Teelöffel Honig und 500 ml kochendes Wasser vermengen und zugedeckt bei ganz schwacher Hitze 5 Minuten garen, bis der Couscous sämtliche Flüssigkeit aufgenommen hat. Mit einer Gabel auflockern, wieder zudecken und von der Kochstelle nehmen. Den Couscous 10 Minuten quellen lassen, dann ½ Teelöffel gemahlenen Zimt, 1 Teelöffel fein geriebene Orangenschale, 3 Esslöffel Korinthen und 3 Esslöffel Mandelblättchen untermischen. Mit Joghurt servieren. Für 4 Personen.

Müsli

In einer Schüssel 200 g kernige Haferflocken mit 250 ml Apfelsaft übergießen und mindestens 1 Stunde oder über Nacht einweichen. 2 grüne Äpfel reiben und unter die eingeweichten Haferflocken mengen. 125 g Joghurt und ½ Teelöffel gemahlenen Zimt zugeben, gründlich verrühren und mit frischen Beeren oder gedünstetem Rhabarber (s. S. 27) servieren. Für 4 Personen.

Süßer schwarzer Reis

200 g schwarzen Reis 1 Stunde in reichlich kaltem Wasser einweichen. Abtropfen lassen, unter fließendem Wasser abspülen und erneut abtropfen lassen. Den Reis in einem Topf mit 500 ml Wasser unter gelegentlichem Rühren zum Kochen bringen und zugedeckt bei schwacher Hitze 35 Minuten garen. Den Deckel abnehmen, 4 Esslöffel braunen Zucker oder geriebenen Palmzucker sowie 1 Prise Salz und 125 ml Kokosmilch unterrühren. Auf kleiner Flamme weitere 10 Minuten garen und abkühlen lassen. Über Papaya- oder Bananenstücke löffeln, mit Kokosmilch beträufeln und servieren. Für 4 Personen.

Knuspermüsli mit Honig und Früchten

Den Ofen auf 150 °C vorheizen. 500 g Haferflocken in einer großen Schüssel mit 125 g Sonnenblumenkernen, 125 g Mandelstiften, 100 g Triticale- oder Weizenflocken, 60 g Kokosraspeln und 2 Esslöffeln Sesam gründlich vermengen. In einem Topf 250 g Honig und 4 Esslöffel Pflanzenöl auf kleiner Flamme erhitzen. Über das Müsli gießen und umrühren, bis die Körner gut mit Honig bedeckt sind. Das Müsli auf einem Blech ausbreiten und 30 Minuten im Ofen backen; gelegentlich wenden. Aus dem Ofen nehmen und abkühlen lassen. 50 g getrocknete Aprikosen, 25 g getrocknete Äpfel und 50 g getrocknete Pfirsiche in feine Streifen schneiden und unter das Müsli mengen. Luftdicht verschlossen lagern.
Für 12 Personen.

Rundum gesund

Wenn Sie den Tag gern unbeschwert beginnen, gibt es nichts Besseres als frisches Obst – und mit ein paar Körnern als stärkende Zugabe meistern Sie den Tag mit links.

Halten Sie sich an das jahreszeitliche Angebot von Mutter Natur, denn saisonale Früchte schmecken am besten. Der Sommer lockt mit Beeren, Steinobst und Exoten, während der Winter mit Schmorobst wie Äpfeln oder mit pikant gewürzten Fruchtsalaten allerlei Wärmendes zu bieten hat.

Getreide ist nahrhaft und sättigend, ob es sich um ein paar Frühstücksflocken oder einen herzhaften Porridge oder Reis handelt. Luftdicht verschlossen lassen sich alle Arten von Körnern gut bevorraten, sodass man sich einen Grundstock anlegen kann, der für jede Jahreszeit das Richtige bietet – ein schnelles Müsli oder einen einfachen Couscous im Sommer und wärmende Haferflocken und Reis in den kalten Monaten.

Frisch und fit an den Start

Hier einige Frühstücksideen, mit denen Sie nicht nur topfit in den Tag starten, sondern auch etwas Abwechslung in Ihren Kaffee- und-Toast-Trott bringen:

- Abwechselnd Müsli, saisonale Früchte und Joghurt übereinander in große Gläser schichten – ein Frühstücks-Trifle zum Fingerschlecken.
- Gemischte frische Beeren unter einen süßen Couscous (s. S. 24) mengen und mit Joghurt servieren.
- Cremigen Porridge mit braunem Zucker bestreuen und mit Bananenscheiben, gedünstetem Rhabarber (siehe rechts) oder pochierten Pfirsichen (s. S. 346) garnieren.
- Dünne Mango- und Bananenscheiben mit Limettensaft beträufeln und mit 1 Löffel schwarzen Reis (s. S. 25) und etwas Kokosmilch übergossen servieren.

Sommerfrüchte

Es gibt keine genussvollere Art, die aufgehende Sonne zu begrüßen, als mit einem Teller Sommerfrüchte – frisch oder gegart. Hier eine sommerlich fruchtige Auswahl:

- Verschiedene Steinfrüchte in Spalten schneiden und mit etwas Orangensaft, Limettensaft und dem Fruchtmark einiger Passionsfrüchte in einer Schüssel vorsichtig vermengen. Mit süßem Couscous (s. S. 24), 1 Löffel Joghurt oder einfach so servieren.
- 6 reife Pflaumen in feine Spalten schneiden und in einem Topf mit 3 Esslöffeln Wasser, 2 Esslöffeln Zucker und einer aufgeschlitzten Vanilleschote zu Kompott garen. Auf getoastete Brioche oder Müsli mit Joghurt löffeln.
- Halbierte Pfirsiche mit etwas Zucker bestreuen. Unter dem Backofengrill in einigen Minuten karamellisieren lassen. Mit Joghurt und gerösteten Mandelblättchen servieren.
- 3 Esslöffel ungesalzene Pistazienkerne, 3 Esslöffel geröstete Kokosraspel und 2 Esslöffel geriebenen Palmzucker im Mixer oder in der Küchenmaschine zu groben Bröseln zermahlen. Über eine Platte mit Ananas-, Mango-, Papaya- und Bananenscheiben streuen und mit Limettenspalten servieren.

Früchte im Winter

Wenn Sie den Tag gern mit Obst beginnen, müssen Sie in der kalten Jahreszeit keinesfalls darauf verzichten. Manche Früchte erfordern im Winter allerdings etwas mehr Vorbereitung. Doch auf Vorrat geschmort oder gedünstet, können Sie sie griffbereit im Kühlschrank aufbewahren.

- Wer im Winter auf Erdbeeren besteht, muss ihnen geschmacklich ein bisschen auf die Sprünge helfen. In einem Edelstahltopf 250 g Erdbeeren mit 2 Esslöffeln Zucker, 1 Esslöffel Zitronensaft und 3 Esslöffeln Wasser zerdrücken. Aufkochen und bei schwacher Hitze 10 Minuten eindicken lassen. Auf getoasteter Brioche, Joghurt, Knuspermüsli oder Pfannkuchen servieren.
- Gegen Ende des Winters kommt häufig schon der erste Rhabarber auf den Markt. Für Rhabarberkompott 500 g Rhabarberstücke in einem Edelstahltopf mit 3 Esslöffeln Zucker (eventuell auch mehr) und 3 Esslöffeln Wasser zugedeckt bei mittlerer Hitze 10 Minuten garen. Abgekühlt zu griechischem Joghurt, Müsli, getoasteter Brioche oder Sahnereis servieren.
- Apfelmus schmeckt hervorragend mit Joghurt und etwas Zimt, aber auch mit heißem Porridge und braunem Zucker. Grüne Äpfel verleihen dem Kompott eine säuerliche Note und sowohl grün- als auch rotschalige Sorten müssen nur sparsam oder gar nicht gesüßt werden. Die Äpfel schälen, vierteln und vom Kerngehäuse befreien. Mit einigen Esslöffeln Wasser, Apfel- oder Orangensaft in einem Topf zugedeckt bei schwacher Hitze garen, bis sie fast vollständig zerfallen sind; nach Geschmack süßen. Für eine etwas gehaltvollere Version 1 Esslöffel Butter unterrühren.

Goldgelb und duftend – Früchte-Muffins

1 Den Ofen auf 180 °C vorheizen. In einer großen Schüssel 2 Eier, 2 Esslöffel Honig, 1 Esslöffel feinsten Zucker und 3 Esslöffel Pflanzenöl verrühren, bis sich die Zutaten nur eben miteinander verbunden haben. 1 grünen Apfel halbieren und vom Kerngehäuse befreien, die eine Hälfte reiben und mit 185 ml Milch und 150 g Blaubeeren unterziehen.

2 250 g Mehl, 1 Teelöffel gemahlenen Zimt und 2 Teelöffel Backpulver in eine Schüssel sieben, unter den Teig mischen und in ein 6er-Muffinblech füllen.

3 Die zweite Apfelhälfte in feine Spalten schneiden und auf den Muffins arrangieren. Mit Zucker bestreuen und im Ofen in 30 Minuten goldgelb backen. Ergibt 6 große Muffins.

Tipps & Tricks

- Das Geheimnis guter Muffins besteht darin, den Teig so wenig wie möglich zu rühren. Die Zutaten sollten stets ganz behutsam untergemengt werden, bis sie sich nur gerade verbunden haben. Bearbeiten Sie den Teig zu lange und kräftig, wird er fest.
- Blaubeeren sind die klassische Muffinfrucht, doch lassen sie sich je nach Saison und Marktangebot auch durch Himbeeren oder Erdbeeren ersetzen. Gibt es keine frischen Beeren, greifen Sie zu Tiefkühlware.
- Muffins schmecken am Backtag am besten – direkt aus dem Ofen, solange sie noch warm sind. Zum Wiedererwärmen schieben Sie die Muffins kurz in den Ofen (in der Mikrowelle werden sie leicht fest) und servieren Butter dazu.

Muffins sind ein glänzender Start in den Tag.

Klassische Frühstückskuchen und -brote

Bananenkuchen

Den Ofen auf 180 °C vorheizen. 90 g weiche Butter, 115 g Zucker, 2 Eier, 1 Teelöffel natürliches Vanilleextrakt, 250 g Mehl, 2 Teelöffel Backpulver, 2 große reife Bananen und die abgeriebene Schale von 1 unbehandelten Orange in der Küchenmaschine zu einem glatten Teig verarbeiten. Eine 8 x 16 cm große Kastenform buttern, mit Backpapier auskleiden und den Teig einfüllen. Den Kuchen im Ofen etwa 1 Stunde backen; zur Garprobe einen Spieß in der Mitte einstechen und wieder herausziehen. Haftet kein Teig mehr daran, ist er fertig.

Maisbrot

Den Ofen auf 180 °C vorheizen. 90 g Butter in 125 ml Milch bei schwacher Hitze zerlassen. 250 g Mehl, 2 Teelöffel Backpulver und 2 Teelöffel Backnatron in eine Schüssel sieben. 250 g feinen Polentagrieß und 1 Teelöffel Meersalz zugeben und in der Mitte eine Mulde bilden. In einer weiteren Schüssel 2 Eier, 125 ml Buttermilch, 1 Handvoll grob gehacktes Koriandergrün und 2 von den Samen befreite, fein gehackte rote Chilischoten verquirlen; in die Mulde gießen und langsam unterrühren. Dann die warme Milch-Butter-Mischung einarbeiten. Den Teig in eine gefettete 24-cm-Springform füllen, auf der Oberfläche Stücke markieren und im Ofen in 25 Minuten goldbraun backen. Zur Garprobe in die Mitte einen Spieß stechen und wieder herausziehen. Es darf kein Teig mehr daran haften. Warm mit knusprig gebratenem Speck und Ofentomaten servieren.

Kokoskuchen

Den Ofen auf 180 °C vorheizen. In einer Schüssel 2 Eier und 300 ml Milch leicht verschlagen. 70 g Butter zerlassen und beiseitestellen. 300 g Mehl, 2 Teelöffel Backpulver und 2 Teelöffel gemahlenen Zimt in eine Schüssel sieben. 225 g Zucker und 150 g Kokosraspel zugeben und in der Mitte eine Mulde bilden. Die Eiermilch langsam unter Rühren hineingießen, sodass ein Teig entsteht. Die zerlassene Butter unterziehen. Den Teig glatt rühren, in eine gebutterte und mit Backpapier ausgekleidete Kastenform (21 x 10 cm) füllen und 1 Stunde backen. Zur Garprobe in der Mitte einen Spieß einstechen und wieder herausziehen. Haftet kein Teig mehr daran, ist der Kuchen fertig. Vor dem Stürzen abkühlen lassen. Zum Servieren toasten, mit Butter bestreichen und nach Belieben mit Bananenscheiben belegen.

Walnussbrot

Den Ofen auf 200 °C vorheizen. In einer Schüssel 450 g Mehl, 1 gehäuften Teelöffel Backnatron, 1 gehäuften Teelöffel Weinstein-Backpulver, 1 Esslöffel Zucker und 1 Teelöffel Meersalz vermengen. In der Mitte eine Mulde bilden, nach und nach 500 ml Buttermilch hineingießen und alles zu einem weichen Teig verarbeiten; 4 Esslöffel fein gehackte Walnüsse unterheben. In einem kleinen Topf 2 Esslöffel Butter zerlassen und eine 21 × 10 cm große Kastenform mit etwas davon fetten. Den Teig einfüllen, mit der restlichen Butter beträufeln und 30 Minuten backen; den Ofen auf 150 °C stellen und das Brot weitere 30 Minuten backen. Zur Garprobe in der Mitte einen Spieß einstechen und herausziehen. Es darf kein Teig mehr daran haften. Auf ein Kuchengitter stürzen und abkühlen lassen. Warm oder getoastet mit Butter, Aprikosenkonfitüre, Honig oder Ricotta servieren.

Pfannkuchen

1 125 g Mehl und 5 g Backpulver in eine Schüssel sieben, 2 Esslöffel feinsten Zucker zugeben und in der Mitte eine Mulde bilden. In einer weiteren Schüssel 2 Eier und 185 ml Milch verquirlen. Die Eiermilch nach und nach in die Mulde gießen und alles zu einem glatten Teig verrühren; 10 Minuten quellen lassen.

2 Eine große beschichtete Pfanne oder eine spezielle Crêpe-Pfanne auf mittlerer Stufe erhitzen und leicht mit Butter einfetten. Große Löffel voll Teig in die Pfanne geben und darauf achten, dass der Teig nicht ineinanderläuft.

3 Die Pfannkuchen 1 Minute backen, bis sich an der Oberfläche Bläschen bilden. Mit einem Pfannenwender umdrehen und 1 weitere Minute backen. Den restlichen Teig in gleicher Weise zu Pfannkuchen verarbeiten. Mit Ahornsirup sofort servieren. Für 4 Personen.

Tipps & Tricks

- Pfannkuchen lassen sich mit allem Möglichen servieren, auf klassisch amerikanische Art mit Ahornsirup, mit Zitronensaft oder mit Butter und Zucker, mit frischen Beeren, Bananenscheiben oder knusprigem Speck.

- Sehr gut zu Pfannkuchen schmeckt gewürzte Butter: zerstoßene Honigwaben, getrocknete Beeren oder Zimt im Mixer unter weiche Butter mischen. Die Butter auf Frischhaltefolie zu einer Rolle formen, einwickeln und bis zur Verwendung im Kühl- oder Gefrierschrank aufbewahren.

- Als Abwechslung zum Klassiker die Pfannkuchen in der Pfanne vor dem Wenden mit dünnen Bananenscheiben oder frischen Blaubeeren belegen. Wenden und weitergaren. Mit Ahornsirup servieren.

- Für salzige Pfannkuchen ersetzen Sie den Zucker im Teig durch eine Prise Salz. Fein gehackte Kräuter wie Schnittlauch, Dill oder Basilikum sowie geriebenen Parmesan oder fein geraspelte Zucchini unter den Teig mischen und mit Speck oder Räucherlachs servieren.

- Für Crêpes 60 g Mehl in eine Schüssel sieben; 1 Prise Salz und 1 Teelöffel Zucker zugeben. In einer weiteren Schüssel 2 Eier und 250 ml Milch verschlagen. Zu dem Mehl gießen und alles zu einem glatten Teig verrühren. Zugedeckt 30 Minuten quellen lassen.

Ab und zu muss es Kaviar sein

Auf dem Frühstückstisch ist immer Platz für eine kleine Extravaganz, zumal zu besonderen Anlässen. Wie könnte ein Geburtstag schöner beginnen als mit einem Morgen voller köstlicher Dinge. Es gibt viele Gründe, um sich am Sonntagmorgen mit ein bisschen Luxus zu verwöhnen. Was immer der Anlass ist, denken Sie an Champagner, Räucherlachs und Kaviar, an Himbeeren und andere aromatische Früchte, an schmelzende Bitterschokolade … Noch ein paar delikate Pasteten dazu, die Obstschale füllen, exotische Fruchtcocktails anbieten und die Pfanne für cremiges Rührei oder frisch gebackene Pfannkuchen vorheizen.

Prickelndes Frühstück

- Einige Himbeeren in ein Cocktailglas (Hurricaneglas) geben, mit eiskaltem Prosecco oder Sekt auffüllen und mit einem langstieligen Löffel servieren. Oder den Sekt mit frisch gepresstem Orangen- oder Pfirsichsaft mischen.
- Frischer Saft von weißen Pfirsichen wird im Tetrapack angeboten und lohnt die Suche. Er sorgt für einen Hauch von Sommer und wird mit Champagner oder Sekt zu einem ebenso einfachen wie stilvollen Cocktail.
- Denken Sie bei der Getränkeplanung daran, dass im Zeitalter der fertigen Säfte nichts über frisch gepressten Orangensaft geht. Frischer Orangensaft direkt aus der Saftpresse ins Glas ist ganz einfach und so ziemlich die beste Art, den Tag zu beginnen.
- Eiskalter Champagner – sonst nichts!

Lachs und Kaviar

- Gönnen Sie sich geräucherten Wildlachs. Den Lachs in dünne Scheiben schneiden und zu Pfannkuchen mit fein gehacktem Dill oder auf Vollkorntoast mit Avocadospalten und Zitronenecken servieren.
- Scheiben von Räucherlachs auf einer Platte anrichten und zu Rührei mit Schnittlauch servieren.
- Brioche-Scheiben toasten und mit Räucherlachs und pochiertem Ei belegen. Mit frisch gemahlenem schwarzem Pfeffer bestreuen und mit Rucola oder jungem Spinat servieren.
- Ganz oben auf der Liste der kulinarischen Luxusartikel steht echter Kaviar. Bei dieser teuren und manchmal schwer zu bekommenen Delikatesse handelt es sich um den Rogen verschiedener Störarten, die hauptsächlich im Kaspischen Meer gefangen werden. Je nach Art, von der der Kaviar stammt, unterscheidet man drei Hauptsorten: Beluga, Ossietra und Sevruga. Beluga ist der feinste und teuerste Kaviar. Serviert wird Kaviar am besten in einer kleinen Schale, auf Perlmuttlöffeln mit Champagner, auf Blini oder Toastecken. Eine besonders dekadente Schwelgerei: Kaviar über cremiges Rührei gelöffelt.
- Weitaus erschwinglicher als echter Kaviar ist der orangerote Lachskaviar oder Keta-Kaviar. Sein salziges Aroma und seine leuchtende Farbe geben Eierspeisen einen luxuriösen Touch. Servieren Sie ihn zum Beispiel zu pochierten Eiern mit sautiertem Spinat oder auf Rührei. Ein Hingucker: das Rührei in die leeren Eierschalen füllen, mit etwas Kaviar krönen und mit einem Teelöffel in Eierbechern servieren.
- Fliegenfischkaviar – die Japaner nennen ihn Tobiko und verwenden ihn für Sushi – hat ein delikates Aroma. Die feinen Perlen werden rötlich, goldfarben oder mit Wasabi grünlich eingefärbt angeboten. Pfannkuchen mit Räucherlachs garnieren, 1 Löffel Sauerrahm daraufgeben und mit dem bunten Fliegenfischkaviar dekorieren.
- Außergewöhnlich ist auch Kipper. Die geräucherten Heringe werden in England traditionell gebraten und mit Butter, Zitronensaft und Toast serviert. Sie können den Fisch auch zu einer Paste verarbeiten und auf Brot streichen. Dazu Haut und Gräten sorgfältig entfernen, das Fleisch mit einer Gabel zerdrücken, mit Butter und Zitronensaft vermengen und mit frisch gemahlenem schwarzem Pfeffer abschmecken.

Süßer Auftakt

Wenn Sie beim Frühstück die süße Lust überkommt, machen Sie sich auf den Weg zum nächsten Schokoladenladen, um einen Vorrat an guter Schokolade anzulegen. Für heiße Schokolade ist dunkle Bitterschokolade mit hohem Kakaoanteil am besten geeignet.

- Die Schokolade raspeln und in Kaffeebecher oder -gläser geben. Mit heißer Milch auffüllen und sorgfältig umrühren. Dazu Croissants, Brioches oder süße Blätterteigstangen zum Eintunken servieren.
- Die Bitterschokolade mit einem scharfen Messer oder Sparschäler in Späne hobeln und auf einen Teller häufen. Ein Schälchen Zimtzucker dazustellen und mit einem Stapel warmer Pfannkuchen servieren. Selbstbedienung!

Mixgetränke

Egg-Flip

250 ml Milch, 1 Esslöffel Joghurt, 1 frisches Bioei und 1 Esslöffel Honig im Mixer aufschäumen, bis sich der Honig aufgelöst hat. In ein gekühltes Glas füllen und sofort genießen. Für 1 Person.

Bananen-Lassi mit Kardamom

Die Samen aus 1 Kardamomkapsel herauslösen und mit 1 grob gewürfelten Banane, 250 g Joghurt und 8 Eiswürfeln im Mixer pürieren, bis die Mischung glatt ist. In gekühlten Gläsern servieren. Für 2 Personen.

Manchmal brauche ich zum Frühstück nur eine

Birnen-Honig-Smoothie

2 grünschalige Williams-Christ-Birnen, 125 g Joghurt, 125 ml Wasser, 1 Esslöffel Honig und 8 Eiswürfel im Mixer pürieren, bis die Mischung glatt ist. In große Gläser füllen und servieren. Für 2 Personen.

Heiße Schokolade

125 g Bitterschokolade im heißen Wasserbad bei niedriger Temperatur erwärmen und rühren, bis sie vollständig geschmolzen ist. In zwei Kaffeegläser füllen und behutsam darin schwenken. 400 ml Milch auf kleiner Flamme erhitzen und vorsichtig über die Schokolade in die Gläser gießen. Mit einem Löffel zum Umrühren servieren. Für 2 Personen.

cremige Stärkung im Glas. Hier ein paar Klassiker.

Mixgetränke

Rhabarber-Smoothie

250 ml gedünsteten und abgekühlten Rhabarber (s. S. 27), 375 g Joghurt, ½ Teelöffel gemahlenen Zimt und 16 Eiswürfel im Mixer pürieren, bis die Mischung glatt ist. In gekühlte Gläser füllen und sofort genießen. Für 4 Personen.

Bananen-Honig-Smoothie

1 grob gewürfelte Banane, 175 g Joghurt, 1 Esslöffel Honig, 1 großzügige Prise geriebene Muskatnuss und 8 Eiswürfel im Mixer pürieren, bis die Mischung glatt ist. In Gläser füllen und sofort servieren. Für 2 Personen.

Für einen erfrischenden Morgen Früchte, Joghurt

Beeren-Smoothie

70 g Erdbeeren und je 60 g Brombeeren und Himbeeren in den Mixer geben. 60 ml Zuckersirup, 3 Esslöffel Joghurt und 6 Eiswürfel hinzufügen und mixen, bis die Mischung glatt ist. In gekühlte Gläser füllen und servieren. Für 2 Personen.

Feigen-Honig-Smoothie

2 reife violette Feigen würfeln und mit 175 g Joghurt, 1 Esslöffel Honig und 8 Eiswürfeln im Mixer pürieren, bis die Mischung glatt ist. In Gläser füllen, 3 Esslöffel fein gehackte Walnüsse unterrühren und servieren. Für 2 Personen.

und Eis mixen – der perfekte Muntermacher.

Mixgetränke

Mango-Erdbeer-Saft

1 große Mango schälen und entsteinen. Das Fruchtfleisch mit 250 ml Aprikosennektar, 6 Erdbeeren und 6 Eiswürfeln im Mixer pürieren, bis die Mischung glatt ist. In hohe Gläser füllen und servieren. Für 2 Personen.

Melonen-Ananas-Shake

250 ml Ananassaft, 140 g gewürfelte Honigmelone, 1 Esslöffel Limettensaft und 6 Eiswürfel im Mixer pürieren, bis die Mischung homogen ist. In hohen Gläsern servieren. Für 2 Personen.

Melonen-Ingwer-Shake

280 g gewürfelte reife Cantaloupe-Melone (oder eine andere orangefleischige Sorte), 125 ml Orangensaft, 1 Esslöffel frisch gehackter Ingwer und 8 Eiswürfel im Mixer pürieren, bis die Mischung glatt ist. In hohe Gläser füllen und servieren. Für 2 Personen.

Bloody Mary

150 g fein gehackte Tomaten und ¼ Teelöffel Salz in einer Schüssel verrühren und 30 Minuten ziehen lassen. Die Mischung mit 4 Esslöffeln Tomatensaft in den Mixer geben und vollständig pürieren. In einen Cocktail-Shaker gießen, 3 Esslöffel Wodka, 1 Teelöffel Limettensaft, 1 Teelöffel Sahnemeerrettich, ¼ Teelöffel Worcestersauce und ¼ Teelöffel Tabascosauce zugeben und kräftig schütteln. Über Eis in Gläser füllen und mit 1 Stängel Bleichsellerie, 1 Limettenscheibe und etwas frisch gemahlenem schwarzem Pfeffer garnieren. Für 1 Person.

Frühstücksrezepte

... für einen entspannten Start

Waffeln und Muffins

Toast mit Zucker und Zimt

Obst- oder Gemüse-Fritters

aromatische, gewürzte Früchte

schnell noch die Zeitung schnappen ...

und zurück ins Bett

Nektarinensalat

Zitrusfruchtsalat

Nektarinensalat

8 Nektarinen, entsteint und geachtelt
150 g Himbeeren
1 EL frisch geriebener Ingwer
3 EL brauner Zucker
Saft von 1 Limette
Crème fraîche oder Joghurt zum Servieren

Sämtliche Zutaten in einer großen Schüssel vorsichtig vermengen und 1 Stunde durchziehen lassen. Mit Crème fraîche oder Joghurt servieren. Für 6 Personen.

Zitrusfruchtsalat

3 unbehandelte Limetten
3 unbehandelte Orangen
2 rosa Grapefruits
1 Vanilleschote, aufgeschlitzt und das Mark herausgekratzt
1 TL Zucker
250 g Joghurt mit Honig zum Servieren

Die Schale von 1 Limette und 1 Orange in feinen Streifen (Zesten) abschälen und in eine Schüssel geben. Die Limetten, Orangen und Grapefruits mit einem scharfen Messer samt der weißen Innenhaut schälen und nach Belieben in Scheiben schneiden oder filetieren; austretenden Saft auffangen. Die Früchte in die Schüssel zu den Zesten geben. Das Vanillemark, den Zucker und den aufgefangenen Zitrussaft hinzufügen und alles vermengen. Mit Joghurt, verrührt mit Honig, servieren. Für 4 Personen.

Bananen-Beeren-Muffins

250 g Mehl
2 TL Backpulver
½ TL gemahlener Zimt
Salz
2 reife Bananen, zerdrückt
150 g frische oder tiefgekühlte Blaubeeren
3 EL Honig
3 EL Pflanzenöl
1 großes Ei
185 ml Milch
Zimtzucker und Erdbeeren zum Garnieren

Den Ofen auf 180 °C vorheizen. Das Mehl, das Backpulver, den Zimt und 1 Prise Salz in eine große Schüssel sieben. Die Bananen und die Blaubeeren hinzufügen und mit einer Gabel locker unter das Mehl mengen. Den Honig, das Öl, das Ei und die Milch in einer kleinen Schüssel verquirlen. Die Mischung in die trockenen Zutaten gießen und sachte untermengen, bis sich die Zutaten gerade so verbunden haben.

Den Teig in ein gefettetes 8er-Muffinblech füllen und mit Zimtzucker bestreuen. Mit halbierten Erdbeeren garnieren und 20 Minuten backen. Sofort servieren. Ergibt 8 Stück.

Obst kann sich durch ein kleines Extra wie Vanille oder einen großzügigen Klecks Honig in einen feinen Gaumenschmaus verwandeln.

Bananen-Beeren-Muffins →

Arme Ritter mit Zimt

4 dicke Scheiben Kastenweißbrot, entrindet
1 Ei
1 EL Zucker, plus Zucker zum Bestreuen
1 TL gemahlener Zimt
125 ml Milch
Butter zum Braten
175 g Joghurt zum Servieren
frische saisonale Früchte zum Servieren
100 ml Ahornsirup zum Servieren
2 EL geröstete und fein gehackte Pekannüsse zum Servieren

Die Brote zu Rechtecken halbieren. Das Ei mit dem Zucker und Zimt verquirlen. Die Milch gut unterrühren. In einer Pfanne 1 Esslöffel Butter bei mittlerer Hitze zerlassen. Das Brot in die Eiermilch tauchen, kurz abtropfen lassen und von einer Seite mit Zucker bestreuen. Mit der Zuckerseite nach unten in der Pfanne in 3 Minuten goldbraun braten, von oben mit Zucker bestreuen, wenden und fertig braten. Mit Joghurt, Früchten, Ahornsirup und Pekannüssen garniert servieren. Für 4 Personen.

Ananas-Muffins

225 g Mehl
2 TL Backpulver
Salz
150 g Zucker
½ TL gemahlener Zimt
115 g Kokosraspel
50 g Butter, zerlassen
185 ml Milch
2 Eier
200 g frische gewürfelte Ananas

Den Ofen auf 180 °C vorheizen. Das Mehl, das Backpulver und 1 Prise Salz in eine Schüssel sieben. Zucker, Zimt und Kokosraspel unterrühren. In der Mitte eine Mulde bilden, die Butter, die Milch und die Eier hineingeben und kurz untermengen. Die Ananaswürfel unterheben.

Ein 6er-Muffinblech fetten oder mit Papierförmchen auskleiden und den Teig einfüllen. Die Muffins in 25–30 Minuten goldbraun backen. Ergibt 6 Stück.

Panettone-Finger mit Rhabarber

6 Stangen Rhabarber, geputzt
½ TL frisch geriebener Ingwer
1 TL fein gehackte unbehandelte Orangenschale
4 EL Orangensaft
3 EL brauner Zucker
1 EL Butter
½ Vanilleschote, gespalten und das Mark herausgekratzt
Panettone (Fertigprodukt), in 12 Streifen à 2 × 12 cm geschnitten
Puderzucker zum Bestauben

Den Ofen auf 180 °C vorheizen. Die Rhabarberstangen in 12 cm lange Stücke schneiden. Den Ingwer, Orangenschale und -saft, Zucker, Butter sowie Vanilleschote und -mark auf einem Edelstahlblech verteilen und für 1–2 Minuten in den Ofen schieben, bis die Butter geschmolzen ist. Herausnehmen, die Zutaten verrühren, den Rhabarber darin wenden und 10 Minuten im Ofen backen. Wenden und weitere 10 Minuten backen. Abkühlen lassen.

Die Panettone-Finger goldbraun toasten, mit je einem Stück Rhabarber belegen und mit etwas von dem Sirup überziehen. Mit Puderzucker bestaubt servieren. Ergibt 12 Stück.

Pfirsichwaffeln

275 g Zucker
½ Vanilleschote, gespalten, Mark herausgekratzt
Saft von 1 Zitrone
4 Pfirsiche, geschält, entstein, in je 8 Spalten geschnitten
250 g Mehl, mit 10 g Backpulver vermischt
2 TL gemahlener Zimt
75 g Butter, zerlassen
3 Eier, getrennt
570 ml Milch

400 ml Wasser, 100 g Zucker, Vanilleschote und -mark und den Zitronensaft aufkochen und rühren, bis sich der Zucker aufgelöst hat. Die Pfirsichspalten hineingeben, aufkochen lassen und auf kleiner Flamme 2 Minuten garen. Die Früchte in eine Schüssel heben und den Saft bei mittlerer Hitze 10–15 Minuten sirupartig einkochen; über die Pfirsiche gießen.

Das Mehl und den Zimt in eine Schüssel sieben. Den restlichen Zucker untermengen und in der Mitte eine Mulde bilden. Die Butter, die Eigelbe und die Milch verquirlen, unter Rühren in die Mulde gießen und alles zu einem glatten Teig verarbeiten. Die Eiweiße schlagen, bis sich weiche Spitzen bilden; unter den Teig heben. Ein Waffeleisen einfetten und vorheizen. Etwas Teig hineingeben, das Eisen verschließen und die Waffel goldbraun backen. In dieser Weise sämtlichen Teig backen. Die Waffeln mit Pfirsichen garniert und mit Sirup beträufelt servieren. Für 4 Personen.

Gewürzter Joghurt mit frischen Früchten →

Obstsalat mit Rosenwasser

Gewürzter Joghurt mit frischen Früchten

2 Zimtstangen
2 Sternanis
2 Gewürznelken
2 Vanilleschoten, längs aufgeschlitzt
2 Kardamomkapseln, gespalten
250 ml Sahne
1 EL Zucker
300 g griechischer Joghurt
frische Früchte und Granatapfelkerne zum Servieren

Zimtstangen, Sternanis, Nelken, Vanilleschoten und Kardamom mit der Sahne in einem kleinen Topf bei schwacher Hitze erwärmen und 30 Minuten köcheln lassen. Die Sahne vom Herd nehmen, durch ein Sieb gießen und den Zucker unterrühren. Abkühlen lassen. Die gewürzte Sahne unter den Joghurt ziehen, über Früchte oder Obstsalat mit Rosenwasser löffeln und vor dem Servieren mit Granatapfelkernen bestreuen. Für 6 Personen.

Obstsalat mit Rosenwasser

70 g getrocknete Feigen
70 g getrocknete Aprikosen
70 g entsteinte Backpflaumen
3 EL Zucker
3 EL Orangensaft
1 Zimtstange
2 Sternanis
½ TL Rosenblütenwasser
250 g Joghurt zum Servieren
90 g geröstete Mandelblättchen zum Bestreuen

Die Trockenfrüchte in mundgerechte Stücke schneiden und in eine kleine hitzebeständige Schüssel geben. Den Zucker, 250 ml Wasser, den Orangensaft, den Zimt und den Sternanis in einem Topf bei mittlerer Hitze unter Rühren zum Kochen bringen, sodass der Zucker sich auflöst. Dann in 5–6 Minuten sachte sirupartig einkochen lassen. Vom Herd nehmen und das Rosenwasser unterrühren. Den Sirup über die Trockenfrüchte gießen und einige Stunden, besser noch über Nacht, ziehen lassen. Mit Joghurt garnieren, mit gerösteten Mandeln bestreuen und servieren. Für 6 Personen.

Überbackene Eier

1–2 EL weiche Butter
4 Scheiben roher Schinken, fein gehackt
4 EL fein gehackte Petersilie
8 Eier
Salz, Pfeffer, frisch gemahlen
2 EL geriebener Greyerzer
gebutterter Toast zum Servieren

Den Ofen auf 180 °C vorheizen. Vier Auflaufförmchen von 8 cm Durchmesser großzügig mit der Butter fetten, in eine Bratenpfanne stellen und diese bis zur halben Höhe der Förmchen mit heißem Wasser füllen.

Den Schinken und die Petersilie auf die Förmchen verteilen. Die Eier in eine Schüssel schlagen, würzen und leicht verquirlen. In die Förmchen füllen, mit dem Käse bestreuen und die Pfanne in den Ofen schieben. Im Wasserbad 25–30 Minuten garen, bis das Ei gestockt und goldgelb überbacken ist. Mit Buttertoast servieren. Für 4 Personen.

Lassen Sie sich von leuchtend roten Granatapfelkernen und dem Duft von Zimt, Kardamom und Rosenwasser in eine exotische Welt entführen.

Überbackene Eier

Zucchini-Fritter mit Majoran

1 EL Butter
1 rote Zwiebel, fein gewürfelt
1 TL fein gehackter Majoran
200 g Zucchini, geraspelt
6 Eier
Salz, weißer Pfeffer, frisch gemahlen
50 g Parmesan, frisch gerieben

Den Ofen auf 180 °C vorheizen. Die Butter in einer Pfanne zerlassen, Zwiebeln und Majoran hineingeben und bei mittlerer Hitze 7–10 Minuten anschwitzen, bis die Zwiebeln weich und leicht gebräunt sind; in zwei leicht gefettete 12er-Muffinbleche füllen und die Zucchiniraspel darauf verteilen. Die Eier mit 1 Esslöffel Wasser verquirlen, mit Salz und Pfeffer würzen, über die Zucchini gießen und mit dem Parmesan bestreuen. Im Ofen 10 Minuten backen, bis sie gestockt sind. Ergibt 24 Stück.

Spinat-Ricotta-Omelett

4 EL Butter
1 Zwiebel, fein gewürfelt
½ TL gemahlener Kreuzkümmel
1 Prise geriebene Muskatnuss
500 g junger Spinat, gewaschen und geputzt
6 Eier, getrennt
4 EL grob gehackte glatte Petersilie
2 EL fein gehackter Dill
200 g Ricotta
Meersalz, schwarzer Pfeffer, frisch gemahlen
3 EL frisch geriebener Parmesan
Vollkorntoast zum Servieren

Eine große ofenfeste Pfanne mit schwerem Boden auf mittlerer Stufe mit 1 Esslöffel Butter erhitzen. Die Zwiebel mit Kreuzkümmel und Muskatnuss darin anschwitzen, bis sie weich ist. Den Spinat hinzufügen und zugedeckt 2 Minuten dünsten; abkühlen lassen. Die Eiweiße steif schlagen. Den Spinat gut ausdrücken und grob hacken. Das Gemüse mit den Eigelben, den Kräutern und dem Ricotta vermengen. Salzen, pfeffern und den Eischnee unterziehen

Die Pfanne auf großer Stufe wieder erhitzen und die restliche Butter darin zerlassen. Die Eiermasse hineingeben und bei mittlerer Hitze 1–2 Minuten braten. Das Omelett mit dem Parmesan bestreuen und bei mittlerer Hitze unter dem Grill goldbraun überbacken. Mit Toast servieren. Für 4–6 Personen.

Pochierte Aprikosen mit Vanille

200 g getrocknete Aprikosen
1 Vanilleschote, aufgeschlitzt
½ TL Rosenwasser
1 EL Honig
4 EL geröstete Mandelstifte zum Bestreuen
250 g Joghurt zum Servieren

Die Aprikosen mit der Vanilleschote und 600 ml Wasser in einem Topf zum Kochen bringen und zugedeckt bei schwacher Hitze 1 Stunde köcheln lassen; vom Herd nehmen.

Die Vanilleschote herausnehmen. Das Rosenwasser und den Honig unterrühren. Mit den gerösteten Mandeln bestreut und mit Joghurt garniert servieren – ein Schuss Vanillesauce ist auch eine schmackhafte Option. Für 6 Personen.

Lachs-Fritters mit Schnittknoblauch

250 g Lachsfilet, sorgfältig entgrätet und gehäutet
3 TL fein gehackte unbehandelte Zitronenschale
2 Eier, leicht verquirlt
125 g Mehl
1 TL Backpulver
2 EL Joghurt
4 EL fein geschnittener Schnittknoblauch
125 g Frühlingszwiebeln, in feine Röllchen geschnitten
Salz, schwarzer Pfeffer, frisch gemahlen
Pflanzenöl zum Braten
Zitronenspalten zum Servieren

Das Lachsfilet in feine Streifen schneiden und in einer kleinen Schüssel zugedeckt kalt stellen.

Zitronenschale, Eier, Mehl, Backpulver und Joghurt in einer Schüssel zu einer homogenen Mischung verrühren. Kurz vor dem Braten der Fritters den Lachs, den Schnittknoblauch und die Frühlingszwiebeln unterziehen. Kräftig mit Salz und Pfeffer würzen.

Eine Pfanne auf mittlerer Stufe erhitzen und 1 Esslöffel Öl hineingeben. Gehäufte Teelöffel der Masse in der Pfanne zu flachen Küchlein ausbreiten, goldbraun braten, wenden und von der anderen Seite goldbraun braten, dann auf Küchenpapier abtropfen lassen. Sämtlichen Teig so verarbeiten; bei Bedarf weiteres Öl in die Pfanne geben. Die Lachs-Fritters warm mit Zitronenspalten servieren. Ergibt 36 Stück.

Geliebte Leibspeisen

Wenn Sie erst einmal einige klassische Rezepte und Techniken beherrschen, bricht in Ihrer Küche eine neue Zeit an. Brot, frisch aus dem Ofen, leckere Quiches und Tartes in allen Variationen und dazu selbst gemachte Saucen und richtige Mayonnaise – das sind die Zutaten, die aus jeder Mahlzeit ein Fest machen.

Geliebte Leibspeisen
Ideen

Teig kneten, schlagen und rühren

schneiden, würfeln

mahlen und hacken

Sandwiches Schicht

für Schicht gestapelt

Käse, goldgelb und blubbernd

und jeder langt kräftig zu

Nichts ist einladender als der Duft

Focaccia

1 450 g Mehl und 1 große Prise Meersalz in eine große Schüssel geben. In einer kleinen Schüssel 2 Teelöffel Trockenhefe oder 15 g frische Hefe mit 250 ml warmem Wasser und 1 Teelöffel Zucker verrühren und 10 Minuten stehen lassen. Die Mischung, sobald sie Blasen wirft, mit 3 Esslöffeln Olivenöl zu dem Mehl geben und untermengen.

2 Den Teig auf der bemehlten Arbeitsfläche kneten, bis er glatt und geschmeidig ist. In eine eingeölte Schüssel legen, mit einem Küchentuch bedecken und an einem warmen Ort 1 Stunde gehen lassen, bis er sein Volumen verdoppelt hat.

3 Den Ofen auf 200 °C vorheizen. Ein Backblech von 34 × 24 cm Größe einölen und den Teig gleichmäßig darauf ausbreiten. Mit den Fingern überall kleine Dellen hineindrücken. Den Teig mit 2 Esslöffeln nativem Olivenöl extra beträufeln, mit 1 Esslöffel Meersalz bestreuen und weitere 20 Minuten gehen lassen. Die Focaccia in 20 Minuten im Ofen goldbraun backen. Ergibt 1 Focaccia.

Tipps & Tricks

- Um aktiv zu werden, benötigt Hefe Wärme. Wenn es in Ihrer Küche etwas kühl ist, muss der Teig eventuell ein bisschen länger gehen. Sie können die Schüssel in ein Tuch einschlagen, damit möglichst wenig Wärme verloren geht, und ans Fenster in die Sonne oder in die Nähe des eingeschalteten Ofens stellen.
- Auf der anderen Seite verliert Teig, der zu lange steht, an Struktur. Planen Sie daher den Zeitablauf ein wenig im Voraus, damit der Teig nicht länger geht als nötig. Falls erforderlich, können Sie den Prozess ein wenig verzögern, indem Sie den Teig in den Kühlschrank stellen, aber ideal ist diese Lösung nicht.
- Um zu prüfen, ob die Focaccia fertig ist, klopfen Sie mit dem Finger darauf. Klingt es hohl, ist sie durchgebacken.
- Focaccia lässt sich vielfältig würzen und garnieren, etwa mit schwarzen Oliven, gebratenen Zwiebeln, Rosmarin, Thymian, fein gehackten getrockneten Tomaten oder auch mit gehackter eingelegter Zitrone. Die Zutaten kurz vor dem Backen auf dem Teig verteilen.

von frisch gebackenem Brot.

Klassische Dips und Beläge für Focaccia

Hummus

175 g abgetropfte gegarte Kichererbsen, 2 Esslöffel Zitronensaft, 3 Esslöffel Tahin (Sesampaste), 1 Teelöffel gemahlenen Kreuzkümmel, 1 Knoblauchzehe und 1 Prise Cayennepfeffer in den Mixer oder in die Küchenmaschine geben und pürieren. Die Paste, falls nötig, mit Wasser etwas glätten. Den Hummus mit Meersalz und frisch gemahlenem schwarzem Pfeffer würzen und 2 Esslöffel natives Olivenöl extra unterrühren. Ergibt 500 ml.

Tapenade

Im Mixer oder in der Küchenmaschine 80 g entsteinte Kalamata-Oliven, 1 Knoblauchzehe, 1 Handvoll grob gehackte glatte Petersilie, 10 Basilikumblätter, 2 Sardellenfilets und 1 Teelöffel Kapern grob pürieren. Nach und nach 3 Esslöffel Olivenöl einarbeiten, bis die Paste die gewünschte Konsistenz hat. Mit frisch gemahlenem schwarzem Pfeffer abschmecken. Ergibt 250 ml.

Tomaten-Relish

In einem großen Topf 1,5 kg grob gewürfelte Tomaten, 1 fein gewürfelte rote Zwiebel, 3 fein gehackte Knoblauchzehen, 1 Esslöffel frisch geriebenen Ingwer, ½ Teelöffel gemahlenen Piment, 2 Teelöffel gelbe Senfsamen, ¼ Teelöffel rotes Chilipulver, 2 Teelöffel Meersalz und 200 ml Weißweinessig vermengen und zum Kochen bringen. Zugedeckt 1 Stunde köcheln lassen und dann 250 g Zucker unterrühren. Ohne Deckel weitere 40 Minuten garen und gelegentlich umrühren. In sterilisierte Gläser füllen und vor dem Lagern vollständig abkühlen lassen. Ergibt 750 ml.

Würzbutter

Einem Sandwich lässt sich am einfachsten mit gewürzter Butter zu mehr Pep verhelfen: Die Butter zuerst ein wenig weich werden lassen und dann verschiedene Würzzutaten unterrühren. Probieren Sie sie mit fein gehackten Kräutern, geriebener Zitronenschale, gehackten getrockneten Tomaten oder Oliven. Auch im Mixer mit Curry aromatisierte Butter ist einen Versuch wert. Die Würzbutter einfach auf das Sandwich streichen und nach Geschmack belegen.

Cremige Mayonnaise macht Sandwich

Mayonnaise

1 2 Eier trennen. Die Eigelbe mit 1 Teelöffel Weißweinessig und 1 Teelöffel Dijonsenf in eine große Schüssel geben (das Eiweiß wird nicht benötigt).

2 Die Mischung mit einem Schneebesen aufschlagen, bis sie dick und cremig ist.

3 Unter ständigem Schlagen nach und nach etwa 250 ml helles Olivenöl oder anderes Pflanzenöl zugießen, bis die Mischung dick wird. Sobald sie nicht mehr fließfähig ist, die Mayonnaise mit ein wenig Meersalz und frisch gemahlenem schwarzem Pfeffer abschmecken. Ergibt 250 ml.

Tipps & Tricks

- Mayonnaise lässt sich auch in der Küchenmaschine aufschlagen, allerdings muss das Öl entsprechend der Rührgeschwindigkeit in einem dünnen Strahl zugegeben werden. Gerinnt die Mayonnaise dennoch, kann man sie meist retten: 1 Eigelb in eine große Schüssel geben und einige Teelöffel der geronnenen Sauce unterrühren, bis die Mischung emulgiert ist. Dann löffelweise unter ständigem Schlagen den Rest der geronnenen Mayonnaise einarbeiten.

- Ist die Mayonnaise zu dick, tröpfchenweise warmes Wasser unterrühren, bis sie die gewünschte Konsistenz hat.

- Solange Sie ganz frische Eier verwenden, hält sich die Mayonnaise im Kühlschrank bis zu 1 Woche. Zum Aufbewahren die Mayonnaise in ein Glas- oder Kunststoffgefäß füllen und dieses dicht verschließen.

- Verwenden Sie für Mayonnaise niemals natives Olivenöl extra. Sein intensiver Geschmack erschlägt den milden, cremigen Charakter.

- Eine schmackhafte Mayonnaise-Variante ist Rouille, die man häufig zu Fischgerichten wie Bouillabaisse serviert: 1 dicke Scheibe Sauerteigbrot in Stücke zerrupfen und in eine Schüssel geben. In einem Topf 3 Esslöffel Wasser mit 1 Prise Safranfäden aufkochen, 1 Minute köcheln lassen und über das Brot gießen, 1 Minute einweichen und in den Mixer geben. Das Fruchtfleisch von 1 gerösteten und enthäuteten roten Paprikaschote, ¼ Teelöffel Paprikapulver und 2 Knoblauchzehen hinzufügen und alles zu einer glatten Paste pürieren. Bei laufendem Gerät in einem dünnen Strahl 125 ml Olivenöl einarbeiten, bis die Rouille dick und cremig ist. Mit Salz abschmecken.

und Salat zum Gaumenschmaus.

Sandwiches – Schnitten mit Pfiff

Vor Jahren arbeitete ich in einem Café, in dem wir jeden Tag Mayonnaise zubereiteten und Focaccia backten, die just dann duftend den Ofen verließ, wenn mittags die ersten Gäste kamen.

Ich erinnere mich noch an die Sandwiches – große quadratische Scheiben, dick bestrichen mit hausgemachter Mayonnaise und reich garniert mit sorgsam ausgewählten Zutaten, die ein simples Sandwich in ungeahnte kulinarische Höhen katapultieren. Keine Sorge, ich will Sie nicht dazu bekehren, jeden Tag Brot zu backen, sondern nur daran erinnern, dass ein Sandwich viel mehr sein kann als eine schnöde Klappstulle, wenn man bei den Zutaten nur ein bisschen Fantasie und Sorgfalt walten lässt.

Bei der Vielfalt der Brotsorten heutzutage muss niemand auf ein erstklassiges Sandwich verzichten, ob es sich um frisches Baguette mit reifem Brie handelt oder eine mehrschichtige Angelegenheit im amerikanischen Stil mit Fleisch, Salat und der ganzen Palette an Garnituren und Würzsaucen von Senf über Pickels bis zu Chutneys und Relishes. Kein Wunder, dass Sandwiches zum Lunch so beliebt sind. Sie sind im Handumdrehen zubereitet, leicht zu transportieren und konzentrieren sämtliche Lieblingszutaten in einem Bissen. Kaum zu verstehen, dass sich viele beim Thema Sandwich immer noch mit viel zu wenig abspeisen lassen, dabei schreien sie geradezu nach mehr, mehr, mehr …

Fantastisch belegt

Sandwiches bieten unbegrenzte Möglichkeiten. Frische Focaccia und selbst gemachte Mayonnaise sind schon mal ein guter Anfang. Hier meine Lieblingskombinationen:

- Räucherlachs, Gurkenscheiben und Zitronenmayonnaise
- Roastbeef, Cheddar und Tomaten-Relish
- Thunfisch aus der Dose, dünn geschnittene Cornichons, Eisbergsalat und Kapernmayonnaise
- Ofentomaten, gebratene Auberginen und Olivenpaste
- Roastbeef, Brunnenkresse und Knoblauchmayonnaise
- Kochschinken, Tomate, Gurke und Senf
- Gebratene Aubergine, Rucola und Hummus
- Kochschinken, Greyerzer und Senffrüchte
- Roastbeef, Tomate, Rucola und Pesto
- Gekochte Eier, Kresse-Mix und Mayonnaise
- Pochiertes Hähnchenfleisch, fein geschnittene Cornichons und Dillmayonnaise
- Gebratenes Lammfleisch, Rucola und Mango-Chutney
- Gewürfeltes Brathähnchen, Dill, etwas geriebene Zitronenschale und nur so viel Mayonnaise, wie zur Bindung der Zutaten nötig ist.

Der Sandwichklassiker

Eine ungeschälte Knoblauchknolle im Ofen rösten, bis sie weich ist. Die Zehen schälen, im Mixer pürieren und unter eine Mayonnaise mit Balsamico- statt Weißweinessig rühren. Diese Knoblauchmayonnaise verleiht dem klassischen Steaksandwich, das Sie nach Belieben noch mit Röstzwiebeln garnieren, eine üppige, cremige Note.

Mirakel Mayonnaise

Mayonnaise ist ausgesprochen vielseitig. Während sie in ihrer klassischen Form kräftige Aromen im Zaum hält, ist sie auch selbst wandlungsfähig und avanciert mit den verschiedensten Würzzutaten selbst zum Geschmacksspender. Falls keine Zeit ist, Mayonnaise selbst zuzubereiten, greifen Sie zu einem Fertigprodukt auf Eierbasis von guter Qualität, das Sie nach eigenem Gusto abwandeln können. Hier ein paar Vorschläge für den Einstieg:

- Fein gehackte Kräuter, im Ofen getrocknete Tomaten, geröstete und gehäutete Paprika und Oliven oder Kapern unter das Grundrezept rühren. Sie können auch den Weißweinessig durch Zitronensaft ersetzen und zusätzlich etwas geriebene Zitronenschale hineingeben.
- Unter die Mayonnaise einen Esslöffel pürierte schwarze Oliven rühren und über einen Salat aus blutig gebratenem Roastbeef, grünen Bohnen und Kirschtomaten löffeln.
- Einige Blätter Basilikum fein schneiden und unter die Mayonnaise mengen. Zu einem Salat aus einigen Scheiben Lammbraten, gerösteten Tomaten und jungem Spinat servieren.
- Im Mörser ½ Teelöffel Fenchelsamen zerstoßen und mit einem Spritzer Zitronensaft und fein gehacktem Dill unter die Grundmayonnaise rühren. Zu Brunnenkressesalat mit Räucherlachs servieren.
- Gegartes Krabbenfleisch mit geviertelten Kirschtomaten, Koriandergrün, fein gehacktem Dill und abgeriebener Limettenschale vermengen und mit Mayonnaise leicht binden. Warm mit knusprigem Brot und Salatherzen servieren.
- Fein gehackte Kapern, fein geriebene Zitronenschale und frisch gemahlenen schwarzen Pfeffer unter die Mayonnaise rühren, auf Roggenbrot streichen und mit Gurkenscheiben und Räucherlachs belegen.
- Mayonnaise mit abgetropftem Dosenthunfisch, gehackter Petersilie und fein gewürfelter geschälter roter Paprika vermengen. Mit jungem Rucola in Pitabrote füllen und servieren.

Teigkneten hilft, Aggressionen abzubauen – und

der Teig liebt es!

Pizzateig

1 In einer Schale 2 Teelöffel Trockenhefe oder 15 g frische Hefe mit 1 Teelöffel Zucker und 4 Esslöffeln warmem Wasser leicht verrühren. Die Mischung 10–15 Minuten stehen lassen, bis sie Blasen wirft. 250 g Mehl in eine Schüssel sieben und in der Mitte eine Mulde bilden. 1 Ei hineinschlagen, 2½ Esslöffel Milch, 1 Teelöffel Meersalz und das Hefewasser hineingeben und sämtliche Zutaten zu einem festen Teig verarbeiten.

2 Den Teig auf der bemehlten Arbeitsfläche glatt und geschmeidig kneten. Eine große Schüssel leicht einölen, den Teig hineinlegen und mit Öl einreiben. Mit einem feuchten Tuch bedecken und an einem warmen Ort 2 Stunden gehen lassen, bis er sein Volumen verdoppelt hat.

3 Den Ofen auf 200 °C vorheizen. Den Teig halbieren und auf der bemehlten Arbeitsfläche kreisrund ausrollen. Die beiden Pizzaböden auf Bleche legen, nach Wunsch belegen und 15 Minuten im Ofen backen (oder ein großes Blech Pizza backen). Die Rezeptmenge reicht für 2 Böden von etwa 23 cm Durchmesser – je nach gewünschter Dicke – oder für ein Blech.

Tipps & Tricks

- Sie können die Rezeptmenge bis auf das Doppelte erhöhen. Noch größere Teigmengen sind schwer zu handhaben und sollten besser portionsweise angesetzt werden.
- Pizzateig lässt sich wunderbar in der Küchenmaschine zubereiten: Mehl und Salz in der Schüssel mit dem Flügelmesser kurz durcharbeiten (das ersetzt das Sieben). Dann das Ei, die Milch und zuletzt die Hefemischung zugeben und untermischen, bis sich die Zutaten grob verbunden haben. Auf der Arbeitsfläche kurz durchkneten.
- Mit einer Prise getrockneter Kräuter verleihen Sie Ihrem Teig Extrageschmack. Probieren Sie Rosmarin, Thymian oder Oregano.
- Wenn Sie häufig Pizza backen, sollten Sie über die Anschaffung eines Pizzasteins nachdenken. Die porösen Steinplatten stellen die Backeigenschaften traditioneller Öfen nach und sorgen für einen wunderbar knusprigen Boden. Spezielle Pizzableche gibt's im Fachgeschäft.

Klassische Pizzas

Romano

Den Ofen auf 200 °C vorheizen. 500 g Bocconcini oder Mozzarella in dünne Scheiben schneiden. Die Hälfte davon auf 2 mittelgroßen Pizzaböden verteilen. 6 Sardellenfilets grob hacken und die Hälfte über den Käse streuen. Die Böden 15 Minuten backen, herausnehmen und mit dem restlichen Käse und den restlichen Sardellen belegen. Mit nativem Olivenöl extra beträufeln, mit Meersalz würzen und backen, bis der Käse nur eben zerlaufen ist. Vor dem Servieren mit frischem Basilikum bestreuen. Für 4 Personen.

Patate

Den Ofen auf 200 °C vorheizen. 4 mittelgroße Kartoffeln schälen, in feine Scheiben schneiden und auf 2 mittelgroßen Pizzaböden verteilen. Großzügig mit nativem Olivenöl extra beträufeln und mit 1 Esslöffel fein gehacktem Rosmarin bestreuen. Mit Meersalz würzen und 20 Minuten backen. Aus dem Ofen nehmen und vor dem Servieren mit ein wenig Olivenöl beträufeln. Diese einfache Pizza passt hervorragend zu winterlich herzhaften Suppen und Eintöpfen oder als Snack vor einem Dinner. Für 4 Personen.

Capriciosa

Den Ofen auf 200 °C vorheizen. 1 Dose (400 g) Eiertomaten abtropfen lassen, fein hacken, in einen Topf geben, mit 2 Esslöffeln nativem Olivenöl extra verrühren und 5 Minuten bei mittlerer Hitze garen. Abkühlen lassen. Die Sauce auf 2 Pizzaböden verstreichen, mit Meersalz würzen, mit weiterem Olivenöl beträufeln und 15 Minuten im Ofen backen. Herausnehmen und mit 250 g Bocconcini oder Mozzarella, 100 g Kochschinken, 50 g in Scheiben geschnittenen Champignons, 110 g klein geschnittenen eingelegten Artischockenherzen und 80 g entsteinten Kalamata-Oliven belegen.
2 Esslöffel frisch geriebenen Parmesan darüberstreuen und einige Minuten backen, bis der Käse geschmolzen ist.
Für 4 Personen.

Margherita

Den Ofen auf 200 °C vorheizen. 400 g Eiertomaten aus der Dose abtropfen lassen und fein hacken. In einem Topf mit 2 Esslöffeln nativem Olivenöl extra vermengen und bei mittlerer Hitze 5 Minuten garen, bis die Sauce nicht mehr wässrig ist. Abkühlen lassen und gleichmäßig auf 2 Pizzaböden verstreichen. Mit Meersalz würzen, mit Olivenöl beträufeln und 15 Minuten im Ofen backen. Die Böden aus dem Ofen nehmen, mit 250 g in Scheiben geschnittenem Bocconcini oder Mozzarella belegen und mit 2 Esslöffeln frisch geriebenem Parmesan bestreuen. Einige weitere Minuten backen, bis der Käse geschmolzen ist. Vor dem Servieren mit frischem Oregano bestreuen. Für 4 Personen.

Frische Pasta türmt sich auf dem

Pastateig

1 400 g Mehl und ½ Teelöffel Salz in die Küchenmaschine geben, 4 Eier hineinschlagen und mixen, bis sich die Zutaten zu einem groben Teig verbunden haben.

2 Den Teig auf die leicht bemehlte Arbeitsfläche geben, mit 50 g Weizengrieß bestauben und geschmeidig kneten. Den Teig in vier Portionen teilen, in Frischhaltefolie wickeln und für 30 Minuten in den Kühlschrank legen.

3 Den Teig portionsweise mit einer Nudelmaschine nach der Bedienungsanleitung in der gewünschten Form und Dicke ausrollen. Die ausgerollten Nudeln auf ein großzügig mit Weizengrieß oder Mehl bestreutes Blech häufen und mit den Fingern vorsichtig auflockern, damit sie nicht aneinanderkleben. Anschließend auf ein weiteres bemehltes Blech legen und den restlichen Teig ausrollen. Für 4 Personen.

Tipps & Tricks

- Bereiten Sie Nudelteig immer an einem kühlen Ort zu, damit er nicht trocken wird.
- Verwenden Sie beim Garen sowohl getrockneter als auch frischer Pasta einen großen Topf – Pasta verlangt nach reichlich Wasser. Sie geben 1 Esslöffel Meersalz in das kochende Wasser, um die Pasta zu würzen, warten, bis das Wasser wieder aufwallt, und geben dann die Nudeln hinein. Ist die dazu servierte Sauce relativ mild, können Sie die Salzmenge auch erhöhen.
- Pasta sollte grundsätzlich al dente gekocht werden, anders gesagt, sie sollte durchgegart sein, aber noch ein wenig Biss haben. Je nach Form und Größe und ob frische oder getrocknete Pasta variieren die Garzeiten. Bei gekauften Nudeln halten Sie sich an die Packungsanleitung. Frische Pasta ist in sprudelnd kochendem Wasser in wenigen Minuten al dente.
- Pro Person rechnet man gewöhnlich etwa 100 g getrocknete Pasta. Wird sie als Auftakt zu einem Menü serviert, reduziert man die Menge auf 70–80 g.

Küchentisch – ein Gefühl wie in Bella Italia.

Klassische Pastasaucen

Pesto

125 g Basilikumblätter, 1 Handvoll glatte Petersilie, 100 g frisch geriebenen Parmesan, 1 Knoblauchzehe und 85 g geröstete Pinienkerne in der Küchenmaschine oder in einem Mörser zermahlen. Nach und nach in einem steten Strahl 170 ml Olivenöl einarbeiten, bis die Masse eine löffelfähige Konsistenz hat. Mit wenig Meersalz und frisch gemahlenem Pfeffer abschmecken, unter frisch gegarte Pasta mengen und servieren. Für 4 Personen.

Tomatensauce

Den Ofen auf 200 °C vorheizen. 6 Eiertomaten auf ein Backblech legen und im Ofen rösten, bis die Haut schwarz zu werden beginnt. Die Tomaten samt Haut und ausgetretenem Saft in die Küchenmaschine geben. 10 Basilikumblätter, 1 Knoblauchzehe, 2 Esslöffel natives Olivenöl extra, 1 Teelöffel Balsamicoessig und 1 Teelöffel Zucker hinzufügen und alles zu einer dicken Sauce pürieren. Falls nötig, mit etwas warmem Wasser verdünnen. Die Sauce mit Meersalz und frisch gemahlenem Pfeffer abschmecken, unter die heiße Pasta mengen und mit frisch geriebenem Parmesan und Basilikumblättern bestreut servieren. Für 4 Personen.

Zitronensauce

Die Schale von 3 unbehandelten Zitronen fein abreiben oder in feinen Streifen (Zesten) abschälen und in eine Schüssel geben. Den Saft von 2 Zitronen hineinpressen, den Saft der dritten Frucht in das Kochwasser pressen. Eine Handvoll gehackte glatte Petersilie, etwa 10 Basilikumblätter, 100 g grob geriebenen Parmesan und 3 Esslöffel natives Olivenöl extra in die Schüssel geben, nach Belieben mit Meersalz und frisch gemahlenem schwarzem Pfeffer würzen und alles gründlich verrühren. Die frisch gegarte Pasta in der Zitronensauce wenden und servieren. Für 4 Personen.

Pilzsauce

In einer großen Pfanne 2 Esslöffel Butter auf mittlerer Stufe erhitzen. 1 zerstoßene Knoblauchzehe, 400 g halbierte weiße Champignons und 2 große gehackte braune Champignons zugeben und 5 Minuten sautieren. 1 Teelöffel Thymianblätter und 4 Esslöffel Weißwein untermengen und 1 Minute köcheln lassen. Die Sauce mit Meersalz und frisch gemahlenem Pfeffer abschmecken und unter die heiße Pasta mengen. Natives Olivenöl extra darüberträufeln, 50 g frisch geriebenen Parmesan daraufstreuen, unterheben und servieren.
Für 4 Personen.

Pasta

Für die schnelle Küche kommt man an Pasta nicht vorbei. Im Winter oder abends bevorzuge ich eher traditionelle, gehaltvolle Saucen auf Tomaten- oder Sahnebasis. Mittags greife ich eher zu einer Dose Thunfisch, die ich mit Kapern, Basilikum, Tomaten und einer Handvoll Rucola vermenge und über warme Penne gebe. Noch einen Schuss Olivenöl und frisch geriebenen Parmesan dazu und – hey, presto! – fertig ist der Pasta-Genuss!

Für einfache Pasta-Saucen ist man gut beraten, wichtige Grundzutaten vorrätig zu haben – gutes Olivenöl, Dosenthunfisch, Kapern, Oliven, Sardellen und Dosentomaten. Nützliche frische Zutaten wären beispielsweise junger Spinat oder Rucola, frische Tomaten, Staudensellerie, Brokkoli, Zitronen und frische Kräuter.

Begraben Sie frische Pasta niemals unter einer schweren Sauce. Geschmack und Konsistenz sollen zur Geltung kommen. Beschränken Sie sich auf einen Klecks Zitronensauce oder Pesto oder auf ein paar Oliven und gehackte Tomaten oder gebratene Garnelen mit frischen Kräutern. Getrocknete Pasta ist robuster und daher besser für gehaltvolle Saucen geeignet. Der Fantasie sind keine Grenzen gesetzt. Achten Sie bei getrockneter Pasta auf gute Qualität.

Die Sauce macht's

Bereits wenige Saucen bieten unzählige Kombinationsmöglichkeiten. Hier ein paar schnelle Saucenideen:

- 1 Aubergine klein schneiden und mit 1 durchgepressten Knoblauchzehe und 1 fein gewürfelten roten Paprika in Olivenöl anbraten. Sobald die Aubergine ein wenig breiig zu werden beginnt, 1 Dose (400 g) Eiertomaten zugeben, würzen und 5 Minuten garen. Die warme Pasta sowie eine Handvoll gehackte glatte Petersilie und frisch geriebenen Parmesan untermischen.
- Warme Pasta mit Olivenöl, Meersalz und schwarzem Pfeffer, ½ fein gehackten roten Zwiebel, reichlich gehackter glatter Petersilie, einigen zerpflückten Sardellenfilets, Oliven und Zitronenzesten vermengen. Mit frisch geriebenem Parmesan bestreuen und servieren.
- Gegrillte, enthäutete und in Streifen geschnittene Paprikaschoten, Sardellenfilets, Kapern und Basilikum unter die warme Pasta mengen.
- Eiertomaten fein hacken und mit Sardellenfilets, Kapern, Petersilie und Olivenöl vermengen. Unter die warme Pasta ziehen und mit geriebenem Parmesan servieren.
- Edelreizker, Champignons und Austernpilze (oder andere gemischte Pilze) in dünne Scheiben schneiden und mit Knoblauch und rohem Schinken in Butter sautieren. Über die warme Pasta geben und mit frischem Oregano und Parmesan bestreuen.
- Lauch in feine Streifen schneiden und mit etwas rohem Schinken anschwitzen – ein großartiger Ansatz für viele Pastasaucen, beispielsweise mit Tomaten und Oliven, mit Thunfisch und Oliven oder mit Ricotta und frisch geriebenem Parmesan.
- Gewürfelte Tomaten in einer Schüssel mit Meersalz bestreuen und 30 Minuten ziehen lassen. Dann Olivenöl, reichlich grob gehackte Petersilie und frisch geriebenen Parmesan zugeben und mit der warmen Pasta vermengen. Mit kleinen Oliven garnieren.
- Für etwas leichtere Pestonudeln geben Sie zum Pesto noch frischen Ricotta und zerpflücktes Basilikum in die warme Pasta. Kurz durchheben und sofort servieren.

Zitrusfrische

Zitrone und Nudeln passen immer gut. Starten Sie mit einem guten Olivenöl, das Sie mit fein geriebener Zitronenschale, etwas Zitronensaft sowie Meersalz und frisch gemahlenem schwarzem Pfeffer würzen. Die warme Pasta darin wenden und großzügig mit frisch geriebenem Parmesan bestreuen. Würziger, aber nicht weniger delikat schmeckt diese Variante mit dünn geschnittenem Räucherlachs und Kapern. Herzhafter wird's, wenn Sie Dosenthunfisch und blanchierte Brokkoliröschen oder ein paar gehackte Sardellenfilets hinzufügen.

Pasta kochen

Für den ungetrübten Pasta-Genuss gilt es ein paar Dinge zu beachten. So sollte die Sauce fertig sein, bevor man die Nudeln kocht. Gegarte Saucen hält man am besten auf kleiner Flamme warm. Frische Zutaten, inklusive dem obligatorischen Schuss Olivenöl, stehen servierfertig vorbereitet in einer großen Schüssel bereit. Die Pasta al dente kochen, abgießen, kurz abtropfen lassen und zurück in den noch heißen Topf geben, damit sie warm bleibt. Einmal gekocht, gehört Pasta nicht mehr in die Warteschleife, sondern sollte unverzüglich serviert werden. Die warme Sauce oder die bereitstehenden frischen Zutaten zugeben und mit einer Küchenzange rasch unterheben. Auf Tellern oder in einer vorgewärmten Schüssel anrichten und servieren. Bei sehr leichten Saucen, etwa mit frischen Kräutern oder Zitrone empfiehlt es sich, den Großteil des Parmesans vor den anderen Zutaten unterzumengen: die abgetropfte Pasta zurück in den Topf geben, etwas Olivenöl und fein geriebenen Parmesan hinzufügen und schwenken, bis die Nudeln rundherum mit Käse bedeckt sind. Dann die Kräuter oder die Zitronensauce untermengen und servieren.

Mürbeteig

1 200 g Mehl und 100 g gewürfelte kalte Butter in die Küchenmaschine geben. Eine Prise Salz zufügen und 1 Minute mixen. 2 Esslöffel kaltes Wasser zugießen und unterarbeiten, bis sich die Zutaten zu einem Teig verbunden haben. In Frischhaltefolie wickeln und für 30 Minuten in den Kühlschrank legen.

2 Den Teig mit einem Nudelholz von der Mitte nach außen so dünn wie möglich ausrollen. Sie können das auf der bemehlten Arbeitsfläche, zwischen zwei Schichten Frischhaltefolie oder auf Backpapier erledigen. Mit dem ausgerollten Teig eine Tarteform von 25 cm Durchmesser auskleiden und diese weitere 30 Minuten kalt stellen.

3 Den Ofen auf 180 °C vorheizen. Den Teigboden mit einer Gabel mehrfach einstechen, Backpapier darauflegen und mit rohem Reis oder getrockneten Hülsenfrüchten bedecken. Im Ofen 10–15 Minuten blindbacken, bis der Teig hellgelb und trocken ist. Aus dem Ofen nehmen, Reis oder Hülsenfrüchte und das Papier entfernen und abkühlen lassen. Ergibt 1 Tarteboden.

Tipps & Tricks

- Entscheidend ist, dass Zutaten und Arbeitsgeräte kalt sind – kalte Butter und kaltes Wasser für den Teig und eine kalte Form zum Backen.
- Für kleine Torteletts folgen Sie dem obigen Rezept und kleiden mit dem ausgerollten Teig Tarte-Förmchen von 9 cm Durchmesser aus. Mit sorgfältig gefetteten Petit-Fours-Förmchen können Sie noch kleinere Torteletts für mundgerechte Häppchen realisieren.
- Rohe Tarte-Böden lassen sich auch mehrere Wochen einfrieren. Zum Backen schiebt man sie tiefgekühlt in den vorgeheizten Ofen. Diese Methode bietet sich auch an, wenn weder Hülsenfrüchte noch Reis zur Hand sind. Böden tiefgefroren vorzubacken (blindbacken), verhindert ebenfalls, dass der Teigrand zu sehr in sich zusammenfällt.
- Bei Formen mit herausnehmbarem Boden stellt man zum Herauslösen der Tarte die Form auf eine mittelgroße Schüssel, sodass sich der überstehende Ring einfach nach unten abziehen lässt. Wird die Tarte warm serviert, ist es ratsam, vorsichtig mit einem scharfen Messer zwischen Teig und Formrand entlangzufahren, um eventuell anhaftende Füllung zu lösen.

Klassische Tartes und Quiches

Quiche Lorraine

Den Ofen auf 180 °C vorheizen. In einer Pfanne mit schwerem Boden 1 Teelöffel Butter auf mittlerer Stufe zerlassen. 6 Scheiben durchwachsenen Speck in feine Streifen schneiden und in der Butter braten, bis sie leicht gebräunt und knusprig sind. Mit einem Schaumlöffel herausheben und auf Küchenpapier abtropfen lassen. In einer Schüssel 2 Eier, 2 Eigelb und 250 ml Sahne verschlagen, mit Meersalz und frisch gemahlenem weißem Pfeffer würzen und 100 g frisch geriebenen Parmesan unterrühren. Den Speck auf einem vorgebackenen Tarteboden von 25 cm Durchmesser verteilen und mit der Eiersahne übergießen. Die Quiche vorsichtig in den Ofen schieben und 25 Minuten backen, bis die Füllung gestockt und goldbraun ist. Mit einem grünen Salat servieren. Für 6 Personen.

Krabben-Tomaten-Tarte

Den Ofen auf 180 °C vorheizen. In einem kleinen Topf 10 Safranfäden und 4 Esslöffel kaltes Wasser vermengen. Bei starker Hitze kochen, bis nur noch etwa 1 Esslöffel Flüssigkeit verblieben ist. Vom Herd nehmen, 250 ml Sahne einrühren und 4 Eigelb unterschlagen. Die Eiersahne mit Meersalz und frisch gemahlenem schwarzem Pfeffer würzen und 3 Esslöffel fein geschnittenen Schnittlauch untermengen. 2 Eiertomaten fein würfeln und auf einem vorgebackenen Tarteboden von 25 cm Durchmesser verteilen. 150 g frisches Krabbenfleisch zerpflücken und darüberstreuen. Die Eiersahne in die Form gießen und die Tarte 25 Minuten backen, bis die Füllung goldgelb und gestockt ist. Mit einem Brunnenkressesalat servieren. Für 6 Personen.

Zwiebelkuchen mit Kräutern

Den Ofen auf 180 °C vorheizen. In einer großen Pfanne mit Deckel 1½ Esslöffel Butter mit je ½ Teelöffel fein gehacktem Rosmarin und Thymian auf mittlerer Stufe erhitzen.800 g in feine Streifen geschnittene Zwiebeln darin glasig schwitzen. 125 ml Weißwein zugießen, die Zwiebeln zugedeckt auf kleiner Flamme 40 Minuten garen, bis sie karamellisiert sind, und auf einem vorgebackenen Tarteboden von 25 cm Durchmesser verteilen. 250 ml Sahne und 4 Eigelb verquirlen, mit Meersalz und frisch gemahlenem schwarzem Pfeffer würzen und 70 g geriebenen Greyerzer unterrühren. Die Mischung über die Zwiebeln in die Form gießen, vorsichtig in den Ofen schieben und etwa 30 Minuten backen, bis sie gestockt und goldgelb ist. Mit einem bitteren Blattsalat servieren.
Für 6 Personen.

Provenzalische Tarte

Den Ofen auf 180 °C vorheizen. 4 große rote Zwiebeln schälen und in je 6 Spalten schneiden; in einer Pfanne mit schwerem Boden mit 2 Esslöffeln Olivenöl und einigen Zweigen Thymian vermengen und bei schwacher Hitze in 20 Minuten weich garen und leicht karamellisieren lassen. 1 Esslöffel Balsamicoessig unterrühren und noch 5 Minuten garen. Die Zwiebeln auf einem vorgebackenen Tarteboden von 25 cm Durchmesser verteilen. 3 reife Eiertomaten in dicke Scheiben schneiden und auf die Zwiebeln legen. 10 Kalamata-Oliven entsteinen, zerpflücken und darüberstreuen. Mit Salz und frisch gemahlenem schwarzem Pfeffer würzen und mit Alufolie bedeckt 20 Minuten backen. Dann ohne Folie weitere 15 Minuten backen. Die Tarte aus dem Ofen nehmen, mit nativem Olivenöl extra beträufeln und mit Basilikum bestreuen. Mit grünem Salat oder Ziegenkäse servieren.
Für 6 Personen.

Tartes & Quiches

Eine frische gebackene Tarte ist nicht nur eine clevere Art, sämtliche Lieblingszutaten in einem einzigen knusprigen Bissen zu vereinen, sie macht auch optisch etwas her. Denken Sie an braun gebratene Zwiebeln, Speck und Eier, an cremig-würzigen Käse, gegrillte Paprika, rosa Räucherlachs und üppige Eiersahne mit Kräutern. Mit einem knackigen grünen Salat serviert ist eine Tarte das perfektes Essen für jede Gelegenheit, vom lauschigen Lunch zu zweit über eine improvisierte Minifeier bis hin zum Picknick im Frühling. Auch wenn Tartes zunächst nach viel Arbeit aussehen, sind sie relativ schnell in die Tat umgesetzt. Lassen Sie sich von dem Gedanken an die Teigzubereitung nicht verunsichern, sie ist schneller erledigt als gedacht. Sie können natürlich auch zu Fertigteig greifen, wählen Sie aber ein auf Butterbasis hergestelltes Produkt, damit das Resultat einer hausgemachten Tarte möglichst nahe kommt.

Eine einfache Tarte

Sie können einen vorgebackenen Teigboden mit nahezu allem füllen, doch gerade ein einfacher Belag überzeugt am meisten. Hier ein paar Vorschläge:

- 4 Stangen Lauch in feine Scheiben oder Streifen schneiden, in 2 Esslöffeln Butter anschwitzen und zugedeckt bei schwacher Hitze 20 Minuten dünsten, bis er weich ist. Den Lauch in den vorgebackenen Teigboden füllen und kräftig würzen. 250 ml Sahne, 2 Eier und 2 Eigelb verquirlen und darübergießen. Die Tarte im 180 °C heißen Ofen 30 Minuten backen. Sie können auch Stücke von geräucherter Forelle unter den Lauch mengen, dann die Eiersahne zugießen und vor dem Backen gehackten Dill daraufstreuen. Dazu passt ein gemischter grüner Salat mit dünnen Gurkenscheiben.
- In einer Schüssel 300 g Ziegenfrischkäse, 3 Eier, 5 Eigelb, 500 ml Sahne und etwas frisch gemahlenen schwarzen Pfeffer verschlagen. Die Mischung auf den vorgebackenen Tarteboden gießen und im 180 °C heißen Ofen 30 Minuten backen, bis sie gestockt und goldbraun ist. Mit Ofentomaten und Rucola servieren.
- 2 Zwiebeln und 200 g Champignons in feine Streifen bzw. Scheiben schneiden und in 2 Esslöffeln Butter sautieren, bis sie weich sind. 1 Handvoll grob gehackte glatte Petersilie untermengen und auf dem vorgebackenen Tartoboden verteilen. 60 g geriebenen Cheddar und 50 g frisch geriebenen Parmesan darüberstreuen und im 180 °C heißen Ofen 10 Minuten backen, bis der Käse geschmolzen und goldbraun ist.
- 1 kg jungen Spinat blanchieren, kalt abschrecken und gut ausdrücken. Grob hacken und auf dem vorgebackenen Tarteboden verteilen. Fein gehackte schwarze Oliven und in dünne Streifen geschnittenen rohen Schinken darüberstreuen und mit zerkrümeltem Ziegenkäse abschließen. Im 180 °C heißen Ofen 10 Minuten backen, bis der Käse weich und leicht gebräunt ist.
- 10 g getrocknete Steinpilze in Wasser einweichen und ausdrücken. Die Steinpilze und 500 g gemischte frische Pilze in Butter braten, bis sie weich und nur noch halb so groß sind. Die Pilze mit 250 g Mascarpone, 4 Eigelb und 4 Esslöffeln frisch geriebenem Parmesan vermengen und mit Meersalz und frisch gemahlenem schwarzem Pfeffer würzen. Auf den vorgebackenen Teigboden geben und im 180 °C heißen Ofen 30 Minuten backen.

Eine runde Sache

Eine knusprige Alternative zu Tartes aus Mürbeteig bieten kleine runde Blätterteigtorteletts, die Sie mit Ihren persönlichen Favoriten belegen – roher Schinken, Oliven, Ziegenkäse, Artischockenherzen, Bocconcini oder Mozzarella, getrocknete Tomaten, Salami, Blauschimmelkäse – und im vorgeheizten Ofen bei 180 °C backen, bis sie goldbraun und aufgegangen sind.

Cremiger Brie

Eine Käsetarte mit Brie ist eine Art Kreuzung aus Quiche und Pizza. Einfach Briescheiben in einem konzentrischen Kreis auf einen rohen Mürbeteigboden legen und mit dünnen Tomatenscheiben und frischem Basilikum bedecken. Mit frischem Thymian und zerstoßenem schwarzem Pfeffer bestreuen und im 180 °C heißen Ofen 30 Minuten backen. Mit einem grünen Salat servieren. Alternativ können Sie den Käse auch mit dünn geschnittenen Birnenscheiben statt Tomaten belegen und mit Kochschinken und einem Früchte-Chutney servieren.

Alles Käse

Nichts ist ein so schlichter und doch edler Genuss wie Käse und Brot. Es mag eines der einfachsten Essen sein, doch sind die Kombinationsmöglichkeiten unbegrenzt. Weichkäse, Hartkäse, Blauschimmelkäse, Baguette, Roggenbrot, Kräcker, Nüsse, Früchte, Pickles …

Käse bietet nicht nur eine schier unerschöpfliche Auswahl verschiedenster Sorten und Herstellungsweisen, er passt auch zur jeder Tageszeit. Denken Sie an Rührei mit fein geriebenem Parmesan zum Frühstück oder an cremigen, mit Honig beträufelten Ricotta mit Toast und pochierten Früchten. Zum Mittag vielleicht ein kräftiger Bauernkäse auf knackig grünem Salat gefällig? Oder lieber Rucola mit Parmesan oder überbackenen Toast mit reifem Cheddar?

Finden Sie heraus, wie und womit Ihr Lieblingskäse am besten schmeckt. Das Ausprobieren soll Spaß machen. Gehen Sie in ein Feinkostgeschäft mit gut sortierter Käsetheke oder in einen richtigen Käseladen. Es gibt so viele verschiedene Käsesorten, dass einen die Fülle an qualitativ hochwertigen Produkten vor die berühmte Qual der Wahl stellt. Da auch mancher Käse ein saisonales Produkt ist, das einem Reifeprozess unterliegt, erkundigen Sie sich, welcher Käse gerade am besten ist. Lassen Sie sich beraten und entdecken Sie, welche Sorten Ihnen am ehesten liegen. Sobald Sie glauben, Ihren Lieblingskäse gefunden zu haben, lauert um die Ecke schon die nächste genussvolle Überraschung.

Schnell gemacht

Einer der großen Vorteile von Käse – das Essen ist praktisch fix und fertig. Vor Geschmack und Inhaltsstoffen strotzend benötigt er lediglich noch das eine oder andere Extra – Salat, Brot, Kräcker oder Nüsse – und fertig ist eine vollwertige Mahlzeit oder ein sättigender Snack.

- Schafskäse, entsteinte Oliven und etwas Sahne im Mixer püriert ergibt einen würzigen Aufstrich für Bruschetta. Mit frischem Basilikum oder Thymian und in dünne Scheiben geschnittenen Feigen, Birnen oder Tomaten garnieren.
- In Stücke geschnittenen Ziegenkäse über Nacht in einer Mischung aus Olivenöl, Pfefferkörnern, Lorbeerblättern, Thymian und Zitronenschale einlegen und auf einem Rucolasalat anrichten. Mit Croûtons zum Aufsaugen des aromatischen Öls bestreuen und servieren.
- Reife Feigen mit Ziegenkäse füllen, in rohen Schinken einwickeln und einige Minuten im Ofen backen. Auf Blattsalat anrichten und mit nativem Olivenöl extra und Balsamicoessig beträufeln.
- Einen Salat aus dünnen Scheiben Kochschinken, gehobeltem Parmesan, Birnenscheiben und Rucola zubereiten und zu geröstetem, mit Öl beträufeltem Sauerteigbrot servieren.
- Frischen Ricotta mit Kräutern und etwas Olivenpaste vermengen und zu einem Tomatensalat mit jungem Spinat servieren.
- Aus jungen Roten Beten, geröstetem Kürbis und Haselnüssen einen Salat zubereiten und mit zerkrümeltem Ziegenkäse bestreuen.
- Getoastetes Roggenbrot mit Röstzwiebeln bedecken und mit Kochschinken und Greyerzer belegen – eine Alternative zum notorischen Schinken-Käse-Toast.
- Große Champignonköpfe mit Olivenöl beträufeln und einige Minuten unter dem heißen Grill garen. Mit Ziegenweichkäse belegen und unter dem Grill goldgelb überbacken. Auf getoastetem Roggenbrot anrichten und mit fein gehackten Walnüssen bestreut servieren.

Knusprig & Lecker

Genießen Sie zum Lunch Käse mit Blätterteig und einigen einfachen Zutaten. Den Ofen auf 180 °C vorheizen und ein gefettetes Backblech mit Fertigblätterteig auslegen. Nebeneinander Tomatenscheiben auf den Teig legen und einige hauchdünne rote Zwiebelringe darauf verteilen. Mit frischem Thymian und frisch geriebenem Parmesan bestreuen und im Ofen goldbraun backen. In Quadrate schneiden, mit jungen Blattsalaten garnieren und servieren. Oder: Den Blätterteig mit zerkrümeltem Blauschimmel- oder Ziegenkäse und Thymian bestreuen und goldbraun backen. Dazu passt Tomatensalat mit frischem Basilikum und jungem Rucola.

Gebackener Ricotta

Frisch gebackener Ricotta direkt aus dem Ofen ist vor allem an kalten Tagen ein herzerwärmender Genuss. 200 g Ricotta auf ein mit Backpapier ausgelegtes Blech (oder in eine kleine ausgekleidete Backform) geben und mit frisch gehackten Kräutern, etwas gehacktem Dill, fein gehackten schwarzen Oliven und frisch geriebenem Parmesan bestreuen. Weitere 200 g Ricotta darüberschichten und mit Olivenöl beträufeln. Im 180 °C heißen Ofen 30 Minuten backen und mit warmem Brot und Tomatensalat servieren.

Wenn reife, saftige Früchte auf cremigen, reifen Käse treffen, ist der Genuss garantiert.

Klassische Käsegerichte

Brie mit Äpfeln und Walnüssen

2 rotschalige Äpfel in dünne Spalten schneiden und in eine Schüssel geben. Mit dem Saft einer halbe Zitrone beträufeln, damit sie nicht braun werden. 2 Chicorée längs halbieren und mit 10 fein gehackten Walnusshälften unter die Äpfel mengen. Mit nativem Olivenöl extra beträufeln und mit frisch gemahlenem schwarzem Pfeffer und Meersalz würzen. Den Salat auf vier Tellern anrichten und mit je einer großzügigen Scheibe reifem Brie garnieren. Mit geröstetem Roggenbrot und nach Belieben mit Quittenpaste oder -brot servieren. Für 4 Personen.

Mit Ziegenkäse überbackenes Baguette

1 kleines Baguette schräg in 4 lange, dünne Scheiben schneiden, leicht toasten und mit Ziegenkäse belegen. Unter dem Backofengrill goldbraun überbacken, auf jungen Blattsalaten anrichten und mit frisch gemahlenem schwarzem Pfeffer würzen. Ein paar schwarze Oliven, Granatapfelkerne und eingelegte Artischockenherzen verleihen dem Salat zusätzlichen Pfiff. Für 4 Personen.

Knackiges Obst, würziger Käse und leicht bitterer

Rucola-Birnen-Salat mit Parmesan

In einer Schüssel 200 g Rucola, 2 in dünne Scheiben geschnittene Birnen (vorzugsweise Kaiser Alexander) und 150 g gehobelten Parmesan vermengen. Mit nativem Olivenöl extra und Balsamicoessig anmachen und servieren. Für 4 Personen als Beilagensalat.

Ploughman's Lunch

Während in so manchem englischen Pub der eher spartanische *ploughman's lunch* einiges zu wünschen übrig lässt, überzeugt diese Version mit reifem buttrigem Cheddar, frischem Krustenbrot und Gewürzgurken. Noch ein paar Kräcker, dünne Scheiben Kochschinken und einige frische Feigen, Weintrauben oder Äpfel dazu und fertig ist ein einfaches Mittagessen oder ein willkommener Picknicksnack.

Salat sind wie füreinander geschaffen.

Mixgetränke

Geeister Litschisaft mit Minze

5 Litschis aus der Dose und 125 ml ihres Sirups mit 15 großen Minzeblättern, 1 Esslöffel Limettensaft und 10 Eiswürfeln in den Mixer geben und pürieren, bis die Mischung glatt ist. In gekühlten Gläsern servieren. Für 2 Personen.

Mango-Lassi

250 g grob gewürfeltes Mangofleisch, 125 g Joghurt, 1 Teelöffel Honig, 1 Teelöffel Limettensaft und 8 Eiswürfel im Mixer pürieren, bis die Mischung homogen ist. In gekühlte Gläser füllen und servieren. Für 2 Personen.

Genießen Sie fruchtig-frische tropische Drinks oder

Minze-Vanilleeis-Smoothie

2 große Kugeln Vanilleeis, 3 Esslöffel Crème de Menthe (oder einen anderen Minzlikör), 6 Minzeblätter und 4 Eiswürfel in den Mixer geben und pürieren, bis die Mischung glatt ist. In kleinen gekühlten Gläsern servieren. Für 2 Personen.

Erdbeer-Lassi

150 g entstielte Erdbeeren, 250 g griechischen Joghurt, 1 Teelöffel Honig und 8 Eiswürfel im Mixer pürieren, bis die Mischung glatt ist. In gekühlten Gläsern servieren. Für 2 Personen.

einen Eiscreme-Smoothie mit Schuss.

Mixgetränke

Mandelbrause

In einem kleinen Topf 200 ml Wasser, 225 g Zucker, 4 Esslöffel gemahlene Mandeln und 4 gespaltene Kardamomkapseln vermengen und einkochen, bis die Mischung sirupartig wird. Abkühlen lassen und 1 Teelöffel Rosenwasser und 2 Tropfen Bittermandelextrakt unterrühren. Jeweils einige Esslöffel der Mischung in gekühlte Gläser geben und mit kaltem kohlensäurehaltigem Mineralwasser auffüllen. Für 8 Personen.

Melonen-Chili-Cooler

250 ml Wassermelonensaft, 1 Esslöffel Chilisirup (siehe unten) und 1 Esslöffel Limettensaft verrühren. Über Eis in ein Glas füllen und mit frischen Minzezweigen garnieren. (Für den Chilisirup 2 große rote Chilischoten, 115 g Zucker und 125 ml Wasser in einem kleinen Topf zum Kochen bringen. Die Hitze reduzieren und den Sirup 5 Minuten köcheln lassen. Die Chilischoten herausnehmen, den Sirup abkühlen lassen und in eine kleine Flasche füllen. Übrig gebliebenen Sirup kühl lagern.) Für 1 Person.

Pimm's klassisch

150 ml Ginger Ale, 3 Esslöffel Pimm's und 1 Teelöffel Limettensaft in ein gekühltes Longdrinkglas füllen und Eis hineingeben. Umrühren und mit dünnen Orangenscheiben und Gurkenstreifen garnieren. Für 1 Person.

Rosenblütenlimonade

Die Blütenblätter von 4 roten Rosen aus biologischem Anbau ablösen und mit 225 g Zucker und 300 ml Wasser in einen Topf geben. Zum Kochen bringen und dann auf kleiner Flamme 8 Minuten köcheln lassen, bis die Mischung sirupartig wird. Falls nötig, ab und zu abschäumen. Abkühlen lassen und 1 Esslöffel Rosenwasser unterrühren. Zum Servieren einige Esslöffel Rosensirup in gekühlte Gläser geben und mit kaltem kohlensäurehaltigem Mineralwasser auffüllen.
Für 8 Personen.

Leibspeisen-Rezepte

ein Klecks Pesto

Ihre Lieblingspizza

oder Pasta

dicke Scheiben knuspriges Brot

gewagte Aromen

Oliven, Sardellen, Kapern

herzhaft und gesund zugleich

Fladenbrot mit Pastrami

2 rote Paprikaschoten
1 Salatgurke
4 Lavash-Fladen (oder anderes dünnes Fladenbrot)
8 Scheiben Pastrami
4 Dillgurken, in feine Scheiben geschnitten
50 g junger Spinat

Die Paprikaschoten unter dem heißen Backofengrill rösten, bis die Haut Blasen schlägt und schwarz zu werden beginnt. In eine Schüssel legen und mit Frischhaltefolie bedecken. Sobald sie etwas abgekühlt sind, die Schoten enthäuten, von Stiel und Samen befreien und in feine Streifen schneiden. Die Salatgurke mit einem Sparschäler in lange Streifen schneiden.

1 Lavash-Fladen auf die saubere trockene Arbeitsfläche legen. 2 Scheiben Pastrami an den unteren Rand legen und mit Gurkenstreifen, Paprikastreifen, Dillgurken und Spinatblättern garnieren. Den Fladen zusammenrollen. Die restlichen Fladen ebenso füllen und aufrollen. Die Rollen halbieren und auf einer Platte servieren. Für 4 Personen.

Artischocken-Schinken-Pizza

2 Rispentomaten
Meersalz
4 EL Olivenöl
1 Rezeptmenge Pizzateig (s. S. 69)
8 Scheiben roher Schinken, halbiert
1 Glas (175 g) eingelegte Artischockenherzen, abgetropft und in Scheiben geschnitten
100 g Ziegenkäse
einige Oreganoblätter zum Garnieren

Den Ofen auf 200 °C vorheizen. Die Tomaten achteln und auf ein Backblech legen. Mit etwas Meersalz würzen, mit 2 Esslöffeln Olivenöl beträufeln und im Ofen 15 Minuten backen. Herausnehmen.
4 kleine runde Pizzaböden von etwa 12 cm Durchmesser ausrollen und auf ein Backblech legen. Mit dem Schinken, den Tomaten, den Artischockenherzen und dem Ziegenkäse belegen, mit dem restlichen Olivenöl beträufeln und mit Meersalz würzen. Im Ofen 15 Minuten backen und mit frischem Oregano garnieren. Ergibt 4 Pizzas.

Reispapierblätter mit Ente und Mango

1 TL Sichuan-Pfefferkörner
1 TL schwarze Pfefferkörner
½ TL Meersalz
½ knusprig gebratene Ente (vom Chinesen)
8 große runde Reispapierblätter (Asia-Laden)
4 EL Pflaumensauce (*plum sauce;* Asia-Laden)
2 reife Mangos, geschält und in Scheiben geschnitten
50 g Zuckerschoten- oder Erbsensprossen

Beide Pfeffersorten und das Meersalz in einer Gewürzmühle oder im Mörser grob zermahlen. Beiseitestellen. Die knusprige Entenhaut ablösen und mit einer Küchenschere in dünne Streifen schneiden. Das Fleisch auslösen und zerpflücken. Die Reispapierblätter einzeln in heißes Wasser legen, bis sie weich sind. Herausnehmen und trocken tupfen.

Ein wenig Pflaumensauce in der Mitte eines Reispapierblatts verstreichen, mit etwas Entenfleisch und -haut sowie einigen Mangoscheiben und Sprossen bedecken und mit der Gewürzmischung bestreuen. Die Füllung in das Blatt einwickeln, dabei die Ränder nach innen einschlagen, sodass ein kompaktes Paket entsteht. Die restlichen Reispapierblätter ebenso füllen. Die Pakete vor dem Servieren halbieren und auf einer Platte anrichten. Für 4 Personen.

Pan Bagnat

1 Baguette
1 EL natives Olivenöl extra
1 Knoblauchzehe, geschält und halbiert
2 rote Paprikaschoten, gegrillt, enthäutet, Samen entfernt
1 EL Kapern, abgespült und abgetropft
175 g Thunfisch aus der Dose, abgetropft
15 schwarze Oliven, entsteint
½ kleine rote Zwiebel, in feine Streifen geschnitten
15 Basilikumblätter
1 Handvoll glatte Petersilie, grob gehackt
10 Sardellenfilets
100 g eingelegte Artischockenherzen, abgetropft
Salz, schwarzer Pfeffer, frisch gemahlen

Das Baguette mit einem scharfen Messer längs halbieren und aus beiden Hälften die Krume herauslösen. Die ausgehöhlte Kruste mit dem Olivenöl und Knoblauch einreiben.

Die Paprika in dünne Streifen schneiden, mit den restlichen Zutaten vermengen, mit Salz und Pfeffer würzen und in die untere Baguettehälfte füllen. Die Deckelhälfte so auflegen, dass die Ränder sauber abschließen. Das Pan Bagnat in Frischhaltefolie wickeln und mit einem Gewicht beschwert (ein großes Brett oder ein schwerer Topf) über Nacht in den Kühlschrank stellen. In 5 cm dicke Scheiben geschnitten servieren. Ergibt 10 Scheiben.

Linguine mit Pilzsauce

Linguine mit Pilzsauce

700 g gemischte Pilze (beispielsweise Champignons, Austernpilze, Enoki)
3 EL Olivenöl
3 Knoblauchzehen, zerstoßen
1 EL Thymianblätter
250 ml Weißwein
Meersalz, schwarzer Pfeffer, frisch gemahlen
250 g Linguine
2 EL Butter
2 EL fein gehackte glatte Petersilie
4 EL fein geriebener Parmesan zum Servieren

In einem großen Topf Wasser erhitzen. Inzwischen die Pilze putzen und je nach Größe halbieren oder vierteln. Das Olivenöl in einem großen Topf auf mittlerer Stufe erhitzen. Den Knoblauch, die Pilze und den Thymian darin anbraten, bis der Knoblauch weich wird. Den Weißwein zugießen, mit Meersalz würzen und zugedeckt 7 Minuten garen. Das kochende Wasser salzen, die Pasta hineingeben und al dente kochen.

Die Pasta abtropfen lassen und zurück in den Topf geben. Mit der Butter und der Petersilie mischen und auf vier vorgewärmten Tellern anrichten. In der Mitte jeweils eine Mulde bilden und die Pilze hineingeben. Mit ihrem Garsud übergießen und mit Pfeffer würzen. Mit Parmesan bestreuen und servieren. Für 4 Personen.

Pissaladière

4 EL Olivenöl
4–5 große Zwiebeln, geschält und in feine Streifen geschnitten
1 TL fein gehackter Rosmarin
1 TL fein gehackter Thymian
1 TL Zucker
1 Rezeptmenge Pizzateig (s. S. 69)
Meersalz, schwarzer Pfeffer, frisch gemahlen
12 Sardellenfilets
16 schwarze Oliven, entsteint
12 Basilikumblätter zum Garnieren

Den Ofen auf 220 °C vorheizen. Eine große Pfanne auf mittlerer Stufe erhitzen. Das Olivenöl, die Zwiebeln, Rosmarin und Thymian hineingeben und zugedeckt auf kleiner Flamme etwa 20 Minuten garen, bis die Zwiebeln weich sind. Den Zucker einstreuen, noch 1 Minute garen und beiseitestellen.

Den gegangenen Teig auf der bemehlten Arbeitsfläche in vier Portionen teilen und zu vier ovalen Böden von etwa 12 cm Breite ausrollen. Die Ränder leicht nach innen falten. Die Teigböden auf ein großes eingeöltes Blech legen, mit den Zwiebeln bedecken und mit Salz und Pfeffer würzen. Die Sardellen und Oliven in kleine Stücke schneiden oder zerpflücken und darüberstreuen. Die Pissaladières 15 Minuten im Ofen backen, mit Basilikum garnieren und servieren.
Für 4 Personen.

Venusmuschelsuppe

1,5 kg große Venusmuscheln (Clams), gesäubert
1 EL helles Olivenöl
1 Knoblauchzehe, zerstoßen
2 Scheiben durchwachsener Speck, gehackt
2 weiße Zwiebeln, fein gewürfelt
1 rote Chilischote, von den Samen befreit und fein gehackt
1 Karotte, geraspelt
1 Lorbeerblatt
2 große mehligkochende Kartoffeln, geschält und gewürfelt
2 Stangen Staudensellerie, in dünne Scheiben geschnitten
1 große Handvoll glatte Petersilie, grob gehackt
Meersalz, weißer Pfeffer, frisch gemahlen

Geöffnete Muscheln, die sich bei Berührung nicht öffnen, wegwerfen. In einem großen Topf 500 ml Wasser zum Kochen bringen. Die Muscheln hineingeben und zugedeckt 2–3 Minuten dämpfen, bis sie sich geöffnet haben. Muscheln, die sich nicht öffnen, wegwerfen. Die Muscheln bis auf einige Exemplare für die Garnitur auslösen. Den Muschelsud durch ein Sieb passieren und beiseitestellen.

Das Olivenöl in einem Topf erhitzen, Knoblauch und Speck zugeben und anschwitzen, bis der Speck gebräunt ist. Zwiebeln, Chili, Karotte und Lorbeerblatt hinzufügen und anschwitzen, bis die Zwiebeln weich und glasig sind. Die Kartoffeln, den Muschelsud und 250 ml Wasser zugeben und zugedeckt 35 Minuten garen. Den Sellerie, das ausgelöste Muschelfleisch und die Petersilie untermengen und mit Meersalz und Pfeffer würzen. Die Suppe in vier Suppenschalen schöpfen, mit den verbliebenen Venusmuscheln garnieren und servieren. Für 4 Personen.

← Pissaladière

Venusmuschelsuppe

Rote Linsensuppe

3 EL Olivenöl
1 Zwiebel, fein gewürfelt
1 EL frisch geriebener Ingwer
1 EL gemahlener Kreuzkümmel
2 Karotten, geschält und geraspelt
250 g rote Linsen
1 l Gemüsebrühe
2 rote Zwiebeln, in feine Streifen geschnitten
90 g Koriandergrün (möglichst mit den Wurzeln)

In einem großen Topf 1 Esslöffel Olivenöl erhitzen. Die gewürfelte Zwiebel mit Ingwer und Kreuzkümmel bei mittlerer Hitze darin glasig anschwitzen. Karotten, Linsen und Brühe hinzufügen, rasch zum Kochen bringen und dann auf kleiner Flamme 30 Minuten garen, bis die Linsen zerfallen sind.

Inzwischen in einer Pfanne das restliche Öl auf mittlerer Stufe erhitzen und die roten Zwiebeln hineingeben. Das Koriandergrün waschen. Die Wurzeln und Stiele fein hacken, die Blätter beiseitelegen. Wurzeln und Stiele zu den Zwiebeln geben und unter gelegentlichem Rühren braten, bis die Zwiebeln Farbe genommen haben.

Die heiße Suppe in vier Schalen schöpfen und die Zwiebelmischung darauf verteilen. Mit Korianderblättern garnieren und servieren. Für 4 Personen als Vorspeise.

Garnelen-Sandwich

20 mittelgroße rohe Garnelen, geschält und Därme entfernt
3 EL Limettensaft
3 EL helles Olivenöl
2 EL Pflanzenöl zum Braten
8 Scheiben helles Sauerteigbrot
Mayonnaise zum Bestreichen (s. S. 64)
weißer Pfeffer, frisch gemahlen
Koriandergrün zum Garnieren

Die Garnelen, mit dem Limettensaft und Olivenöl vermengen und im Kühlschrank 30 Minuten marinieren.

In einer Pfanne mit schwerem Boden etwas Öl auf hoher Stufe erhitzen. Einige Garnelen darin in etwa 2 Minuten von unten Farbe nehmen lassen. Umdrehen und in 1 weiteren Minute durchgaren. Die restlichen Garnelen portionsweise ebenso braten.

Das Brot mit Mayonnaise bestreichen. Die Garnelen auf 4 Scheiben verteilen, pfeffern und mit Koriandergrün garnieren. Mit den restlichen Brotscheiben bedecken und servieren. Für 4 Personen.

Käse-Oliven-Sandwiches

100 g geriebener Mozzarella
3 EL frisch geriebener Parmesan
4 EL entsteinte und in feine Scheiben geschnittene grüne Oliven
2 EL grob gehackte glatte Petersilie
8 Scheiben Weißbrot, entrindet
2 EL Olivenöl

Den Ofen auf 180 °C vorheizen. Den Mozzarella, den Parmesan, die Oliven und die Petersilie behutsam vermengen. 4 Scheiben Brot mit 1 Esslöffel Olivenöl bestreichen und mit der eingeölten Seite nach unten auf ein gefettetes Backblech legen. Die Käsemischung gleichmäßig auf den Scheiben verteilen und mit den restlichen Scheiben bedecken. Die Sandwiches mit dem verbliebenen Öl bestreichen und 10 Minuten im Ofen backen. Falls nötig, zwischendurch wenden. Die Sandwichs in je drei Streifen schneiden und servieren. Ergibt 12 Stücke.

Hähnchen-Kokos-Suppe

1 TL Sesamöl
1 rote Chilischote, von den Samen befreit und fein geschnitten
2 Hähnchenbrustfilets, quer in feine Scheiben geschnitten
4 Frühlingszwiebeln, geputzt und schräg in Scheiben geschnitten
1 rote Paprikaschote, geputzt und in feine Streifen geschnitten
1,5 l Hühnerbrühe
400 ml Kokosmilch
3 EL Limettensaft
1 EL Fischsauce *(nam pla)*
1 Handvoll Koriandergrün, gehackt
100 g Zuckerschoten- oder Erbsensprossen, klein geschnitten
Meersalz, schwarzer Pfeffer, frisch gemahlen
Limettenspalten zum Servieren

Das Sesamöl in einem Wok oder einer große Pfanne bei mittlerer Temperatur erhitzen. Chili und Hähnchenfleisch darin pfannenrühren, bis das Fleisch zu bräunen beginnt. Die Frühlingszwiebeln, die Paprika, die Brühe, die Kokosmilch, den Limettensaft und die Fischsauce zugeben, zum Kochen bringen und dann auf kleiner Flamme 10 Minuten garen.

Das Koriandergrün und die Sprossen untermengen, mit Meersalz und Pfeffer abschmecken und mit Limettenspalten sofort servieren. Für 4 Personen.

Blätterteigecken mit Champignons

Spaghettini mit Zucchini und Kapern

Blätterteigecken mit Champignons

4 große Champignons
2 EL Olivenöl
1 Knoblauchzehe, zerstoßen
Meersalz, schwarzer Pfeffer, frisch gemahlen
1 Blätterteigboden (Fertigprodukt)
150 g Rucola, Stiele entfernt
70 g gehobelter Parmesan
1 EL Balsamicoessig

Den Ofen auf 180 °C vorheizen. Die Stiele der Pilze kappen, die Hüte in einer Schüssel mit dem Olivenöl und dem Knoblauch vermengen und mit Meersalz und Pfeffer würzen. Sorgfältig durchmischen.

Den Blätterteigboden in vier Quadrate schneiden und auf ein Backblech legen. Die Ränder nach innen einschlagen, sodass sie später eine knusprige Kante bilden. In die Mitte je 1 Pilz setzen und 20 Minuten im Ofen backen, bis der Teig goldgelb und aufgegangen ist.

Den Rucola zerpflücken und in einer Schüssel mit dem Parmesan und dem Essig vermengen. Nach Geschmack würzen. Die Pilze mit dem Salat bedecken und noch warm servieren. Für 4 Personen.

Spaghettini mit Zucchini und Kapern

3 EL natives Olivenöl extra
2 Knoblauchzehen, zerstoßen
6 Zucchini, geraspelt
Meersalz, schwarzer Pfeffer, frisch gemahlen
400 g Spaghettini
1 Handvoll glatte Petersilie, grob gehackt
2 EL kleine Kapern
100 g frisch geriebener Parmesan

Für die Pasta in einem großen Topf reichlich Wasser erhitzen. Eine hohe Pfanne auf mittlerer Stufe erhitzen. Den Knoblauch mit dem Olivenöl hineingeben und unter Wenden mit einem Spatel leicht Farbe nehmen lassen. Die geraspelten Zucchini hinzufügen und unter regelmäßigem Rühren etwa 15 Minuten braten, bis sie allmählich trocken werden und anzusetzen beginnen; nach Geschmack salzen und pfeffern.

Das kochende Wasser salzen, die Pasta hineingeben und nach Packungsanleitung al dente kochen; abtropfen lassen und zurück in den Topf geben. Die Petersilie, die Kapern, den Großteil des Parmesans und die Zucchini zufügen und sorgfältig untermengen. Die Pasta auf Tellern anrichten und mit dem restlichen Parmesan bestreut servieren.
Für 4 Personen.

Sardinen auf Toast

3 reife Tomaten, fein gewürfelt
½ rote Zwiebel, in feine Ringe geschnitten
2 EL Weißweinessig
2 EL natives Olivenöl extra
1 EL Oreganoblätter
Meersalz, schwarzer Pfeffer, frisch gemahlen
1 TL Butter
8–16 Sardinenfilets (je nach Größe; insgesamt etwa 300 g)
4 dicke Scheiben Vollkornbrot, getoastet

In einer kleinen Schüssel die Tomaten, die Zwiebelringe, den Essig, das Olivenöl und die Oreganoblätter vermengen und mit Meersalz und Pfeffer würzen.

Eine beschichtete Pfanne auf großer Stufe erhitzen und die Butter hineingeben. Sobald sie aufschäumt, die Sardinenfilets einlegen und von jeder Seite 1–2 Minuten braten, bis sie leicht gebräunt und gar sind. Die Toasts mit dem Fisch belegen und mit dem Tomatensalat garnieren. Das verbliebene Dressing darüberträufeln und servieren. Für 4 Personen.

Blätterteig und Parmesan, kaperngespickte Pasta und gebratene Sardinen auf Toast.

Sardinen auf Toast

Gazpacho

4 Gärtnergurken
8 reife Tomaten, grob gewürfelt
1 EL Meersalz
1 TL gerösteter und gemahlener Kreuzkümmel
1 kleine Rote Bete, geschält und gewürfelt
1 rote Paprikaschote, gewürfelt
½ rote Zwiebel, fein gewürfelt
3 Frühlingszwiebeln, in feine Scheiben geschnitten
2 EL gehacktes Koriandergrün
natives Olivenöl extra zum Servieren
Toast oder Kräcker zum Servieren

2 Gurken grob zerkleinern, die beiden anderen fein würfeln. Die Tomaten und die zerkleinerten Gurken in einer Schüssel mit dem Meersalz und Kreuzkümmel vermengen und 2 Stunden ziehen lassen. Dann mit der Roten Bete im Mixer oder in der Küchenmaschine pürieren und über einer Schüssel in ein mit Mull ausgelegtes Sieb gießen. Das Tuch an den Ecken fassen, zu einer Kugel formen und sämtlichen Saft in die Schüssel pressen.

Die festen Rückstände im Tuch wegwerfen, den Saft kalt stellen. Sobald er gut gekühlt ist, das gewürfelte Gemüse, die Frühlingszwiebeln und das Koriandergrün hineingeben und 1 weitere Stunde kühlen. Abschmecken, in Suppenschalen schöpfen und mit etwas Olivenöl beträufeln. Mit Toastbrot oder Kräckern servieren. Für 4 Personen.

Erbsensuppe mit Salat

2 Esslöffel Olivenöl
1 Stange Lauch, in feine Streifen geschnitten
1 Knoblauchzehe, zerstoßen
1 l Gemüse- oder Hühnerbrühe
1 Kopfsalat, vom Strunk befreit und in feine Streifen geschnitten
150 g frische Erbsen
1 TL Zucker
20 Minzeblätter
Meersalz, schwarzer Pfeffer, frisch gemahlen
fein geriebener Parmesan zum Servieren

Das Öl in einem großen Topf erhitzen. Lauch und Knoblauch darin anschwitzen, bis sie weich sind. Die Brühe, den Salat und die Erbsen zugeben, aufkochen und bei schwacher Hitze 15 Minuten köcheln lassen, bis die Erbsen weich sind. Vom Herd nehmen und den Zucker und die Minze unterrühren.

Die Suppe glatt pürieren, kräftig würzen und mit geriebenem Parmesan servieren. Für 4 Personen.

Risoni mit süßsaurem Paprika

1 rote Zwiebel, in feine Streifen geschnitten
2 rote Paprikaschoten, geputzt, in dicke Streifen geschnitten
2 EL Balsamicoessig
2 EL brauner Zucker
Meersalz, weißer Pfeffer, frisch gemahlen
250 g Risoni (Nudeln in Reisform)
2 große reife Tomaten, grob gewürfelt
10 große Basilikumblätter, grob zerpflückt
150 g Rucola, Stiele entfernt
4 EL natives Olivenöl extra

Den Ofen auf 180 °C vorheizen. Zwiebel, Paprika, Essig und Zucker in einer ofenfesten Form vermengen, leicht salzen und zugedeckt 30 Minuten backen.

Das Gemüse aus dem Ofen nehmen. Die Risoni in kochendem Salzwasser nach Packungsanleitung al dente garen. Sorgfältig abtropfen lassen und dann mit dem Ofengemüse, den Tomaten, dem Basilikum und dem Rucola in einer Schüssel vermengen. Abschmecken, mit Olivenöl beträufeln und servieren. Für 6 Personen.

Pappardelle mit Paprika und Feta

4 rote Paprikaschoten
3 EL natives Olivenöl extra
1 TL Balsamicoessig
125 g Basilikum
Meersalz, schwarzer Pfeffer, frisch gemahlen
400 g Pappardelle
150 g Schafskäse (Feta)

Den Ofen auf 200 °C vorheizen. Die Paprika längs halbieren, mit der Haut nach oben auf ein Backblech legen und mit Olivenöl bestreichen. Im Ofen 20 Minuten rösten, bis die Haut Blasen wirft und schwarz wird. Die Paprika in einem Gefrierbeutel abkühlen lassen. Dann häuten, von den Samen befreien und mit dem Essig, 10 Basilikumblättern sowie etwas Salz und Pfeffer im Mixer pürieren. Für eine saucenartige Konsistenz den abgeseihten Saft vom Blech und etwas Olivenöl untermengen; in einem großen Topf bei schwacher Hitze warm stellen.

Die Pasta al dente kochen, abgießen und in die Paprikasauce geben. Die Hälfte des Schafskäses hineinbröckeln und untermengen. Mit Basilikum und dem restlichen zerkrümelten Schafskäse garnieren und servieren. Für 4 Personen.

Salat

Ich stehe häufig vor dem offenen Kühlschrank oder vor dem Küchenregal und möchte am liebsten von allem etwas. Eine Unart, die mein Vater immer mit den Worten „deine Augen sind größer als der Magen" umschrieb und die mir öfter Ärger einhandelte. Erst sehr viel später entdeckte ich das perfekte Gegenmittel – Salat.

Salatideen

frische Kräuter
knackige Salatblätter
würzig-frische Dressings
salzige Kapern und Sardellen
eine Handvoll Nüsse oder Körner
und hinein ins kunterbunte
Vergnügen.

Vinaigrette

1 In einer Schüssel 1 Esslöffel Zitronensaft und 3 Esslöffel natives Olivenöl extra verrühren und mit 1 Prise Meersalz und frisch gemahlenem schwarzem Pfeffer würzen.

2 Eine Knoblauchzehe mit der Klinge eines schweren Messers oder mit einem Plattiereisen grob zerdrücken.

3 Den Knoblauch unter die Vinaigrette rühren und 30 Minuten darin ziehen lassen; herausnehmen. Die Vinaigrette noch einmal durchrühren, sie ist jetzt gebrauchsfertig und passt vor allem zu Salaten mit Hähnchen und Seafood.

Tipps & Tricks

- Für ein gutes Salatdressing ist entscheidend, dass Sie Olivenöl und Essig von bester Qualität verwenden. Natives Olivenöl extra kann von mild-aromatisch über herb-würzig bis pfeffrig-scharf geschmacklich sehr unterschiedlich ausfallen, wählen Sie daher ein Öl, das Ihren persönlichen Geschmack trifft. Auch Essig kann erheblich variieren; guter Essig schmeckt süßlich-mild, ganz anders als die industriell hergestellte Massenware aus den großen Flaschen, um die Sie tunlichst einen Bogen machen sollten.

- Wenn Sie eine Schwäche für Knoblauch haben, können Sie ihn auch fein gehackt oder durchgepresst unter das Dressing rühren, statt ihn lediglich darin ziehen zu lassen und wieder herauszunehmen (siehe Schritt 3). Dosieren Sie jedoch umsichtig. Die anderen Salatzutaten sollten kräftig genug sein, um dem dominanten Aroma von rohem Knoblauch etwas entgegenzusetzen.

- Die einfachste aller Vinaigrettes besteht aus 1 Teil Balsamicoessig und 4 Teilen bestem Olivenöl. Essig und Öl in eine kleine Schüssel geben, mit Meersalz und frisch gemahlenem schwarzem Pfeffer würzen und sorgfältig verrühren. Sie passt vor allem zu Salaten mit Tomaten, Bohnen, Roastbeef, gebratenem Lamm, Paprika, Feigen und Birnen.

- Ebenso schnell zubereitet ist eine einfache Kräutervinaigrette: 1 Esslöffel Weißweinessig und 4 Esslöffel natives Olivenöl extra in einer Schüssel vermengen und mit Meersalz und frisch gemahlenem schwarzem Pfeffer würzen. Gut verquirlen und 1 Teelöffel fein gehackte Kräuter wie Estragon, Oregano, Basilikum, Kerbel oder Thymian unterrühren. Zu Blattsalaten servieren.

Salt and
pepper

Salat

Salate sind für mich der Inbegriff für knackig frischen Genuss. Ich kann mir nichts Schöneres vorstellen, als eine Schüssel meiner Lieblingszutaten, vermischt mit einer Auswahl frischer Blattsalate und einem würzigen Dressing.

Bevor man beginnt, sollte man sich ein paar Gedanken über Art und Weise der Zusammenstellung machen, denn die Mischung macht's. Wichtig sind die drei Komponenten Geschmack, Konsistenz und Säure. Ein Salat sollte mindestens zwei prägnante geschmackliche Akzente setzen, am besten einen satten, vollmundigen und einen säuerlich frischen. Auch in der Konsistenz sollte er mindestens zwei Elemente verbinden, nämlich knackig und knusprig mit weich und mürbe. Und schließlich sollte er eine herbe, frische Note haben, sei es vom Dressing oder von einem anderen prägnanten Bestandteil. Denken Sie an die Salatklassiker – Caesar, Niçoise, Waldorf und wie sie alle heißen –, sie folgen ausnahmslos diesem Muster. Für den Geschmack sorgen die Zutaten, während das Dressing die Säure beisteuert und den Aromen Tiefe und Vielschichtigkeit verleiht. Die weiche, cremige Note kann von einem Käse, von Mayonnaise oder auch von zarten Salatblättern stammen, während für den Biss knackige Blattsalate, Früchte und Gemüse oder Nüsse zuständig sind.

Grün wählen

Da Salat gewöhnlich knackig sein soll, ist seine Qualität besonders wichtig. Kaufen Sie nur erstklassige Blattsalate und Kräuter. Häufig können Sie je nach Qualität des Angebots erst beim Kauf entscheiden, was in den Salat hineinkommt. Meiden Sie Salat mit braunen Stellen oder welken Blättern und Kräuter, die bereits verdächtig schlapp herabhängen. Zu Hause spülen Sie den Salat gleich mit kaltem Wasser ab und verstauen ihn in einer Kunststoffbox oder einem -beutel im Kühlschrank. Sollten Ihre Kräuter bereits einen leicht welken Eindruck machen, kann ein erfrischendes Bad ein kleines Wunder bewirken. Küchenfertig vorbereiteten abgepackten Salat wie Rucola, Spinat oder Salatmischungen sollte man möglichst erst am Tag der Verwendung kaufen. Seien Sie vorsichtig beim Transport – eine gequetschte Tüte Blattsalat ist in der Salatschüssel von zweifelhaftem Nutzen.

Brunnenkresse mit ihren festen Blättern macht sich in vielen Salaten gut, hält sich jedoch nur sehr begrenzt. Hier ein Tipp, wie man sie küchenfertig vorbereitet und so einige Tage lagern kann: Die Kresse in reichlich kaltem Wasser waschen und abtropfen lassen. Ein dicht verschließbares Kunststoffgefäß mit einem sauberen Tuch oder Küchenpapier auslegen. Stiele und Blätter der Kresse voneinander trennen, in den Behälter legen und fest verschlossen im Kühlschrank aufbewahren.

Im Sommer gehört Eisbergsalat zu meinen Favoriten – kein Salat macht einem den Salatgenuss leichter. Einfach gut gekühlt in Stücke schneiden, auf eine Platte häufen und mit Meersalz und zerstoßenem schwarzem Pfeffer würzen. Dann mit einem einfachen Dressing übergießen und zu gegrilltem Seafood oder kaltem gebratenem Hähnchen servieren – wunderbar knackig und erfrischend.

Händeweise Kräuter

Neben der knackigen Frische ist es vor allem die Fülle der Variationsmöglichkeiten, die Salate so reizvoll macht, und hier bieten vor allem Kräuter interessante Möglichkeiten.

- Petersilie ist in fast jedem Salat willkommen. Nicht so dominant, dass sie andere Aromen überlagert, spendet sie doch den Hauch Frische, der den Charakter fast jeder anderen Zutat konturiert und unterstreicht.
- Rucola ist groß in Mode. Vor allem kleinblättrige Sorten können recht scharf ausfallen und sollten mit anderen Blattsalaten gemischt werden. Wegen seiner pfeffrigen Note kombiniert man Rucola gerne mit robusten Zutaten wie kaltem Fleisch oder Käse. Als Hauptbestandteil eines Salats lässt sich Rucola mit Birnenscheiben oder mildem Grüngemüse etwas zähmen. Er wird lose, in Bunden oder fertig abgepackt angeboten.
- Koriandergrün ist herrlich würzig und hält den für asiatische Salate typischen feurigen Zutaten bestens stand – der ideale Partner für frische Chilischoten. Zudem wirkt es bei opulenten, scharfen Gerichten aus Fernost und in pikant gewürzten Salaten aus dem Nahen Osten wunderbar erfrischend.

Wohldosiert

Während Sie die oben genannten Kräuter großzügig einsetzen können, erfordern andere Kräuter etwas mehr Umsicht. Estragon mit seinem zarten Anisaroma schmeckt in Maßen ausgezeichnet über grünen Salat gestreut und ist ideal zum Aromatisieren von Essig und Saucen. Dill passt hervorragend zu Fisch und Kartoffeln, während Schnittlauch sich mit praktisch jeder Art von Salat, Eierspeisen und Fisch kombinieren lässt.

Minze harmoniert mit Süßem und Salzigem gleichermaßen. Eine besonders gute Figur macht sie in Salaten der nahöstlichen Küche sowie über Kartoffeln oder Erbsen gestreut und zu gebratenem Lamm. Der zartblättrige Kerbel verleiht einem feinen Sommersalat eine angenehme estragonähnliche Note.

Von oben im Uhrzeigersinn: Gerstengraupen, weißer Reis, Moghrabiyeh, Vollkornreis und roter Reis.

Die gut sortierte Speisekammer

Klein, aber oho

Kräuter sind nicht der einzige Weg zu mehr Geschmack, eine Speisekammer, die etwas auf sich hält, bietet noch viele andere Möglichkeiten, für einen Extraschub Würze zu sorgen.

- Kapern werden unterschiedlich angeboten, meistens aber in Lake. Wenn Sie es eher pikant mögen, greifen Sie zu kleinen gesalzenen Kapern. Sie sind nicht so sauer und das Salz würzt zugleich. Kapern schmecken hervorragend über einen einfachen Tomaten- oder Blattsalat gestreut, in einen warmen Kartoffelsalat oder unter einen Salat aus Puy-Linsen gemengt.
- Eingelegte Zitronen finden Sie im Feinkostladen und im arabischen Lebensmittelhandel. Verwendet wird nur die Schale. Diese vom Fruchtfleisch und von Salzresten befreien, ganz fein würfeln und als zitrusfrische Note untermengen. Schmeckt hervorragend zu Couscous, Kichererbsen, gegrillter Paprika und glatter Petersilie.
- Nüsse verleihen Salaten Biss und Würze. Das karamellähnliche Aroma von Pekan- und Walnüssen harmoniert wunderbar mit Käse, während die subtile Note leicht gerösteter Mandeln am besten in einfachen Salaten zur Geltung kommt. Geröstete, fein gehackte Erdnüsse schmecken ausgezeichnet über exotische Salate gestreut und geröstete Pinienkerne passen perfekt zu Spinat und gebratenem Lamm oder Rind.
- Da Nüsse mit der Zeit ranzig werden, sollte man sie aus einer Quelle mit regem Absatz beziehen, sei es aus dem Reformhaus oder von einem großen Gemüsehändler. Ist das Paket erst geöffnet, sollte man den Inhalt rasch verbrauchen. Besser eine kleine Packung kaufen und den Rest in den nächsten Tagen einfach so knabbern.
- Samen und Körner verhelfen Salaten ebenfalls zu mehr Struktur und Substanz. Streuen Sie leicht gerösteten Sesam über gerösteten Kürbis, Spinatsalat oder gebratene Auberginen. Blattsalate erhalten durch geröstete Kürbis- und Sonnenblumenkerne kernigen Biss.
- Behutsames Rösten bringt das Aroma von Nüssen und Samen erst richtig zur Geltung. Sie können sie in einer Pfanne bei mittlerer Hitze oder auf einem Backblech im 180 °C heißen Ofen rösten. Da Nüsse und Samen reichlich Fett enthalten, verbrennen sie leicht. Man sollte sie während des Röstens gut im Auge behalten und herausnehmen, sobald sie goldbraun sind.

Gutes Getreide

Getreide ist seit jeher ein Grundnahrungsmittel. Wie könnten wir ohne Weizen, Roggen, Gerste, Mais, Hafer oder Reis überhaupt existieren? Doch darüber hinaus verleihen sie vielen Gerichten Charakter und Substanz.

Denken Sie nur an das nussige Aroma von Vollkornreis, das einem Salat einen herzhaften Anstrich gibt. Vollkornreis passt besonders gut zu würzigen Dressings auf Sojabasis, er verträgt sich mit kräftigen Aromen wie frischem Ingwer und geröstetem Kürbis und er harmoniert sogar mit der pfeffrigen Schärfe von Rucola.

Weißer Reis liefert dagegen den perfekten Hintergrund für eine Vielzahl interessanter Aromen. Mit den für Südostasien typischen Ingwer-Chili-Limette-Kombinationen harmoniert er ebenso wie mit dem petersilien-, basilikum- oder kapernlastigen Akzent einiger europäischer Gerichte.

Couscous

Couscous, ein Weizenprodukt, ist schnell und einfach zubereitet und vielseitig dazu – ideal als Beilage oder Salat.

- Für eine säuerlich frische Note einige Esslöffel Orangensaft in die Quellflüssigkeit geben und, sobald der Couscous gar ist, geriebene Orangenschale, fein gehackte glatte Petersilie und in dünne Scheiben geschnittenen Staudensellerie sorgfältig untermischen. Dann Mizuna-Blätter (japanischer Blattsenf) unterziehen und zu gebratenem Wittling oder Barsch servieren.
- Moghrabiyeh sind Teigkügelchen aus Bulgur, Mehl und Olivenöl, eine libanesische Spezialität, die im arabischen Lebensmittelhandel zu finden ist. Man gart die Kügelchen einfach 5–7 Minuten in kochendem Salzwasser, lässt sie abtropfen, schwenkt sie in etwas Öl und würzt sie mit Zimt und frisch gemahlenem Kreuzkümmel. Abgekühlt mit Minze, Petersilie und Koriandergrün vermengen und über in dicke Scheiben geschnittene Tomaten streuen.

Aus der Wildnis

Wildreis verleiht Salaten eine nussige Note, Biss und Farbe. Dabei handelt es sich eigentlich nicht um Reis, sondern um die Samen einer nordamerikanischen Gräserart. Die Körner vor dem Garen in kaltem Wasser waschen, eventuell einweichen und kochen. Abtropfen lassen und heiß als Beilage servieren oder abgekühlt für einen Salat verwenden.

- Gekochten Wildreis mit fein gewürfelter roter Paprika sowie fein gehackter roter Zwiebel und Petersilie vermengen. Würzen und mit nativem Olivenöl extra und einem Spritzer Granatapfelsirup anmachen. Zu pikanten Grillwürstchen servieren.

Gravlax wird eigentlich mit Roggen-
von selbst gebeiztem Lachs auch

Gravlax

1 In einer Schüssel 200 g grobes Meersalz, 150 g Zucker, 2 Teelöffel grob zerstoßene schwarze Pfefferkörner und 60 g fein gehackten Dill vermengen. Ein großes, flaches Gefäß oder ein Blech mit Frischhaltefolie auslegen und ein wenig von der Gewürzmischung darauf verstreuen.

2 Eine Lachsseite von 900 g mit der Haut nach unten auf die Folie legen und mit der restlichen Würzmischung vollständig bedecken. Mit weiterer Frischhaltefolie zudecken und den Fisch locker darin einschlagen. Ein etwas kleineres Blech oder Küchenbrett auflegen und mit einer Schüssel oder einigen Konserven beschweren. Für 2 Tage in den Kühlschrank stellen und den Lachs gelegentlich umdrehen.

3 Den Lachs aus der Folie wickeln und überschüssige Kräuter und Gewürze abreiben. Auf ein sauberes Brett legen und mit einem sehr scharfen Messer (vorzugsweise einem Lachsmesser) in dünne Scheiben schneiden. Gehen Sie dabei wie bei Räucherlachs vor, indem sie am Schwanzende beginnen und den Schnitt fast waagerecht, nur leicht angewinkelt bis auf die Haut führen. Ergibt 800 g.

Tipps & Tricks

- Frisch gebeizter Gravlax hält sich im Kühlschrank mindestens 1 Woche. Wenn es die Zeit erlaubt, können Sie den Lachs 1 Tag länger in der Beize liegen lassen, so wird er noch würziger.
- Wenn es die Finanzlage zulässt, kaufen Sie gleich zwei Lachsseiten, die Sie von der Fleischseite mit der Beize bestreuen, dann mit der Haut nach außen übereinanderlegen und vollständig mit der Würzmischung bedecken. Es mag etwas dekadent wirken, einen kompletten gebeizten Lachs im Kühlschrank zu haben, doch ist er gut haltbar und immer eine schmackhafte Option für Sandwiches und Salate.
- Gravlax wird traditionell mit Roggenbrot und Sahnemeerrettich serviert, doch schmeckt er nicht weniger gut mit einer Dillmayonnaise oder mit Schnittlauchsauerrahm.

brot serviert, doch verleiht das süßsalzige Aroma Salaten eine delikate Meeresnote.

Ziehen Sie den Deckel einer Sardinendose ab und legen Sie die silbrig glänzenden Fische frei.

Fischkonserven

Es gibt Dinge in meiner Speisekammer, die ich regelrecht zu horten scheine. Bei jedem Einkauf greife ich für alle Fälle noch zu ein paar Dosen aus der Rubrik Dies & Das. Wenn ich dann zu Hause alles verstaue, stelle ich fest, dass sich bereits acht Dosen Thunfisch im Regal stapeln. Wie dem auch sei, abgesehen von dem Kunststück, sie alle unterzubringen, kann man nie genug Kichererbsen oder Tomaten vorrätig haben – und natürlich Fisch!

Thunfisch, Lachs oder Sardinen, aber auch geräucherter Lachs oder Forelle – mit einer Auswahl an konserviertem und geräuchertem Fisch können Sie immer einen schnellen Lunch improvisieren oder einen kleinen Snack aus dem Ärmel zaubern. Heutzutage findet man eine reiche Auswahl solcher Produkte und alles, was dann noch fehlt, ist gutes Brot, ein grüner Salat, frische Kräuter und ein, zwei Spritzer Zitronensaft. So gesehen sollte man Konserven, die mit allerlei Gewürzen und Einlagen versetzt sind, links liegen lassen und mit frischen Zutaten lieber selbst Hand anlegen.

Vergessen Sie bei der Vielzahl nützlicher Fischkonserven für den Vorrat nicht das reichhaltige Angebot anderer Fischprodukte, die sich einige Zeit im Kühlschrank halten. Räucherlachs und Gravlax sind durch unterschiedliche Konservierungsmethoden haltbar gemachter roher Lachs. Während Ersterer naturgemäß eine rauchig-salzige Note hat, verrät Gravlax ein leicht süßliches Aroma. Beide schmecken wunderbar zu Blattsalat mit Avocado oder auf einem Sandwich oder Pfannkuchen mit einem Klecks Crème fraîche oder Mayonnaise.

Fisch zum Mitnehmen

Dosenfisch gehört zu den Dingen, die man entweder hasst oder liebt. Für mich gibt es nichts Praktischeres und Nahrhafteres als eine Büchse Sardinen oder Thunfisch. Probieren Sie die folgenden 5-Minuten-Snacks:

- Sardinen aus der Dose auf getoastetem Vollkornbrot zerdrücken und mit Zitronensaft und Pfeffer würzen. Zu einem Rucola-Spinat-Salat servieren.
- Sardinen aus der Dose grob zerpflücken und unter einen Salat aus jungem Spinat, Tomatenwürfeln, gerösteten und enthäuteten Paprikaschoten und gekochten Eiern heben.
- Abgetropften Thunfisch unter kleine gekochte Kartoffeln, schwarze Oliven, fein geschnittenen Staudensellerie und Blattsalate mengen. Mit Olivenöl und Zitronensaft anmachen und mit Basilikum garnieren.
- Eine Dose Cannellini-Bohnen abtropfen lassen und mit abgetropftem Thunfisch, grob gewürfelten Tomaten, zerpflücktem Radicchio und Rucola vermengen. Mit frischem Olivenbrot servieren.
- Abgetropften Thunfisch aus der Dose mit reichlich grob gehackter glatter Petersilie unter etwas frisch gemachter Mayonnaise (s. S. 64) mischen. Mit grünem Salat und knusprigem Brot servieren.
- Aus jungem Spinat und Kerbel einen Salat zubereiten und mit im Ofen gebackener Roter Bete, zerkrümeltem Schafskäse, gehackten Walnüssen und abgetropftem Thunfisch garnieren. Mit einem Balsamicodressing anmachen und nach Belieben noch Walnussöl darüberträufeln.

Aus dem Rauch

Ob heiß, warm oder kalt gegessen, Räucherfisch ist eine ebenso einfache wie schmackhafte Option für Sandwiches und alle möglichen Salate:

- Räucherlachsscheiben auf einem Teller anrichten und mit einem Salat aus feinen Gurkenstreifen, fein gehackter Minze und Dill und ein wenig Zitronensaft garnieren. Etwas Sauerrahm darüberlöffeln, mit Mohnsamen bestreuen und mit dünnen Scheiben Roggenbrot oder Pumpernickel servieren.
- In Scheiben geschnittenen Räucherlachs mit einem grünen Salat, Zitronenmayonnaise und Avocadospalten servieren.
- Mit geräucherter Forelle lassen sich einfache Nudeln mühelos aufpeppen. Eine Zitronensauce zubereiten (s. S. 75), Rucola und zerpflücktes Räucherforellenfilet untermengen, die abgetropfte Pasta in der Sauce wenden und sofort servieren.

Heute bietet jeder gute Supermarkt eine Auswahl heißgeräucherter Fischspezialitäten – allen voran Lachs, Forelle, Makrele oder Hering. Wie der Name bereits sagt, wird beim Heißräuchern der im Rauch hängende Fisch erhitzt. Daraus ergibt sich nicht nur ein wunderbar rauchiges Aroma, sondern auch eine besonders zarte Konsistenz, fast wie bei gegartem Fisch. Das saftige Fleisch schmeckt in Stücke zerpflückt in Salaten ebenso wie zu schlichten Dampfkartoffeln. Oder servieren Sie es mit einer Zitronenmayonnaise, mit ein paar Kapern bestreut oder mit Zitronenvinaigrette mit frischem Dill.

- Probieren Sie für ein sommerliches Gericht dünne Scheiben von heißgeräuchertem Lachs mit Avocado-Salsa, Limettenmayonnaise und einem grünen Salat.
- Servieren Sie eine dicke Scheibe heißgeräucherte Lachsforelle auf einem Nudelsalat.

Von oben nach unten: Kichererbsen, braune Linsen, Puy-Linsen

Hülsenfrüchte

Hülsenfrüchte sind in der guten Küche unverzichtbar. Sie gehören zu den wichtigsten Grundnahrungsmitteln und spielen die Hauptrolle in einigen berühmten Gerichten wie dem französischen Cassoulet. Leider stehen sie in dem Ruf, kompliziert und anspruchsvoll in der Zubereitung oder aber – im Gegenteil – ärmliche Kost zu sein. Sollten Sie Bohnen, Erbsen und Linsen bislang aus Ihrer Küche verbannt haben, wird es Zeit für ein kleines Abenteuer.

Der perfekte Vorrat für alle Fälle

Ob getrocknet oder in der Dose, die Familie der Bohnen ist groß, und es lohnt sich, ihren Farb- und Formenreichtum zu entdecken. Trockenbohnen müssen vor dem Garen meist über Nacht eingeweicht werden. Zwar erfordert das ein Minimum an Vorausplanung, doch ist nicht mehr zu tun, als die getrockneten Bohnen über Nacht in eine Schüssel kaltes Wasser zu legen. Am nächsten Tag die Bohnen in einem Topf mit reichlich frischem kaltem Wasser bedecken und zum Kochen bringen. Geben Sie niemals Salz ins Kochwasser, sonst wird die Schale der Bohnen hart. Die Bohnen je nach Sorte in 1–2 Stunden weich garen. Es geht ganz einfach und das Ergebnis verspricht Genuss – der satte Geschmack von Kidney-Bohnen, die cremigen Cannellini, die leicht mehligen und nussig-süßlichen Borlotti, die milden cremefarbenen Limabohnen, die schönen schwarzen Bohnen und die süßen Adzuki.

Es lohnt sich, auch eine Auswahl an Dosenbohnen im Schrank zu haben. Vor der Verwendung sollte man sie allerdings gründlich unter kaltem Wasser abspülen, um die Garflüssigkeit, in der sie eingelegt sind, zu entfernen. Kichererbsen in der Dose sind besonders praktisch, da sie den Konservierungsprozess gut vertragen. Kaufen Sie nach Möglichkeit ein Bioprodukt oder in reinem Wasser gegarte Kichererbsen. Wenn es die Zeit erlaubt, sollten Sie jedoch selbst zur Tat schreiten – der süßliche, nussartige Geschmack frisch gekochter Kichererbsen ist unvergleichlich.

Anders als Bohnen müssen Linsen vor dem Garen nicht eingeweicht werden und sind so auch kurzfristig einsetzbar. Man unterscheidet drei Sorten. Rote Linsen bestechen durch ihre Farbe, zerfallen beim Garen allerdings und sind daher am besten für Suppen geeignet. Braune Linsen bewahren gut ihre Form und passen insbesondere zu dunklem Fleisch und herzhaften Aromen. Bei den berühmten, etwas teureren Puy-Linsen handelt es sich um eine kleine, graugrüne Sorte aus Frankreich von erstklassigem Geschmack. Lagern Sie Linsen und getrocknete Bohnen in einem luftdicht verschlossenen Behälter, am besten in einem Glas, damit sie sichtbar sind und sich ab und zu in Erinnerung bringen.

Einfache Kombinationen

Knackige Blattsalate kombiniert mit Linsen oder Bohnen haben einen besonderen Reiz. Und da Hülsenfrüchte sehr gesund sind, kann man sie gar nicht oft genug essen.

- Gegarte Kichererbsen mit etwas Olivenöl, Zitronensaft und gemahlenem Kreuzkümmel im Mixer pürieren und als Dip servieren. Oder zusätzlich grob gehackte glatte Petersilie und fein gewürfelte eingelegte Zitronenschale unterrühren und zu gebratenem Lamm reichen.
- Aus gegarten Kichererbsen, jungem Spinat, Tomaten und Schafskäse einen Salat bereiten.
- Gegarte Kichererbsen unter Couscous mit fein gehackter glatter Petersilie, Koriandergrün und Korinthen mengen.
- Gegarte Puy-Linsen mit einem Balsamicodressing anmachen und zerzupftes Basilikum untermengen. Über einen Rucolasalat mit Bocconcini oder Mozzarella löffeln.
- Für einen herzhaften Salat gegarte grüne Bohnen und in feine Streifen geschnittene Karotten auf einem Bett aus jungem Spinat anrichten. Gegarte braune Linsen mit einem Balsamicodressing und frisch geriebenem Ingwer würzen, über den Salat häufen und zu gebratenem Lamm servieren.
- Ein winterlicher Salat lässt sich aus Ofentomaten, gegrilltem Schinken, jungem Spinat und braunen Linsen, gewürzt mit Dijonsenf und nativem Olivenöl extra, zubereiten.
- Für eine herbe Variante bittere Blattsalate wie Radicchio oder Chicorée mit gegarten Cannellini-Bohnen, eingelegten Artischockenherzen, gehackter glatter Petersilie und kleinen gesalzenen Kapern vermengen. Mit Zitronendressing beträufeln und zu Brathähnchen servieren.
- Gegarte Kichererbsen mit nativem Olivenöl extra, einer Prise Paprikapulver, Meersalz und frisch gemahlenem schwarzem Pfeffer würzen. Über einen Salat aus gewürfelten Tomaten, Gurken, Koriandergrün und etwas fein gehackter eingelegter Zitronenschale geben. Mit frisch gepresstem Zitronensaft beträufeln und mit gerösteten Mandelblättchen bestreuen. Zu gegrilltem Fisch servieren.

Klassische Salate

Griechischer Salat

4 reife Tomaten in Stücke schneiden und auf einer Platte anrichten. 2 in Stücke geschnittene Gärtnergurken, ½ in hauchdünne Ringe geschnittene rote Zwiebel und 175 g Kalamata-Oliven darüber verteilen und mit ¼ Teelöffel getrocknetem Oregano bestreuen. 200 g Schafskäse in dicke Scheiben schneiden und auf dem Salat arrangieren. Aus 1 Teelöffel Rotweinessig, 2–3 Esslöffeln nativem Olivenöl extra, Meersalz und frisch gemahlenem schwarzem Pfeffer ein Dressing zubereiten, über den Salat träufeln und servieren. Für 4 Personen als Beilage.

Taboulé

70 g Bulgur 10 Minuten in kaltem Wasser einweichen, abtropfen lassen und sorgfältig ausdrücken. Den Bulgur in eine große Schüssel geben, 3 fein gewürfelte Tomaten untermengen und mit 1 Teelöffel Meersalz und etwas frisch gemahlenem schwarzem Pfeffer würzen. 150 g glatte Petersilie fein hacken, die Stiele wegwerfen. Mit 2 fein gehackten Frühlingszwiebeln und 1 Handvoll fein gehackter Minze unter den Salat mengen. 4 Esslöffel Olivenöl und 3 Esslöffel Zitronensaft verrühren und über den Taboulé gießen. Gut vermengen und servieren. Für 4 Personen als Beilage.

Caesar's Salad

In einer Schüssel 1 Teelöffel Dijonsenf, 2 Esslöffel Zitronensaft und 1 ganz frisches Eigelb verquirlen. Nach und nach unter Rühren 125 ml Olivenöl zugießen, 3 Esslöffel frisch geriebenen Parmesan unterrühren und mit Meersalz und frisch gemahlenem schwarzem Pfeffer würzen. 2 Eier 6 Minuten kochen, 3 Scheiben Landbrot entrinden und würfeln. In einer Pfanne 4 Esslöffel Olivenöl erhitzen und 2 dünne Scheiben durchwachsenen Speck darin auf mittlerer Stufe knusprig braten. Auf Küchenpapier abtropfen lassen. Die Brotwürfel in der Pfanne goldbraun braten. 2 Romana-Salatherzen grob schneiden und auf einer Platte verteilen. Die Eier schälen und vierteln. Eier, Speck, Croûtons und 4 fein gehackte Sardellenfilets auf dem Salat arrangieren und mit dem Dressing beträufeln. Für 4 Personen als Beilage.

Salade niçoise

8 kleine Kartoffeln weich kochen, abtropfen lassen, pellen und halbieren. 150 g grüne Bohnen in kochendem Wasser bissfest garen, kalt abschrecken und abtropfen lassen. 4 Eier 6 Minuten kochen. Die gewaschenen Blätter von 2 kleinen Kopfsalaten auf vier Schalen verteilen. Die Eier schälen und halbieren. Kartoffeln, Bohnen und Eier zu gleichen Teilen in den Schalen anrichten. 175 g Thunfisch aus der Dose abtropfen lassen und mit 2 gewürfelten Tomaten und ½ in feine Ringe geschnittenen roten Zwiebel auf die Schalen verteilen. Pro Portion 4–5 schwarze Oliven, etwas gehackte glatte Petersilie und einige Kapern darübergeben. 2 Esslöffel Zitronensaft, 4 Esslöffel natives Olivenöl extra und ¼ Teelöffel durchgepressten Knoblauch verrühren und mit Meersalz und frisch gemahlenem Pfeffer würzen. Die Salate damit übergießen und mit je 2 Sardellenfilets garnieren. Für 4 Personen.

Salatrezepte

frischer Genuss mit Biss

aromatische Kräuter

zitrusfrisch und belebend

würzige Fritters

bunt gewürfelt oder

hoch aufgetürmt

Couscoussalat mit Kichererbsen und Kräutern

Fenchel-Grapefruit-Salat

Couscoussalat mit Kichererbsen und Kräutern

175 g Couscous
1 TL Butter
400 g (1 Dose) Kichererbsen, abgespült und abgetropft
2 reife Eiertomaten, von den Samen befreit und gewürfelt
½ rote Zwiebel, fein gewürfelt
1 Handvoll Minze
1 Handvoll Koriandergrün
1 Handvoll glatte Petersilie
1 EL Zitronensaft
3 EL Olivenöl
2 EL fein gewürfelte eingelegte Zitronenschale
Meersalz, schwarzer Pfeffer, frisch gemahlen

Den Couscous und die Butter in eine große Schüssel geben, mit 250 ml kochendem Wasser übergießen und 20–30 Minuten quellen lassen. Zwischendurch ab und zu mit einer Gabel auflockern. Am Ende den Couscous zwischen den Fingern reiben, um etwaige Klümpchen aufzulösen. Die Kräuterblätter abzupfen.

Den Couscous mit den restlichen Zutaten vermengen und mit Salz und Pfeffer würzen. Für 4 Personen.

Fenchel-Grapefruit-Salat

500 ml Apfelsaft
3 schwarze Pfefferkörner
1 Zweig Thymian
1 EL Balsamicoessig
1 TL Selleriesalz
2 Knollen Gemüsefenchel, in ganz feine Scheiben geschnitten
2 rosa Grapefruits, sauber geschält und filetiert
2 Stangen Staudensellerie, in dünne Scheiben geschnitten

Den Apfelsaft, die Pfefferkörner und den Thymian in einem kleinen Topf bei mittlerer Hitze aufkochen und dann sirupartig einkochen lassen, bis noch etwa 3 Esslöffel Flüssigkeit verblieben sind. Abkühlen lassen. Den Essig und das Selleriesalz unterrühren. Den Fenchel, die Fruchtfilets und den Sellerie in eine Salatschüssel geben oder auf eine Platte häufen. Mit etwas Fenchelgrün, falls vorhanden, garnieren und mit dem Apfeldressing überziehen. Zu kaltem Schweinebraten oder Hähnchen servieren. Für 4 Personen als Beilage.

Hähnchensalat mit Papaya

125 ml Tamarindenwasser (s. S. 149)
1 TL Sojasauce
2 TL fein geriebener Ingwer
1 EL geriebener Palmzucker
½ TL Kreuzkümmelsamen, geröstet und gemahlen
1 große rote Chilischote, von den Samen befreit und fein geschnitten
2 gebratene Hähnchenbrustfilets, grob zerpflückt
85 g geröstete Erdnusskerne, grob gehackt
1 Papaya, geschält, entkernt und in Scheiben geschnitten
1 Gärtnergurke, gewürfelt
2 EL Röstzwiebeln
2 Frühlingszwiebeln, in lange Streifen geschnitten
1 große Handvoll Minzeblätter
Meersalz, weißer Pfeffer, frisch gemahlen
15 Cha-Plu-Blätter (Thailändischer Pfeffer; nach Belieben)

In einer großen Schüssel das Tamarindenwasser, die Sojasauce, den Ingwer, den Palmzucker, den Kreuzkümmel und den Chili verrühren, bis sich der Zucker aufgelöst hat. Das Hähnchenfleisch in dem Dressing wenden. Die restlichen Zutaten außer dem Betelpfeffer in einer zweiten Schüssel vermengen und würzen.

Die Cha-Plu-Blätter, falls verwendet, auf eine Servierplatte oder auf vier Teller legen und den Papayasalat und das Hähnchenfleisch darauf anrichten. Eventuell verbliebenes Dressing darüberträufeln und servieren. Für 4 Personen.

Frische Kräuter beleben den Gaumen – Fenchelgrün, Minze und Petersilie erwecken jeden Salat zum Leben.

Hähnchensalat mit Papaya

Hähnchensalat mit eingelegten Zitronen

2 Hähnchenbrustfilets
½ TL gemahlener Zimt
10 Safranfäden
2 Gärtnergurken
1 EL fein gehackte eingelegte Zitronenschale
1 große Handvoll glatte Petersilie
12 Minzeblätter
Meersalz, schwarzer Pfeffer, frisch gemahlen
2 EL natives Olivenöl extra
60 g Mandelblättchen, geröstet

Den Ofen auf 200 °C vorheizen. Das Fleisch in eine Auflaufform legen und mit dem Zimt und Safran bestreuen. 250 ml Wasser angießen und zugedeckt 30 Minuten im Ofen garen. Herausnehmen und mit einer Messerspitze prüfen, ob das Fleisch gar ist. Ist der austretende Saft noch leicht rosa, die Garzeit etwas verlängern. Abkühlen lassen.

Inzwischen die Gurken würfeln und in einer Schüssel mit der eingelegten Zitrone, den Petersilienblättern und der Minze vermengen. Das Fleisch in Stücke zupfen und mit etwas von dem Schmorsaft unter den Salat mengen. Mit Meersalz und Pfeffer würzen, mit Olivenöl beträufeln, mit den gerösteten Mandeln bestreuen und durchheben. Auf Couscous oder mit grünem Salat servieren. Für 4 Personen.

Hähnchensalat mit Grapefruit

1 Frühlingszwiebel, in feine Streifen geschnitten
2 EL Weißweinessig
4 EL natives Olivenöl extra
4 EL Crème fraîche
175 g gebratenes Hähnchenfleisch, zerpflückt
2 rosa Grapefruits
3 Handvoll gemischte Blattsalate, etwa Feldsalat, Rucola, Spinat
8 Walnusskerne, fein gehackt
Meersalz, schwarzer Pfeffer, frisch gemahlen

In einer Schüssel die Frühlingszwiebel, den Essig, das Olivenöl und die Crème fraîche verrühren. Ist die Mischung zu dick, mit etwas warmem Wasser verdünnen. Das Hähnchenfleisch darin wenden, bis es rundherum gut bedeckt ist. Die Grapefruits mit einem scharfen Messer samt weißer Innenhaut schälen und die Filets herauslösen. Auf einer Platte ein Bett aus Blattsalaten ausbreiten und das Fleisch darauf anrichten. Die Fruchtfilets und Walnüsse darüber verteilen und mit etwas Meersalz und Pfeffer würzen. Für 4 Personen als Vorspeise.

Fenchel-Orangen-Salat

2 EL Balsamicoessig
4 EL Olivenöl
1 TL Dijonsenf
2 Knollen Gemüsefenchel, in feine Scheiben geschnitten
2 Orangen, filetiert
1 große Handvoll glatte Petersilie
3 EL Walnusskerne, grob gehackt
20 schwarze Oliven

In einer kleinen Schüssel Essig, Öl und Senf verrühren. Den Fenchel, die Orangenfilets, die Petersilienblätter, die Walnüsse und die Oliven in einer großen Salatschüssel vermengen und mit dem Dressing übergießen. Für 4 Personen als Beilage.

Grüner Bohnensalat mit Pistazien

300 g grüne Bohnen, geputzt
400 g (1 Dose) Lima-Bohnen, abgespült und abgetropft
85 g Minze
70 g Pistazienkerne, geröstet
abgeriebene Schale und Saft von 2 unbehandelten Mandarinen
3 EL natives Olivenöl extra
Meersalz, schwarzer Pfeffer, frisch gemahlen

Die grünen Bohnen in kochendem Wasser bissfest garen. Unter fließendem Wasser kalt abschrecken und abtropfen lassen.

Die Bohnen in einer Salatschüssel mit den Lima-Bohnen vermengen. Die abgezupften Minzeblätter, die Pistazien und die Mandarinenschale zugeben und alles vermengen. Den Mandarinensaft und das Olivenöl in einer kleinen Schüssel verrühren und mit Meersalz und Pfeffer würzen. Über den Salat gießen, unterheben und servieren. Für 4–6 Personen als Beilage.

Salate können wohltuend und wärmend sein wie
kernen oder belebend und fruchtig wie Äpfel mit

Dreierlei Bohnensalat mit Schinken und Pinienkernen

dieser aus dreierlei Bohnen mit Schinken und Pinien-
Radicchio und würzigem Pecorino.

Apfel-Radicchio-Salat mit Pecorino

Dreierlei Bohnensalat mit Schinken und Pinienkernen

6 Scheiben roher Schinken
175 g grüne Bohnen
175 g Wachsbohnen
175 g Lima-Bohnen aus der Dose
2 EL natives Olivenöl extra
2 EL Weißweinessig
1 große Handvoll glatte Petersilie, grob gehackt
2 EL geröstete Pinienkerne
Meersalz, schwarzer Pfeffer, frisch gemahlen

In einem großen Topf Wasser aufkochen. Inzwischen den Schinken in der Pfanne knusprig braten und auf Küchenpapier abtropfen lassen. Die grünen und gelben Bohnen in dem kochenden Wasser bissfest garen, unter kaltem Wasser abschrecken und abtropfen lassen.

Die Bohnen mit den Lima-Bohnen zurück in den Topf geben und das Olivenöl, den Essig und die Petersilie untermischen. Den Schinken in kleine Stücke brechen und mit den Pinienkernen ebenfalls untermengen. Den Salat mit Meersalz und Pfeffer würzen und auf einer Platte anrichten. Für 4 Personen.

Birnen-Walnuss-Salat

100 g Walnusskerne
½ Knoblauchzehe
1 TL Meersalz, schwarzer Pfeffer, frisch gemahlen
abgeriebene Schale und Saft von 1 unbehandelten Orange
125 ml helles Olivenöl
300 g Rucola, Stiele entfernt
2 Birnen (Kaiser Alexander)
140 g Ziegenquark

Die Walnüsse, den Knoblauch, das Meersalz, die Orangenschale und das Olivenöl im Mixer zu einer glatten Sauce verarbeiten. Den Rucola in dem Orangensaft wenden und auf vier Teller verteilen.

Die Birnen vom Kerngehäuse befreien, in dünne Scheiben schneiden und auf dem Rucola arrangieren. Je einen Klecks Ziegenquark daraufgeben, vorsichtig mit dem Walnussdressing überziehen und pfeffern. Für 4 Personen als Vorspeise.

Apfel-Radicchio-Salat mit Pecorino

2 TL Honig
1 TL Dijonsenf
3 EL natives Olivenöl extra
2 EL Zitronensaft
2 Äpfel (Pink Lady), entkernt und in dünne Scheiben geschnitten
2 rote Chicorée, gewaschen
100 g Rucola, Stiele entfernt
85 g gehobelter Pecorino

Den Honig, den Senf und das Olivenöl in einer kleinen Schüssel verrühren.

In einer weiteren Schüssel den Zitronensaft und die Apfelscheiben gründlich vermengen, sodass die Äpfel gleichmäßig mit dem Saft benetzt sind. Überschüssigen Saft in das Honigdressing gießen. Die Salatblätter in eine Servierschüssel schichten. Den Pecorino und die Äpfel darüber verteilen, mit dem Dressing übergießen und servieren. Für 4 Personen.

Birnen-Walnuss-Salat →

Hähnchensalat mit Pinienkernen

1 Eigelb
1 TL Balsamicoessig
125 ml helles Olivenöl
2 Sardellenfilets, fein gehackt
Meersalz, schwarzer Pfeffer, frisch gemahlen
2 Hähnchenbrustfilets, pochiert und zerpflückt
3 EL gesalzene Kapern, abgespült und abgetropft
3 EL geröstete Pinienkerne
3 EL Korinthen
1 Handvoll glatte Petersilie, grob gehackt
abgeriebene Schale von 1 unbehandelten Zitrone

Das Eigelb und den Essig in einer kleinen Schüssel verquirlen. Langsam unter ständigem Schlagen das Öl zugießen, bis sich eine dicke, cremige Mayonnaise gebildet hat. Die gehackten Sardellen unterziehen und mit Meersalz und Pfeffer abschmecken.

Die restlichen Zutaten in einer Schüssel vermengen, die Mayonnaise unterheben. Den Salat in Schalen anrichten und nach Belieben mit weiterem Pfeffer bestreuen.
Für 4 Personen.

Bohnensalat mit Kokosnuss

400 g grüne Bohnen, geputzt
2 grüne Chilischoten, fein gehackt
1 TL frisch geriebener Ingwer
4 EL Joghurt
Saft von 1 Limette
1 TL Meersalz
¼ Kokosnuss, Fruchtmark gehobelt
2 EL Pflanzenöl
1 EL braune Senfsamen
30 Curryblätter (Asia-Laden)

In einem Topf Wasser aufkochen und die Bohnen darin bissfest garen. Unter fließendem Wasser kalt abschrecken und abtropfen lassen.

Chili, Ingwer, Joghurt, Limettensaft und Meersalz in einer Schüssel verrühren. Das Kokosmark untermengen.

In einer kleinen Pfanne das Öl auf mittlerer Stufe erhitzen. Die Senfsamen und Curryblätter darin rösten, bis die Senfsamen zu platzen beginnen; vom Herd nehmen. Die Senfsamen, Curryblätter und Bohnen zu dem Dressing geben und untermischen. Für 4 Personen als Beilage.

Kartoffelsalat

4 große festkochende Kartoffeln
6 Frühlingszwiebeln, in feine Ringe geschnitten
70 g glatte Petersilie, grob gehackt
60 g Dill, fein gehackt
125 ml Olivenöl
abgeriebene Schale und Saft von1 unbehandelten Zitrone
Meersalz, schwarzer Pfeffer, frisch gemahlen

Die Kartoffeln schälen und in Stücke schneiden. In einem Topf mit gesalzenem kaltem Wasser bedecken und bei starker Hitze aufkochen lassen. Dann einen Deckel auflegen und vom Herd nehmen. Die Kartoffeln 30 Minuten in dem Wasser ziehen lassen (derart schonend gegart werden sie nicht matschig und bewahren die Form).

Inzwischen die Frühlingszwiebeln, die Kräuter, das Olivenöl sowie Zitronenschale und -saft verrühren. Nach 30 Minuten mit einer Messerspitze in die Kartoffeln stechen, sie sollte mühelos hineingleiten. Die abgetropften, heißen Kartoffeln mit dem Dressing übergießen. Mit Meersalz und Pfeffer würzen, durchheben und servieren. Für 4 Personen.

Brunnenkresse-Krabben-Salat

100 ml Tamarindenwasser (s. S. 149)
2 EL geriebener Palmzucker oder brauner Zucker
2 EL Fischsauce *(nam pla)*
2 EL Limettensaft
250 g gegartes Krebsfleisch
2 EL helles Olivenöl
2 EL fein gehacktes Koriandergrün
Meersalz, schwarzer Pfeffer, frisch gemahlen
500 g Brunnenkresse, Blätter abgezupft
1 gelbe Paprikaschote, in feine Streifen geschnitten
3 große rote Chilischoten, Samen entfernt, fein geschnitten
2 Frühlingszwiebeln, in feine Ringe geschnitten

Für das Dressing Tamarindenwasser, Zucker, Fischsauce und Limettensaft in einer kleinen Schüssel verrühren, bis sich der Zucker aufgelöst hat.

In einer weiteren Schüssel das Krebsfleisch zerpflücken. Das Olivenöl und das Koriandergrün sorgfältig untermengen; mit Meersalz und Pfeffer würzen. In einer großen Schüssel Brunnenkresse, Paprika, Chili und Frühlingszwiebeln vermengen. Das Dressing unterheben. Den Salat auf vier Teller verteilen und mit dem Krebsfleisch garnieren. Für 4 Personen als Vorspeise.

Käse, ein bisschen was Grünes und dies und das

Rucola mit gebackenem Ricotta

zum Knabbern

Spinatsalat mit Schafskäse

Rucola mit gebackenem Ricotta

500 g Ricotta
1 Prise Safranfäden
2 EL Olivenöl
Meersalz, schwarzer Pfeffer, frisch gemahlen
1 TL Balsamicoessig
3 TL Walnussöl
2 Knollen Gemüsefenchel, in feine Scheiben geschnitten
300 g Rucola, Stiele entfernt

Den Ofen auf 180 °C vorheizen. Eine ofenfeste Form mit Backpapier auskleiden und den Ricotta hineingeben. Den Safran darüberstreuen, mit Olivenöl beträufeln und mit Meersalz und Pfeffer würzen. Den Käse 30 Minuten im Ofen backen und abkühlen lassen.

In einer Schüssel den Essig und das Walnussöl verrühren, würzen. Fenchel und Rucola hineingeben, alles durchheben und mit dem Ricotta servieren. Für 4 Personen.

Spinatsalat mit Schafskäse

1 kg Spinat, gewaschen und von den Stielen befreit
12 Kalamata-Oliven, entsteint und grob gehackt
1 Knoblauchzehe, fein gehackt
2 EL fein gehackte Minze
1 kleine rote Zwiebel, halbiert und in feine Streifen geschnitten
2 EL Rotweinessig
200 g Schafskäse (Feta), zerkrümelt
125 ml Olivenöl
30 g Croûtons

Den Spinat gut abtropfen lassen. Größere Blätter grob hacken und alles in eine große Metallschüssel geben. Die Oliven, den Knoblauch, die Minze, die Zwiebel und den Essig untermengen und mit dem Schafskäse bestreuen.

In einer Pfanne das Olivenöl auf großer Stufe erhitzen, bis es fast zu rauchen beginnt, dann sofort über den Salat gießen – etwas Abstand halten, es könnte spritzen. Den Salat mengen, in einer Servierschüssel anrichten und mit Croûtons bestreut sofort servieren. Für 4 Personen als Beilage.

Weiße-Bohnen-Salat

2 EL Olivenöl
2 Knoblauchzehen, zerstoßen
1 rote Zwiebel, in Spalten geschnitten
einige Zweige frischer Thymian
3 EL Weißwein
400 g (1 Dose) Cannellini-Bohnen, abgespült und abgetropft
150 g Kirschtomaten, halbiert
1 EL Balsamicoessig
1 große Handvoll glatte Petersilie, grob gehackt
Meersalz, weißer Pfeffer, frisch gemahlen

Das Olivenöl in einer Pfanne auf mittlerer Stufe erhitzen. Den Knoblauch darin goldgelb anbraten, dann die Zwiebel und den Thymian zugeben und anschwitzen, bis die Zwiebel weich und glasig ist. Den Weißwein hinzufügen und fast vollständig verkochen lassen. Die Bohnen zugeben, behutsam unterrühren und vom Herd nehmen.

Die Bohnen in eine Schüssel geben. Die Tomaten, den Essig und die Petersilie untermengen und mit Salz und Pfeffer abschmecken. Wer mag, kann zusätzlich noch einen Schuss Olivenöl zugeben, um dem Salat sprichwörtlichen „Glanz“ zu verleihen. Für 4 Personen als Beilage.

Weiße Bohnen, Knoblauch und Thymian sind genau das Richtige an einem Herbsttag.

Weiße-Bohnen-Salat

Sommer satt

Sobald es wärmer wird, möchte man sich zurücklehnen und auch in der Küche mal einen Gang zurückschalten. Da kommt der Überfluss an köstlichen Zutaten, die der Sommer bereithält, gerade recht.

Sommerideen

die Sonne grüßt mit

knallroten Tomaten

Gemüse in allen Formen und Farben

Gewürzen mit Pfiff

händeweise frischen Kräutern

und eiskalten, erfrischenden Gurken

Sommerküche

Sommer heißt sich zurücklehnen, in die Sonne blinzeln und das laue Lüftchen genießen. Darum sollte der Speiseplan jetzt vor allem unkompliziert sein, aber nicht langweilig. Die einfachste Art, den Sommer in die Küche zu bringen, ist, seine Produkte zu verwenden – Mangos, Wassermelonen, Chilischoten, Tomaten, Gurken, Paprika, Zuckermais, frische Kräuter und Seafood. Derart aromatische und farbenfrohe Zutaten benötigen bestenfalls noch die Würze eines guten Dressings, einer Marinade oder einer Salsa – zig köstliche Möglichkeiten, die wenig Arbeit machen.

Inspirierendes Asien

Für mich schmeckt der Sommer nach Limetten und Ingwer, deshalb dürfen sie auch in kaum einer meiner Salsas, Saucen oder Dressings fehlen. Während Limetten ein blumiges, zitrusfrisches Aroma beisteuern, sorgt Ingwer für eine angenehme Schärfe. Wegen meiner Schwäche für beide Zutaten lasse ich mich im Sommer gern von der asiatischen Küche inspirieren – feurig gewürztes Seafood, knackige Salate mit erfrischenden Dressings, belebend würzige Nudelgerichte und saftiges Fleisch vom Rost. Wenn möglich, sollten Sie jetzt den Grill anwerfen. Das Fleisch zuvor in Marinade einlegen, mit einem Klecks feuriger Salsa servieren und Sie liegen immer richtig.

Nudeln oder gedämpfter Reis geben den Gerichten das sättigende Rückgrat und fangen das Temperament der Aromen etwas ab. Es gibt so viele verschiedene Nudelsorten, dass ein eigener kulinarischer Streifzug nötig wäre, um sie alle zu entdecken. Egal ob Weizen-, Buchweizen- oder Reisnudeln, sie alle sind ganz einfach zuzubereiten. Die in getrockneter Form überall erhältlichen Nudeln haben kürzere Garzeiten als die übliche italienische Pasta, vergewissern Sie sich also auf der Packung, bevor Sie den Inhalt ins Kochwasser geben. Als grober Richtwert gilt: Soba-Nudeln benötigen in kochendem Wasser 3–4 Minuten, Grüntee- und Udon-Nudeln 4–5 Minuten und Somen-Nudeln etwa 3 Minuten. Reis-Vermicelli oder Reisnudel-Sticks *(rice-stick noodles)* müssen häufig nur kurz in einer Schüssel mit kochendem Wasser bedeckt werden; Vermicelli 5 Minuten, Reisnudel-Sticks 10 Minuten.

Ein Hauch von Exotik

So viele Zutaten verströmen das Flair exotischer Orte, dass man kaum weiß, wo man beginnen soll. Hier ein paar meiner Favoriten.

- Kaffir-Limettenblätter *(makrut)* machen sich hervorragend in Marinaden für Seafood oder Hähnchen. Sie lassen sich ganz leicht mit einer Küchenschere in feine Streifen schneiden. Die Blätter in eine Schüssel schnippeln, etwas fein gehackte Chilischote, Limettensaft und Olivenöl zugeben, Garnelen, Fischfilets oder Hähnchenstücke darin bis zu 1 Stunde marinieren.
- Dashi, eine aus Bonitoflocken hergestellte japanische Grundbrühe, liefert ein wunderbares Dressing für Nudeln und Salate und ist eine exzellente Basis für Suppen. Und sie ist leicht herzustellen (s. S. 285). Sie können sie aber auch im Asia-Laden fertig kaufen. Die Pakete sind meist portioniert und daher einfach zu handhaben.
- Granatapfelsirup ist eine etwas obskure, aber sehr nützliche Zutat, und wenn Sie darüber stolpern, sollten Sie unbedingt zugreifen. Gucken Sie mal in Lebensmittelläden des Nahen Ostens, und wenn Sie schon dort sind, denken Sie auch gleich an je ein Fläschchen Rosen- und Orangenblütenwasser und ein Tütchen Sumach. Das süßlich-bittere Aroma von Granatapfelsirup – nicht zu verwechseln mit Grenadine – passt hervorragend zu Salsas, Saucen auf Tomatenbasis und Rote-Bete-Dip. Rosen- und Orangenblütenwasser schmecken himmlisch in Obstsalaten, Meringen und einfachen Kuchen und Glasuren. Auch Sumach, die gemahlenen Beeren eines Strauchgewächses, werden Sie nie wieder missen wollen. Sein leicht pfeffriges Zitrusaroma ist besonders reizvoll, wenn man Hähnchen vor dem Braten oder Lammfilets zum Grillen damit einreibt.
- Tamarinde ist eine in Asien beheimatete Zitrusfrucht, deren säuerliche Fruchtpulpe dort sehr geschätzt wird. Sie wird meist als gepresster Block oder Konzentrat in Gläsern angeboten. Letzteres ist in vielen Supermärkten erhältlich und wird nach Packungsanleitung verarbeitet, während die gepresste Pulpe in Asia-Läden zu finden ist. Für Tamarindenwasser 100 g gepresstes Tamarindenmark in einer Schüssel mit 500 ml kochendem Wasser übergießen und 1 Stunde einweichen; ab und zu umrühren, um die Fasern voneinander zu trennen. Zuletzt mit den Fingern ausdrücken und durch ein Sieb gießen.
- Kecap Manis ist eine üppige, halbsüße Sojasauce aus der indonesischen Küche, die mit Palmzucker gewürzt wird und weniger salzig als japanische Sojasaucen ist. Sie schmeckt über gedämpftes Gemüse geträufelt, unter ein Dressing gerührt oder als Würze für ein Wok-Gericht und sorgt so für einen fernöstlichen Touch.

Klassisch asiatische Dressings

Erdnussdressing

In einer kleinen Schüssel 1 Esslöffel gehobelten Palmzucker, 100 ml Tamarindenwasser (s. S. 149), 2 Esslöffel Kecap Manis und 1 Esslöffel Balsamicoessig verrühren, bis sich der Palmzucker aufgelöst hat. Eine von den Samen befreite und fein gehackte rote Chilischote, 1 fein gehackte Knoblauchzehe und 70 g gemahlene geröstete Erdnüsse untermengen. Dieses Dressing schmeckt hervorragend zu einem Salat aus verschiedenem Gemüse, zu Tofu oder zu dünnen Scheiben Rindfleisch mit Gurke und Minze. Ergibt 185 ml.

Süßes Ingwerdressing

In einem Topf 125 ml Dashi-Brühe mit 3 Esslöffeln Reisessig, 4 Esslöffeln heller Sojasauce und 3 Teelöffeln Zucker zum Kochen bringen. Die Mischung in eine Servierschüssel gießen und abkühlen lassen. Dann 1 Esslöffel fein geriebenen Ingwer unterrühren. Dieses Dressing passt zu Gemüsesalat, zu gemischtem Salat mit Krebsfleisch, Garnelen oder anderen Meeresfrüchten oder zu pochiertem Hähnchen. Ergibt 250 ml.

Spritzige Dressings mit exotischen Aromen hauchen

Zitronendressing mit Kreuzkümmel

In einer Schüssel 2 Esslöffel Zitronensaft, 125 ml Olivenöl, 2 ganz fein gehackte Knoblauchzehen, 1 Teelöffel gemahlenen Kreuzkümmel und 1 kräftige Prise Paprikapulver verrühren. Dieses Dressing wird für zahlreiche Salate im nahöstlichen Stil verwendet. Probieren Sie es über einem Tomaten-Gurken-Salat oder über frisch gekochte Linsen.
Ergibt 100 ml.

Limettendressing mit Zitronengras

In einer Schüssel 4 Esslöffel Limettensaft, 4 Esslöffel Fischsauce *(nam pla)* und 2 Esslöffel Zucker verrühren, bis sich der Zucker aufgelöst hat. 2 Esslöffel fein gehacktes Zitronengras, 1 ganz fein gehackte Knoblauchzehe und 2 von den Samen befreite und fein gehackte kleine rote Chilischoten zugeben und gut umrühren. Dieses Dressing bietet sich für Seafood-Salate und einfache grüne Salate mit Gurke, Sprossen und frischen Kräutern an. Auch über Eisbergsalat oder über einen Reisnudelsalat gegossen schmeckt es ausgezeichnet. Ergibt 150 ml.

jedem Salat Leben ein.

Tomaten

Es gibt nichts Schlimmeres als eine kalte, fade Tomate. Also merken Sie sich zwei Grundregeln: Tomaten niemals im Kühlschrank lagern und nur vollreife, tiefrote Früchte verwenden. In diesem Zustand benötigen sie nur eine großzügige Prise Meersalz und ein paar Tropfen bestes Olivenöl, um sich in einen großartigen Salat zu verwandeln. Den besten Tomatensalat meines Lebens habe ich auf einem Campingplatz in Italien gegessen – die Tomaten schmeckten so gut, dass sie praktisch nichts weiter brauchten.

Wenn so gute Tomaten auch nicht immer ganz leicht aufzutreiben sind, so bieten Supermärkte und Gemüsehändler doch eine ganz beachtliche Auswahl – von Kirschtomaten über Strauch- und Eiertomaten bis hin zu Fleischtomaten, ja gelegentlich sogar gelbe, grüne oder violette Sorten.

Achten Sie beim Tomatenkauf auf dunkle oder weiche Stellen. Fühlt sich die Tomate weich oder wässrig an, sollte man sie liegen lassen. Im Zweifel riechen Sie daran. Eine schlechte Tomate ist mit der Nase schnell enttarnt. Doch wenn Sie Glück haben, verströmt sie dieses unnachahmliche Straucharoma, das früher jede Tomate auszeichnete.

Aufgefrischt & angehübscht

Frische Tomaten lassen sich geschmacklich, aber auch optisch aufbessern, indem man sie mit frischem Basilikum, kleinen schwarzen Oliven, Kapern, Sardellen, Oregano oder wildem Rucola kombiniert – perfekt zu einem sommerlichen Essen. Probieren Sie folgende Kombinationen:

- Gewürfelte Tomaten mit abgetropften weißen Bohnen aus der Dose und Dosenthunfisch vermengen. Mit Olivenöl, Meersalz und Pfeffer würzen und mit einer Gabel alles nur leicht zerdrücken. Auf Bruschetta oder mit geröstetem Roggenbrot als einfachen Lunch servieren.
- Fein gewürfelte Tomaten und rote Zwiebeln mit frischem Oregano vermengen und mit Meersalz und frisch gemahlenem schwarzem Pfeffer würzen. Mit nativem Olivenöl extra beträufeln und auf getoastetes Sauerteigbrot löffeln. Noch ein Löffel Ziegenquark oder -frischkäse und Paprikapulver darauf – fertig.
- 200 g Ricotta mit 1 Esslöffel fein gehacktem Basilikum und 1 Teelöffel frischem Thymian verrühren. Zu einem Salat aus halbierten Kirschtomaten und dünnen Gurkenscheiben und Olivenbrot servieren.
- Gewürfelte Tomaten mit fein geschnittener eingelegter Zitronenschale und gehackter Petersilie vermengen. Zu gegrilltem Fisch oder gebratenem Hähnchen servieren.
- Dicke Scheiben Tomaten auf einer Platte anrichten und mit gehackter Petersilie und ½ Teelöffel gemahlenem Kreuzkümmel bestreuen. Mit Balsamicoessig beträufeln und zu gegrilltem Lamm oder Thunfisch servieren.
- 1 rote Zwiebel in feine Streifen schneiden und mit 1 Esslöffel Zucker und etwas Meersalz bestreuen. 30 Minuten ziehen lassen und dann mit Cidreessig bedecken. Dicke Tomatenscheiben auf einer Platte anrichten und mit den abgetropften Zwiebeln garnieren. Mit nativem Olivenöl extra beträufeln und mit frisch gemahlenem schwarzem Pfeffer würzen.

Tomaten mal herzhaft

Falls Ihre Lust auf Tomaten mehr ins Deftige geht, hier noch einige weitere Anregungen:

- 500 g Kirschtomaten in einer großen Pfanne mit 3 Esslöffeln Wasser und 1 Esslöffel Balsamicoessig benetzen. Einige Rosmarinzweige dazulegen und mit Meersalz und etwas Pfeffer würzen. Bei starker Hitze kochen, bis die Haut der Tomaten aufzuplatzen beginnt. Vom Herd nehmen und mit wenig nativem Olivenöl extra beträufeln. Etwas abkühlen lassen, auf einem jungen Blattsalat anrichten und mit zerkrümeltem Ziegenkäse und kleinen schwarzen Oliven garnieren.
- 4 Tomaten grob würfeln und mit 1 fein gehackten Knoblauchzehe und dem gewürfelten Fruchtfleisch von 2 gerösteten und enthäuteten gelben Paprikaschoten vermengen. Mit Meersalz, schwarzem Pfeffer, ½ Teelöffel gemahlenem Kreuzkümmel und 1 Prise Chilipulver würzen. Mit nativem Olivenöl extra und dem Saft einer Zitrone anmachen, auf einem Blattsalat anrichten und mit Koriandergrün und Minze garnieren.
- Ganze Eiertomaten auf einem Blech im 200 °C heißen Ofen rösten, bis die Haut Blasen wirft und schwarz wird. Etwas abkühlen lassen. Die Tomaten samt der geschwärzten Haut und einer Handvoll Basilikum sowie Meersalz und Pfeffer im Mixer pürieren. Das Püree in einen Topf geben und so viel Wasser oder Gemüsebrühe zugießen, dass es eine suppenähnliche Konsistenz erhält. Erhitzen, mit nativem Olivenöl extra abrunden und mit gehobeltem Parmesan und Croûtons servieren.

Paprikaschoten rösten und enthäuten

1 Den Ofen auf 200 °C vorheizen und ein Gitter auf ein Backblech setzen. Einige rote Paprikaschoten mit etwas Olivenöl bestreichen und auf das Gitter legen. Im Ofen rösten, bis sich die Haut schwarz färbt und Blasen schlägt. Die Schoten wiederholt wenden, damit die Haut von allen Seiten gleichmäßig Farbe nimmt.

2 Die Paprikaschoten aus dem Ofen nehmen, in ein Gefäß legen, mit Frischhaltefolie zudecken und abkühlen lassen. So lässt sich die Haut später leichter entfernen.

3 Die schwarze Haut der Schoten mit den Fingern vorsichtig abreiben oder abziehen. Sie sollte sich ganz leicht ablösen lassen. Die Stiele und die Samen der Früchte entfernen, das Fruchtfleisch auf ein Brett legen und je nach Rezept in feine Streifen schneiden oder würfeln.

Tipps & Tricks

- Enthäutete Paprika, die nicht gleich verwendet werden, sollte man in Olivenöl einlegen. Das Öl dient nicht nur der Konservierung, sondern nimmt auch das Paprikaaroma an. Basilikum, Knoblauch, Petersilie oder Thymian sorgen zusätzlich für Pep.
- Wer eingelegte Paprikaschoten im Kühlschrank vorrätig hat, kann sie fein gewürfelt und mit Basilikum und schwarzen Oliven vermengt zu gegrilltem Lamm oder Rind servieren oder in Streifen geschnitten unter einen grünen Salat oder einen kalten Nudelsalat mengen.
- Diese Salsa ist mein Favorit: In einer Pfanne 2 Esslöffel Olivenöl auf mittlerer Stufe erhitzen, 1 ganz fein gehackte Knoblauchzehe, 1 Esslöffel gemahlenen Kreuzkümmel und 200 g frische Maiskörner darin anschwitzen, bis der Mais goldgelb glänzt. Das Fruchtfleisch von 2 gegrillten und enthäuteten roten Paprikaschoten fein würfeln, 1 Dose (400 g) schwarze Bohnen abspülen und abtropfen lassen. Mais, Paprika und Bohnen in einer großen Schüssel vermengen. 1 Handvoll Koriandergrün grob hacken, 10 Blätter frische Minze fein hacken und untermischen. Die Salsa mit 1 Esslöffel Granatapfelsirup und einigen Spritzern Tabascosauce abschmecken.

Klassische Salsas

Tomaten-Salsa

4 Eiertomaten in kleine Würfel schneiden und in eine Schüssel geben. 10 in feine Streifen geschnittene Basilikumblätter, 2 Esslöffel fein gewürfelte rote Zwiebel, ½ Teelöffel ganz fein gehackten Knoblauch, 3 Esslöffel natives Olivenöl extra, 1 Esslöffel Balsamicoessig und ½ Teelöffel Meersalz hinzufügen und gründlich untermengen. Abschmecken und nach Belieben nachsalzen. Diese Salsa schmeckt ausgezeichnet zu gegrilltem Thunfisch, Kabeljau und Schwertfisch, lässt sich aber auch zu pikant mariniertem Hähnchen oder gegrilltem Lamm servieren. Für 4 Personen als Beilage.

Avocado-Salsa

Eine in kleine Würfel geschnittene Avocado, 1 fein gewürfelte Gärtnergurke, 1 von den Samen befreite gehackte rote Chilischote, 1 Esslöffel fein gewürfelte rote Zwiebel, 3 Esslöffel Limettensaft und ½ Teelöffel Meersalz in einer Schüssel vermengen. 1 Handvoll Koriandergrün und 1 Esslöffel natives Olivenöl extra zugeben und behutsam unterheben. Zu Hähnchen, Garnelen oder weißfleischigem Fisch vom Grill servieren. Avocado-Salsa schmeckt auch gut zu warmen Tortillas oder auf Bruschetta. Für 4 Personen als Beilage.

Nori-Salsa

Eine Gärtnergurke in feine Stifte schneiden und in einer Schüssel mit ½ in feine Streifen geschnittenen Daikon-Rettich, 1 Esslöffel fein gehacktem eingelegtem Ingwer, 1 Esslöffel Reisessig, einigen Tropfen Sesamöl, ½ Teelöffel rotem Chilipulver und 2 Teelöffeln geröstetem Sesam vermengen. 1 Nori-Blatt im 180 °C heißen Ofen rösten, bis es knusprig ist, und mit einer Küchenschere in feine, etwa 3 cm lange Streifen schneiden. Die Nori-Streifen vorsichtig unter die anderen Zutaten mengen und mit weißem Reis oder zu gegrilltem Hähnchen oder dünnen Scheiben blutig gebratenem Roastbeef servieren. Für 4 Personen als Beilage.

Mango-Salsa

Das Fruchtfleisch von 1 großen oder 2 kleinen Mangos würfeln und in einer Schüssel mit 1 fein geschnittenen Frühlingszwiebel, 1 von den Samen befreiten und fein gehackten roten Chilischote, 2 Esslöffeln Limettensaft, einigen Tropfen Sesamöl und frisch gemahlenem schwarzem Pfeffer vermengen. Nach Belieben 1 Handvoll Koriandergrün oder 4 große, in Streifen geschnittene Basilikumblätter zugeben. Diese sommerliche Salsa ist ein Gedicht zu Garnelen oder Hähnchen vom Grill. Für 4 Personen als Beilage.

Gegrillte Garnelen, mariniert in nach Sommer. Ein Biss und man

Marinieren

1 Die Garnelen je nach Art der Zubereitung vorbereiten. Zum Grillen empfiehlt es sich, sie ungeschält zu lassen. Stattdessen den Rückenpanzer mit einer kleinen scharfen Schere der Länge nach aufschneiden, den Rücken mit einem scharfen Messer einschneiden und den schwarzen Darm herausziehen. Andernfalls die Garnelen schälen und vom Darm befreien.

2 In einer Schüssel 2 Esslöffel fein geriebenen Ingwer, 4 in dünne Streifen geschnittene Kaffir-Limettenblätter, 2 Esslöffel fein gehacktes Zitronengras, 1 fein gehackte große rote Chilischote, 1 ganz fein gehackte Knoblauchzehe, den Saft von 4 Limetten und 4 Esslöffel Olivenöl verrühren.

3 Die Garnelen in ein großes Gefäß legen und mit der Marinade übergießen. Darin wenden, damit sie rundherum gut bedeckt sind, und zugedeckt im Kühlschrank 1 Stunde marinieren.

Tipps & Tricks

- Für eine supereinfache Marinade die Garnelen in Zitronensaft, Olivenöl und Knoblauch einlegen. Diese Marinade ist generell für Fisch oder Meeresfrüchte geeignet. Wenn Ihnen nach ein bisschen Feuer ist, können Sie noch ½ Teelöffel frisch gemahlenen weißen Pfeffer, scharfes Paprikapulver oder ein paar getrocknete Chiliflocken hinzugeben.
- Fisch und Meeresfrüchte sollte man höchstens 1 Stunde marinieren. Lässt man sie länger in der Marinade liegen, beginnt die Säure des Limetten- oder Zitronensaftes den Fisch zu „garen“.
- Marinieren Sie Seafood grundsätzlich in einem Gefäß aus Glas, Edelstahl oder Steingut, damit Sie sicher sein können, dass das Material nicht mit der Säure in der Marinade reagiert.

Zitronengras, Limette, Chili und Ingwer schmecken
fühlt förmlich den Sand zwischen den Zehen.

Klassische Marinaden

Fisch & Meeresfrüchte

Versuchen Sie für weißfleischigen Fisch folgende leichte Marinade: 1 Teelöffel fein geriebenen Ingwer, 2 Esslöffel Korianderblätter, 2 Esslöffel Limettensaft und 3 Esslöffel Olivenöl in einer Schüssel verrühren. Die Fischstücke einlegen und in der Marinade wenden, bis sie von allen Seiten gut bedeckt sind. Im Kühlschrank 30 Minuten marinieren und anschließend grillen, im Ofen backen oder in der Pfanne braten. Für 4 Personen.

Lamm

In einer Schüssel 125 ml Weißwein, 4 Esslöffel Olivenöl, den Saft von 1 Zitrone, 1 Esslöffel Oreganoblätter und 1 fein gehackte Knoblauchzehe verrühren. Lammkoteletts, Lammfilets oder eine ausgelöste Lammkeule sorgfältig von allen Seiten in der Marinade wenden und 2–3 Stunden im Kühlschrank marinieren. Das Fleisch rosa garen und mit Meersalz und frisch gemahlenem schwarzem Pfeffer würzen. Vor dem Servieren 5 Minuten ruhen lassen. Für 4 Personen.

Diese einfachen Marinaden verleihen Alltagsgerichten

Huhn

In einer großen Schüssel 3 Esslöffel Zitronensaft, 3 Esslöffel Olivenöl, 1 Esslöffel Dijonsenf, 1 Teelöffel fein gehackten Knoblauch, 1 Teelöffel Thymianblätter und ½ Teelöffel frisch gemahlenen weißen Pfeffer verrühren. Die Hähnchenstücke einlegen und von allen Seiten in der Marinade wenden. Im Kühlschrank 2–3 Stunden marinieren. Das Fleisch abtropfen lassen und grillen oder braten, bis es durchgegart ist. Mit Meersalz würzen. Für 4 Personen.

Rind

In einer Schüssel 250 ml Rotwein, 2 fein gehackte Knoblauchzehen, ½ Teelöffel fein gehackten Rosmarin und 125 ml Olivenöl verrühren. Das Rindfleisch einlegen und von allen Seiten in der Marinade wenden. Im Kühlschrank 2–3 Stunden marinieren. Das Fleisch aus der Marinade nehmen, mit frisch gemahlenem schwarzem Pfeffer würzen und auf dem Grill oder in der Pfanne wie gewünscht garen. Mit Meersalz würzen und vor dem Servieren 5 Minuten ruhen lassen. Für 4 Personen.

wie Grillfleisch oder Geflügel Pep.

Sommerrezepte

ein Fest für die Sinne

schlüpfrige Nudeln

fangfrisches Seafood

aromatische Kräuter

saftiges Fleisch vom Grill

leicht und gesund

und voller Geschmack und Farbe

Tomaten mit Chili und Koriander

Miesmuscheln mit Rouille

Tomaten mit Chili und Koriander

1 Bund Koriandergrün, grob gehackt
1 rote Zwiebel, fein gewürfelt
2 große rote Chilischoten, Samen entfernt, fein gehackt
1 TL Meersalz
3 EL Olivenöl
1 EL Balsamicoessig
4 große reife Tomaten

Koriandergrün, Zwiebel, Chili, Salz, Olivenöl und Essig in einer Schüssel gründlich verrühren.

Die Tomaten in Scheiben schneiden und auf einer Platte anrichten. Mit der Salsa überziehen und zu gegrilltem Thunfisch oder frischem Ricotta servieren. Für 4 Personen als Beilage.

Miesmuscheln mit Rouille

2 kg Miesmuscheln
1 weiße Zwiebel, fein gehackt
2 Knoblauchzehen, zerstoßen
2 EL Olivenöl
3 große reife Tomaten, gewürfelt
1 Lorbeerblatt
1 Knolle Gemüsefenchel, in feine Streifen geschnitten
einige Safranfäden
1 TL Meersalz
250 ml Weißwein
1 Handvoll glatte Petersilie, gehackt
1 Rezeptmenge Rouille (s. S. 64)
Knuspriges Weißbrot zum Servieren

Die Muscheln unter fließendem Wasser abbürsten und von Verunreinigungen oder „Bärten“ befreien. Geöffnete Muscheln, die sich bei Berührung nicht schließen, wegwerfen.

Zwiebel und Knoblauch mit dem Öl in einem großen Topf auf kleiner Flamme glasig schwitzen. Die Tomaten, das Lorbeerblatt, den Fenchel und den Safran zufügen, mit Meersalz würzen und 10 Minuten garen. Den Weißwein zugießen, aufkochen lassen und die Muscheln hineingeben. Zugedeckt einige Minuten dämpfen und dabei den Topf gelegentlich rütteln, bis sich die Muscheln geöffnet haben. Muscheln, die sich nicht geöffnet haben, wegwerfen.

Die Muscheln mit ihrem Garsud auf vier große Schalen verteilen, mit der Petersilie bestreuen und mit Rouille und Weißbrot servieren. Für 4 Personen.

Kokosgarnelen mit Zitronengras und Minze

2 EL fein gehacktes Zitronengras
2 EL Limettensaft
½ TL geriebener Palmzucker oder brauner Zucker
250 ml Kokosmilch
1 EL Erdnussöl
20 rohe Riesengarnelen, geschält, Därme entfernt
80 g frische Minze
60 g Kokosraspel, geröstet
100 g Bohnensprossen
2 Gärtnergurken, in feine Scheiben geschnitten
1 Limette, geviertelt, zum Servieren

In einem kleinen Topf das Zitronengras, den Limettensaft, den Zucker und die Kokosmilch vermengen und auf kleiner Flamme 10 Minuten köcheln lassen. Gelegentlich umrühren, damit sich der Zucker auflöst. In eine große Schüssel gießen und abkühlen lassen.

Eine große Pfanne mit schwerem Boden bei hoher Temperatur erhitzen, das Öl hineingeben und durch Schwenken gleichmäßig verteilen. Einige Garnelen einlegen – die Pfanne nicht überfüllen, sie sollten alle ausreichend Platz haben – und von jeder Seite einige Minuten braten, bis sie Farbe genommen haben. Sobald sie gar sind, aus der Pfanne nehmen und in die Kokossauce in der Schüssel legen. Sämtliche Garnelen auf diese Weise braten. Die Minze, die Kokosraspel, die Bohnensprossen und die Gurken in einer weiteren Schüssel vermengen. Auf vier Tellern anrichten und die warmen Garnelen darauf verteilen. Mit etwaigen Saucenresten beträufeln und mit Limettenspalten servieren. Für 4 Personen.

Kokosgarnelen mit Zitronengras und Minze

Rinder-Teriyaki mit Wakame

450 g Rinderfilet
3 EL Teriyaki-Sauce (Fertigprodukt)
25 g getrocknete Wakame-Algen
4 EL Reisessig
3 Gärtnergurken, ½ TL Meersalz
2 EL Zucker
½ TL Sojasauce
3 cm Ingwer, in ganz feine Stäbchen geschnitten
2 rote Radieschen
1 große Handvoll Brunnenkresse
1 EL schwarzer Sesam

Das Fleisch 30 Minuten in der Teriykai-Sauce marinieren. Den Ofen auf 200 °C vorheizen. Eine schwere Pfanne auf großer Stufe erhitzen und das Filet rundherum scharf anbraten; dann 10 Minuten im Ofen garen. Beiseitestellen.

Die Algen 10 Minuten in kaltem Wasser einweichen. Abgießen und mit 1 Esslöffel Essig benetzen. Die Gurken schräg in dünne Scheiben schneiden, in ein Sieb geben, mit dem Salz bestreuen und ziehen lassen. Den Zucker in der Sojasauce und dem restlichen Essig auflösen und den Ingwer unterrühren. Die Gurken abspülen und sachte ausdrücken. Wakame, Gurken, Radieschen und das Dressing vermengen.

Das Filet in dünne Scheiben schneiden und auf Tellern anrichten. Mit dem Salat, Brunnenkresse und Sesam garnieren. Für 4 Personen als Vorspeise.

Marinierte Lachsforelle

4 Lachsforellenfilets ohne Haut (je 150 g), sorgfältig entgrätet
2 EL Olivenöl
Meersalz, schwarzer Pfeffer, frisch gemahlen
1 Handvoll glatte Petersilie, gehackt
abgeriebene Schale und Saft von 1 unbehandelten Zitrone
abgeriebene Schale und Saft von 1 unbehandelten Orange
500 g Strauchtomaten, fein gewürfelt
2 Frühlingszwiebeln, fein gehackt
1 EL Kapern, abgespült

Die Fischfilets in 4 cm breite Scheiben schneiden. Die Hälfte des Öls in einer großen Pfanne mit schwerem Boden auf mittlerer Stufe erhitzen und den Fisch 1 Minute von jeder Seite braten. Auf einer Platte anrichten, salzen und pfeffern und mit der Petersilie bestreuen.

Den Saft und die Schale der Zitrusfrüchte, die Tomaten, die Frühlingszwiebeln und die Kapern in der Pfanne 1 Minute garen, über den Fisch ziehen und mit dem restlichen Öl beträufeln. Vor dem Servieren 1 Stunde kalt stellen. Für 4 Personen.

Garnelen mit Koriander und Limette

2 EL gehackte Korianderwurzel
2 EL frisch geriebener Ingwer
2 Knoblauchzehen, grob gehackt
1 Stängel Zitronengras (nur das Weiße), grob gehackt
125 ml Pflanzenöl
1 TL gemahlener Koriander
20 rohe Riesengarnelen, geschält und Därme entfernt
1 große Handvoll Koriandergrün
3 EL Limettensaft
125 ml Olivenöl
½ TL Zucker, 1 Prise Meersalz
20 kleine Bambusspieße, 20 Minuten in heißem Wasser eingeweicht

Korianderwurzel, Ingwer, Knoblauch, Zitronengras, Pflanzenöl und gemahlenen Koriander im Mixer zu einer glatten Paste mahlen. Die Garnelen in eine Glasschale legen, mit der Paste bedecken und zugedeckt im Kühlschrank 1 Stunde marinieren.

Koriandergrün, Limettensaft, Olivenöl, Zucker und Salz verrühren. Je 1 Garnele der Länge nach auf die Spieße stecken und bei mittlerer Hitze 5 Minuten grillen. Mit Korianderdressing überziehen und servieren. Ergibt 20 Spieße.

Tintenfischsalat mit Tamarinde

1 EL Tamarindenkonzentrat
1 EL Zucker
2 EL Fischsauce *(nam pla)*
1 EL Limettensaft
1 Knoblauchzehe, zerstoßen
1 kleine rote Chilischote, Samen entfernt, fein geschnitten
4 mittelgroße Kalmare (etwa 400 g), gesäubert
3 EL Pflanzenöl
1 Handvoll Basilikum
1 Handvoll Koriandergrün
90 g Bohnensprossen

Das Tamarindenkonzentrat mit 3 Esslöffeln warmem Wasser mischen. Zucker, Fischsauce, Limettensaft, Knoblauch und Chili unterrühren, bis sich der Zucker auflöst.

Den Tintenfisch kalt abspülen und mit Küchenpapier abtrocknen. Die Tuben an einer Seite aufschneiden und von der Außenseite ein Karomuster einritzen, damit sie sich beim Garen kräuseln. Das Öl in einer Pfanne auf großer Stufe erhitzen und die Kalmare von jeder Seite 3–4 Minuten braten. In mundgerechte Stücke schneiden und mit den Kräutern und Sprossen im Tamarindendressing wenden. Mit gedämpftem Reis oder Reisnudeln servieren. Für 4 Personen.

Tintenfischsalat mit Pinienkernen

Gebratener Snapper mit Zitrusdressing

Tintenfischsalat mit Pinienkernen

450 g kleine Kalmare, gesäubert
4 Sardellenfilets, fein gehackt
2 EL Olivenöl
abgeriebene Schale und Saft von 1 unbehandelten Zitrone
2 Knoblauchzehen, zerstoßen
150 g Rucola, Stiele entfernt
1 große Handvoll glatte Petersilie
50 g gehobelter Parmesan
85 g geröstete Pinienkerne

Die Kalmare, die Sardellenfilets, das Olivenöl, die Zitronenschale und den Knoblauch in einer Schüssel vermengen, bis der Tintenfisch rundherum gut bedeckt ist. Zugedeckt im Kühlschrank 1 Stunde marinieren.

Eine Pfanne mit schwerem Boden auf großer Stufe erhitzen und die Kalmare von beiden Seiten 1–2 Minuten braten. Die Marinade zugeben und 30 Sekunden garen. Den Herd ausschalten und die Kalmare noch einige Minuten in dem Sud ziehen lassen. Anschließend in Ringe schneiden und in einer Schüssel mit den restlichen Zutaten vermengen. Für 4 Personen.

Snapper mit Zitrusdressing

2 unbehandelte Orangen
2 unbehandelte Limetten
1 unbehandelte Zitrone
½ TL rosa Pfefferkörner, grob zerstoßen
4 EL helles Olivenöl
2 EL Pflanzenöl
4 Snapperfilets mit Haut je 200 g
Meersalz

Den Ofen auf 200 °C vorheizen.

Für das Dressing die Schale der Zitrusfrüchte in feinen Streifen (Zesten) abschälen und in eine Schüssel geben. Den Saft der Zitrone hineinpressen. Die Orangen und Limetten filetieren. Die Fruchtfilets mit ihrem Saft ebenfalls in die Schüssel geben. Die Pfefferkörner und das Olivenöl hinzufügen und alles sorgfältig vermengen.

Das Pflanzenöl in einer ofenfesten Pfanne auf großer Stufe erhitzen. Die Fischfilets kalt abwaschen und mit Küchenpapier abtrocknen. Kräftig mit Meersalz würzen und mit der Haut nach unten in der heißen Pfanne 1–2 Minuten braten, bis die Haut goldbraun und knusprig ist; wenden.

Die Pfanne in den Ofen schieben und den Fisch weitere 8 Minuten garen. Auf einer Platte anrichten, mit dem Dressing überziehen und sofort servieren. Für 4 Personen.

Hähnchen mit Zitronengras

abgeriebene Schale und Saft von 1 unbehandelten Limette
1 Stängel Zitronengras, geputzt und grob gehackt
2 Knoblauchzehen, geschält
2 cm Ingwer, geschält und grob gehackt
1 große rote Chilischote, von den Samen befreit
1½ EL Fischsauce *(nam pla)*
4 Hähnchenbrustfilets
2 EL Olivenöl
Meersalz
gedämpfter weißer Reis und chinesisches Gemüse zum Servieren

Den Ofen auf 200 °C vorheizen.

Die Limettenschale, das Zitronengras, den Knoblauch, den Ingwer, den Chili und die Fischsauce im Mixer oder Mörser zu einer glatten Paste zermahlen. Das Fleisch rundherum damit einreiben und auf ein Blech legen. Mit dem Olivenöl und Limettensaft beträufeln und mit etwas Meersalz würzen. Mit Alufolie bedecken und 25–30 Minuten im Ofen garen. Herausnehmen und zur Garprobe mit einem spitzen Messer einstechen. Ist der austretende Saft klar, ist das Fleisch gar.

Die Brustfilets in dünne Scheiben schneiden und mit gedämpftem Reis und einem grünen chinesischen Gemüse anrichten. Mit dem Garsud überziehen und servieren. Oder das Fleisch auf Blattsalat anrichten und mit gerösteten Erdnüssen bestreuen. Für 4 Personen.

Wählen Sie Gerichte, die perfekt zu einem gemütlichen Lunch unter blauem Himmel passen.

Hähnchen mit Zitronengras

Garnelen mit Minze-Joghurt-Sauce

16 große rohe Garnelen, bis auf die Schwanzfächer geschält, Därme entfernt
2 EL Olivenöl
4 EL Zitronensaft
1 große Handvoll Minze
1 grüne Chilischote, von den Samen befreit
1 TL gemahlener gerösteter Kreuzkümmel
1 TL Zucker
1 EL frisch geriebener Ingwer
100 g Joghurt
Meersalz, schwarzer Pfeffer, frisch gemahlen
10 Zuckerschoten, blanchiert
1 Gärtnergurke, gewürfelt
1 große Handvoll Koriandergrün
gedämpfter weißer Reis zum Servieren

Die Garnelen, das Olivenöl und 1 Esslöffel Zitronensaft vermengen; beiseitestellen. Die Minze, den restlichen Zitronensaft, die Chilischote, den Kreuzkümmel, den Zucker und den Ingwer im Mixer zu einer Sauce verarbeiten. In einer Schüssel mit dem Joghurt verrühren, salzen und pfeffern.

Eine Pfanne auf großer Stufe erhitzen und einige Garnelen braten, bis sie sich zu verfärben beginnen. Wenden und 1 weitere Minute garen. Die restlichen Garnelen ebenso braten. Die Zuckerschoten, die Gurke und das Koriandergrün mit den warmen Garnelen auf Tellern anrichten. Mit der Sauce überziehen und mit gedämpftem Reis servieren. Für 4 Personen.

Thunfisch mit Tomaten und Oliven

10 Kirschtomaten, halbiert
10 Basilikumblätter, grob zerpflückt
20 kleine schwarze Oliven
2 EL Balsamicoessig
4 EL natives Olivenöl extra
Meersalz, Pfeffer, frisch gemahlen
1 TL Olivenöl
4 Thunfischsteaks je 150 g
150 g Rucola, Stiele entfernt

Tomaten, Basilikum, Oliven, Essig und das native Olivenöl extra vermengen und mit Salz und Pfeffer würzen.

Das Olivenöl in einer Pfanne auf großer Stufe erhitzen. Den Fisch darin 1 Minute braten. Wenden, die Hitze etwas reduzieren und weitere 3 Minuten garen. Mit dem Rucola auf vorgewärmten Tellern anrichten. Mit der Tomaten-Oliven-Mischung garnieren und servieren. Für 4 Personen.

Enten-Brunnenkresse-Salat

125 ml Sherry
125 ml Orangensaft
1 EL Sojasauce
1 TL Sesamöl
1 TL Zucker
1 TL fein geriebener Ingwer
1 gebratene Ente (möglichst vom Chinesen)
500 g Brunnenkresse
1 Dose (200 g) Wasserkastanien (Asia-Laden), in Scheiben geschnitten
115 g Zuckerschoten, blanchiert

Sherry und Orangensaft in einem kleinen Topf aufkochen und bei mittlerer Hitze um die Hälfte einkochen lassen. In einer großen Schüssel mit der Sojasauce, dem Sesamöl, dem Zucker und dem Ingwer verrühren.

Die Haut der Ente ablösen – etwaiges Fett entfernen – und in dünne Streifen schneiden. Auf einem Blech unter dem vorgeheizten Grill knusprig werden und auf Küchenpapier abtropfen lassen.

Das Fleisch von den Knochen lösen, zerpflücken und in das Dressing geben. Die Brunnenkresse, die Wasserkastanien, die Zuckerschoten und die knusprige Haut hinzufügen, unterheben und servieren. Für 4 Personen.

Pikant gewürzte Lachsforelle

500 g Lachsforellenfilet ohne Haut
1 TL Sesamöl
4 Frühlingszwiebeln, in 3 cm lange Stücke geschnitten
175 ml Cidreessig
3 EL Zucker
2 cm Ingwer, geschält und in feine Streifen geschnitten
2 große rote Chilischoten, Samen entfernt, in feine Streifen geschnitten
10 cm junges Zitronengras, fein gehackt
4 Sternanis
1 TL Sichuan-Pfefferkörner
Udon-Nudeln zum Servieren

Das Forellenfilet in 1 cm dünne Scheiben schneiden und nebeneinander in ein großes, tiefes nichtmetallenes Gefäß legen.

Das Sesamöl in einem Topf auf mittlerer Stufe erhitzen und die Frühlingszwiebeln darin bräunen. 500 ml Wasser zugießen, die restlichen Zutaten bis auf die Nudeln zugeben und unter Rühren kochen, bis sich der Zucker aufgelöst hat. Heiß über die Forellenfilets gießen. Sobald sie abgekühlt sind, mit Udon-Nudeln servieren. Für 4 Personen.

Schwertfisch mit Pinienkernsauce

Linguine mit Kräutergarnelen

Schwertfisch mit Pinienkernsauce

1 Scheibe Weißbrot, entrindet
85 g Pinienkerne
½ Knoblauchzehe
2 EL Zitronensaft
Meersalz, schwarzer Pfeffer, frisch gemahlen
1 EL Olivenöl
4 Schwertfischsteaks je 175 g
Tomatensalat mit roten Zwiebeln und Basilikum zum Servieren

Das Brot in kaltem Wasser einweichen und sorgfältig ausdrücken. Die Pinienkerne, das Brot, den Knoblauch und den Zitronensaft im Mixer zu einer Paste zermahlen und 3 Esslöffel Wasser unterrühren, sodass sie fließfähig ist; salzen und pfeffern.

Das Olivenöl in einer großen Pfanne auf hoher Stufe erhitzen. Den Fisch darin 2 Minuten braten, bis er von unten goldbraun ist. Wenden, die Hitze etwas reduzieren und die Steaks weitere 2–3 Minuten braten, bis sie gar sind – sie sollten sich fest anfühlen.

Die Steaks auf Tellern anrichten, mit der Sauce überziehen und mit Tomatensalat servieren. Für 4 Personen.

Linguine mit Kräutergarnelen

400 g Linguine
100 ml helles Olivenöl
3 Knoblauchzehen, zerstoßen und fein gehackt
16 rohe Riesengarnelen, bis auf die Schwanzfächer geschält, Därme entfernt
250 g Kirschtomaten, halbiert
1 Handvoll glatte Petersilie, grob gehackt
12 Basilikumblätter, zerpflückt
1 Bund Schnittlauch
Saft von 1 Zitrone
Meersalz, schwarzer Pfeffer, frisch gemahlen

In einem großen Topf reichlich Salzwasser zum Kochen bringen. Die Linguine darin al dente kochen. Inzwischen das Olivenöl in einer Pfanne auf mittlerer Stufe erhitzen. Den Knoblauch kurz anschwitzen, die Garnelen einlegen und von beiden Seiten Farbe nehmen lassen. Dann die Tomaten zugeben und 1 Minute garen. Vom Herd nehmen.

Die Linguine abgießen und zurück in den Topf geben. Den Pfanneninhalt sowie die Kräuter und den Zitronensaft hinzufügen, salzen und pfeffern, sorgfältig unterheben und servieren. Für 4 Personen.

Grünteenudeln mit Zitronengras und Soja

2 Stängel Zitronengras (nur den weißen Teil), fein gehackt
1 EL fein geriebener Ingwer
3½ EL Sojasauce
3½ EL Sesamöl
1½ EL Balsamicoessig
2 EL Zucker
Saft von 1 Zitrone
300 g getrocknete Grünteenudeln
2 Frühlingszwiebeln, in feine Scheiben geschnitten
1 Bund Koriandergrün, Blätter abgezupft
je 1 rote und gelbe Paprikaschote, fein gewürfelt

Zitronengras, Ingwer, Sojasauce, Sesamöl, Essig, Zucker und Zitronensaft verrühren, bis sich der Zucker aufgelöst hat.

In einem großen Topf reichlich Wasser aufkochen. Die Nudeln darin in 4–5 Minuten al dente kochen. Abgießen, gut abtropfen lassen und in eine große Schüssel geben. Das Dressing zugießen und unterheben, bis die Nudeln gleichmäßig bedeckt sind. Die Frühlingszwiebeln, das Koriandergrün und die gewürfelten Paprika zufügen, alles durchheben und auf Schalen verteilen.

Als leichte Mahlzeit oder zu Garnelen, Fisch oder Hähnchen vom Grill servieren. Für 4 Personen.

Sonnengebräunte Haut, barfuß laufen und einen Teller würzig-frischer Nudeln genießen – so muss der Sommer sein.

Grünteenudeln mit Zitronengras und Soja

Hähnchen-Reis-Salat mit Tofu

4 Frühlingszwiebeln, in feine Ringe geschnitten, grüne Teile zurückbehalten
1 Stängel Zitronengras, zerdrückt
1 Bund Koriandergrün mit Wurzeln
1 EL Meersalz
2 Hähnchenbrustfilets
400 g Jasminreis
1 Bund frische Minze
1 große rote Chilischote, Samen entfernt, fein gehackt
300 g fester Tofu, in 4 dicke Scheiben geschnitten
Sojasauce und Limettenspalten zum Servieren

Die grünen Teile der Frühlingszwiebeln mit dem Zitronengras, den Stielen und Wurzeln des Koriandergrüns und dem Salz in einem Topf mit reichlich Wasser aufkochen lassen. Das Fleisch einlegen, den Deckel auflegen und den Topf vom Herd nehmen. Das Fleisch 40 Minuten ziehen lassen, herausnehmen und mit einer Messerspitze hineinstechen. Tritt klarer Saft aus, ist es fertig. Quer zur Faser in dünne Scheiben schneiden.

Den Reis mit 700 ml der passierten Garflüssigkeit in einem Topf aufkochen und dann zugedeckt bei schwacher Hitze garen, bis er die Flüssigkeit absorbiert hat. Die Hälfte der Minze in feine Streifen schneiden und mit den Frühlingszwiebelringen, den Korianderblättern, dem Chili und dem Hähnchen unter den Reis mengen. Auf vier Teller verteilen und mit je 1 Scheibe Tofu bedecken. Einen Spritzer Sojasauce darübergeben und mit Limettenspalten und der restlichen Minze garnieren. Für 4 Personen.

Lachs mit Daikon-Salat

2 EL *hijiki* (Algenart; Asia-Laden)
6 Umeboshi-Pflaumen (Asia-Laden), Samen entfernt
4 EL Mirin, 2 TL Sesamöl
4 Lachsfilets mit Haut, je 200 g
2 EL Pflanzenöl
300 g Daikon-Rettich, in feine Streifen geschnitten
1 EL in feine Streifen geschnittener eingelegter Ingwer
1 EL Saft von eingelegtem Ingwer
500 g Brunnenkresse, Stiele entfernt

Den Ofen auf 180 °C vorheizen. Die Algen für 20 Minuten in warmes Wasser legen; abtropfen lassen. Die Pflaumen weich kneten und mit dem Mirin und Sesamöl vermengen. Die Filets kalt abspülen und abtrocknen. Rundherum mit der Pflaumenglasur einreiben. In einer ofenfesten Pfanne das Öl stark erhitzen. Die Filets mit der Haut nach unten einige Minuten anbraten und dann im Ofen in 10 Minuten fertigstellen.

Inzwischen die Algen, den Daikon, Ingwer und -saft mit der Brunnenkresse vermengen und auf vier Tellern mit dem Lachs anrichten. Für 4 Personen.

Soba-Nudelsalat

4 EL *hijiki* (Algenart; Asia-Laden)
1 TL gekörnte Dashi-Brühe
125 ml Sojasauce
3 EL Mirin
1 TL Zucker
1 EL eingelegter Ingwer, fein gehackt
4 Frühlingszwiebeln, schräg in feine Scheiben geschnitten
300 g Soba-Nudeln
500 g Daikon-Rettich, in feine Streifen geschnitten
1 Gärtnergurke, in feine Streifen geschnitten
20 Minzeblätter, grob zerpflückt

Die Algen 30 Minuten in warmem Wasser einweichen; abtropfen. Die gekörnte Dashi, die Sojasauce, den Mirin, den Zucker und 375 ml Wasser in einem kleinen Topf zum Kochen bringen und rühren, bis sich der Zucker aufgelöst hat; abkühlen lassen. Den Ingwer und die Frühlingszwiebeln hineingeben.
Die Soba-Nudeln in kochendem Wasser al dente garen. Abtropfen und unter kaltem Wasser abspülen. Die Nudeln, den Daikon, die Algen, die Gurke, die Minze und die Sauce vermengen. Auf vier Schalen verteilen und servieren oder nach Belieben zuvor mit marinierter Lachsforelle (s. S. 169) garnieren. Für 4 Personen.

Buchweizennudel-Kräuter-Salat

3 EL Sojasauce
3 EL Sesamöl
1½ EL chinesischer schwarzer Essig
3 EL geriebener Palmzucker
3 EL Limettensaft
1 EL fein gehacktes Zitronengras
1 rote Chilischote, Samen entfernt, fein gehackt
300 g Buchweizennudeln
5 cm Ingwer, geschält und in feine Streifen geschnitten
1 Bund Minze
1 Bund Koriandergrün
12 cm Daikon-Rettich, geschält und in feine Streifen geschnitten

In einer großen Schüssel Sojasauce, Sesamöl, Essig, Zucker, Limettensaft, Zitronengras und Chili verrühren, bis sich der Zucker aufgelöst hat. In einem großen Topf Wasser aufkochen und die Nudeln darin al dente kochen. Abgießen und kalt abspülen. Die Nudeln in dem Dressing wenden. Ingwer, Minze, Koriandergrün und Daikon zugeben, unterheben und in Schalen anrichten. Für 4 Personen.

It's Teatime

Es gibt nichts Schöneres als eine Küche, die nach frisch Gebackenem duftet, oder mit Freunden bei Kuchen und Tee zusammenzusitzen. Manche bringen sogar das Kunststück fertig, just in dem Moment ein Blech Scones aus dem Ofen zu ziehen, wenn unerwartet Gäste vor der Tür stehen.

Ideen zur Teatime

sich Zeit nehmen für ein bisschen

Rühren und Backen

Glasieren und Träufeln

Streusel, Schokoguss und

Schlagsahne

Tee oder Kaffee

oder auch etwas Stärkeres

Für diesen einfachen Kuchen benötigt von Vanille. Zuckerguss darüber und

Butterkuchen

1 Den Ofen auf 180 °C vorheizen. Eine 23-cm-Springform ausbuttern und mit Backpapier auskleiden.

2 In einer Schüssel 250 g weiche Butter und 225 g Zucker hellgelb und cremig schlagen. 3 Eier, 125 ml Milch und 1 Teelöffel natürliches Vanilleextrakt zugeben und glatt rühren. 250 g Mehl und 2 Teelöffel Backpulver mischen, hineinsieben und sorgfältig einarbeiten. Den Teig in die vorbereitete Form füllen.

3 Den Kuchen in den Ofen schieben und 1 Stunde backen. Zur Garprobe in der Mitte einen Spieß einstechen und wieder herausziehen. Haftet kein Teig mehr daran, ist der Kuchen fertig. Den Kuchen auf ein Gitter stürzen und abkühlen lassen. Anschließend mit Zitronenguss überziehen (s. S. 190) oder mit Puderzucker bestauben.

Tipps & Tricks

- Das Schlimmste, was beim Kuchenbacken passieren kann, ist, dass der Teig an der Form klebt. Darum sollte man bei der Vorbereitung der Form besonders sorgfältig arbeiten. Wenn Sie vor allem Wert auf eine makellose Erscheinung Ihres Kuchens legen, zeichnen Sie den Formboden mit einem Bleistift auf Backpapier vor, schneiden ihn mit der Küchenschere aus und legen ihn in die Form. Anschließend einen langen, breiten Streifen für den Rand zuschneiden. Kommt es Ihnen nicht so darauf an, nehmen Sie einfach ein großes Stück Backpapier und passen es, so gut es geht, in die Form ein.

- Eine weitere Möglichkeit: Die Form großzügig ausbuttern, dann 1 Esslöffel Mehl hineingeben und durch Schütteln und Neigen der Form gleichmäßig verteilen. Bei Teigen, die Nüsse enthalten, können Sie anstatt Mehl auch gemahlene Mandeln oder Haselnüsse nehmen. Dies verleiht Boden und Rand eine Extraportion Geschmack und Struktur.

man nicht mehr als Butter, Eier, Mehl und einen Hauch
fertig ist der Klassiker zum Tee.

Klassische Kuchen

Zitrusfruchtkuchen

Den Ofen auf 180 °C vorheizen. Eine gefettete 23-cm-Springform mit Backpapier auskleiden. 250 g weiche Butter und 225 g Zucker cremig schlagen. 4 verquirlte Eier unterrühren, 250 g Mehl und 2 Teelöffel Backpulver sieben und einarbeiten. Den Teig in der Form 50 Minuten backen. Zur Garprobe in der Mitte einen Spieß einstechen. Er muss sauber bleiben. Inzwischen die Schale von je 4 unbehandelten Orangen, Limetten und Zitronen in dünnen Streifen (Zesten) abschälen. Den Saft der Früchte auspressen und mit 225 g Zucker bei mittlerer Hitze unter Rühren in 20 Minuten zu einem Sirup kochen. Die Zesten unterrühren, 1 Minute köcheln lassen und vom Herd nehmen. Den gesamten Kuchen in der Form mit einem Spieß einstechen und mit Sirup übergießen. Etwas Sirup und die Zesten zurückbehalten, auf dem abgekühlten Kuchen verteilen und diesen anrichten. Für 10 Personen.

Mini-Törtchen

Den Ofen auf 180 °C vorheizen. Ein 12er-Muffinblech mit Papierförmchen auskleiden. In einer Schüssel 175 g weiche Butter und 175 g Zucker hellgelb und schaumig schlagen. 3 Eier, 125 ml Milch und 1 Teelöffel natürliches Vanilleextrakt unterrühren. 175 g Mehl und 1½ Teelöffel Backpulver hineinsieben und unterziehen. Den Teig in die Formen füllen und 15–20 Minuten backen, bis die Küchlein goldgelb und fest sind. Die Muffins aus der Form lösen und auf einem Gitter abkühlen lassen. Anschließend mit Zuckerguss überziehen oder mit Schlagsahne und halbierten Erdbeeren garnieren und mit Puderzucker bestauben. Ergibt 12 Törtchen.

Orangen-Mohnkuchen

Den Ofen auf 180 °C vorheizen. Eine 23-cm-Springform ausbuttern und mit Backpapier auskleiden. In einer großen Schüssel 250 g weiche Butter und 225 g Zucker hellgelb und schaumig schlagen. 3 leicht verquirlte Eier, 2 Esslöffel Mohnsamen, 1 Esslöffel abgeriebene Orangenschale und 125 ml Milch zugeben und sorgfältig unterrühren. 250 g Mehl und 2 Teelöffel Backpulver in den Teig sieben und einarbeiten. Den Teig in die Form füllen und 1 Stunde backen. Zur Garprobe einen Spieß in der Mitte einstechen. Kommt er sauber wieder heraus, ist der Kuchen fertig. Aus der Form lösen und auf einem Gitter abkühlen lassen. Anschließend mit Orangenguss (s. S. 190) überziehen oder mit Puderzucker bestauben. Für 10 Personen.

Schokoladenkuchen

Den Ofen auf 180 °C vorheizen. Eine 23-cm-Springform ausbuttern und mit Backpapier auskleiden. In einer Schüssel 250 g weiche Butter und 225 g Zucker hellgelb und schaumig schlagen. 3 verquirlte Eier, 125 ml Milch und 1 Teelöffel natürliches Vanilleextrakt unterrühren. 4 Esslöffel dunklen Kakao, 70 g gemahlene Mandeln, 150 g Mehl und 1 Teelöffel Backpulver mischen, einarbeiten und den Teig in die vorbereitete Form füllen. Den Kuchen 45–50 Minuten backen. Zur Garprobe mit einem Spieß einstechen. Kommt er sauber wieder heraus, ist der Kuchen fertig. Den Kuchen aus der Form lösen und auf einem Gitter abkühlen lassen. Auf einer Platte anrichten und mit Schokoladenglasur (s. S. 190) überziehen. Für 10 Personen.

Aromatisiert, bunt eingefärbt unübersehbare Zeichen, dass

Zuckerguss

1 In einer Schüssel 125 g durchgesiebten Puderzucker und 1 Esslöffel weiche Butter verrühren und 1 Esslöffel Wasser, Zitronensaft oder Orangensaft untermengen.

2 Je nach gewünschter Konsistenz tröpfchenweise weitere Flüssigkeit zugeben. Für einen gefärbten Guss tröpfchenweise den Farbstoff einträufeln.

3 Den Zuckerguss mit einem Spatel oder einem Messer auf den Kuchen auftragen. Zum Glattstreichen den Spatel zuvor in warmes Wasser tauchen. Die Menge reicht für einen runden Kuchen von 23 cm Durchmesser oder für 12 kleine Törtchen.

Tipps & Tricks

- Lassen Sie das Gebäck immer erst vollständig abkühlen, bevor Sie es mit Zuckerguss überziehen. Müssen Sie es mangels Zeit im warmen Zustand glasieren, sollten Sie einen relativ dünnen Guss verwenden, den Sie einfach über den warmen Kuchen träufeln.

- Für einen cremigen, süßen Sahneüberzug 3 Esslöffel durchgesiebten Puderzucker mit 1 Teelöffel natürlichem Vanilleextrakt vermengen und unter 250 ml Crème double rühren (oder mit herkömmlicher Schlagsahne aufschlagen).

- Hier das Rezept für eine unwiderstehliche Schokoladenglasur: In einem kleinen Topf 200 g Bitterschokolade in 150 ml Sahne auf kleiner Flamme schmelzen. Sobald die Mischung glatt und cremig ist, vom Herd nehmen, etwas abkühlen lassen und lauwarm über einen Schokoladenkuchen ziehen.

oder schlicht und schnörkellos – Glasuren sind genussvolle Zeiten bevorstehen.

JACK

Kuchen & Gebäck verzieren

Ist Kuchen an sich schon eine Zier für jede Tafel, wäre es doch schade, die Gunst der Stunde nicht zu nutzen und sprichwörtlich noch eins draufzusetzen. Denn dazu bedarf es wenig mehr als Zucker und Sahne. Auf schönen Tellern ansprechend angerichtet und den Gästen präsentiert, lässt solches Gebäck gleich ein Raunen durch die Runde gehen.

Eine Verzierung kann schlicht sein wie ein einfacher Zuckerguss oder so aufwendig und effektvoll wie gezuckerte Blütenblätter oder kandierte Zitrusschalen. Falls das kunstvolle Kuchen-Styling nicht so Ihr Ding ist, können Sie Ihren Kuchen auch einfach mit Puderzucker oder Kakaopulver bestauben und mit Schlagsahne und frischen Früchten wie Beeren oder Steinobst servieren.

Funkelnd und schillernd

Kleine Törtchen ohne leuchtend bunten Überzug sind kaum vorstellbar. Sie schreien geradezu nach blühender Fantasie und bunten Farben. Gehen Sie mit Lebensmittelfarben jedoch sparsam um, sie entfalten ungeahnte Färbekraft. Es ist einfacher, einen Extratropfen unterzurühren, als einen knallbunten Zuckerguss auf ein erträgliches Maß zu verdünnen. Wenn Sie keine künstlichen Farbstoffe verwenden möchten, können Sie mit pürierten Beeren wie Himbeeren oder Erdbeeren ebenfalls schöne Effekte erzielen. Zitrusfarben lassen sich mit fein geriebener Orangen-, Zitronen- oder Limettenschale herstellen.

Gibt sich Ihre kreative Ader mit Farbe allein nicht zufrieden, sollten Sie sich auf den Weg ins nächste Konditoreifachgeschäft machen und ein Sortiment an fertigem Gebäckdekor erwerben. Von den Klassikern für Kinder wie Schokostreusel und Liebesperlen über silberne Kügelchen in allen Größen bis zu bunten Herzchen und Sternen, die Auswahl an Formen und Farben ist so groß, dass Sie sicher fündig werden.

Wenn Sie für Kinder verzieren, schauen Sie, was das Süßwarenregal an dekorativen Zuckerwaren bereithält, zeichnen Sie Smileys auf das Gebäck oder schreiben Sie mit einem dünnen Pinsel und Lebensmittelfarbe die Namen der Gäste in den Zuckerguss.

Ein süßer Anstrich

Es gibt viele Möglichkeiten, einen Kuchen mit ein bisschen Spektakel effektvoll in Szene zu setzen. Versuchen Sie, die dekorativen Elemente auf das abzustimmen, was unter dem Zuckerguss wartet. Bei einem einfachen Butter- oder einem Zitrusfruchtkuchen bietet sich ein schillernder Knäuel aus kandierten Orangen- und Zitronenzesten an. Zesten setzen nicht nur einen geschmacklichen Akzent, die pastellfarbenen Fäden sehen auch bezaubernd aus.

- Für kandierte Zitrusschalen die in feinen Streifen abgeschälten unbehandelten Schalen in einem Topf mit kaltem Wasser bedecken und bei starker Hitze aufkochen. Das Wasser abgießen, die Zesten mit frischem Wasser bedecken und diesen Vorgang zweimal wiederholen. In einem Topf 125 ml Wasser mit 115 g Zucker unter Rühren kochen, bis sich der Zucker aufgelöst hat. Die Hitze reduzieren, die abgetropften Zesten hineingeben und einige Minuten garen. Abtropfen lassen und in feinstem Zucker wenden. Die kandierten Zesten über Nacht auf einem Bett aus Zucker trocknen lassen.
- Soll das Dekor ganz nach Mädchengeschmack sein, kommt man an überzuckerten Blüten und Blättern kaum vorbei. Feinkostläden und Fachgeschäfte für Konditoreibedarf bieten oft kandierte Veilchen an, doch es macht auch Spaß, sie selbst herzustellen. Überzuckerte Rosenblätter machen sich besonders gut auf einem Butterkuchen. Einen Teelöffel Rosenwasser unter den Teig mischen, den Kuchen mit hellrosa Zuckerguss überziehen und die Rosenblätter darauf verteilen – perfekt für eine Babyparty oder einen Mädchengeburtstag à la Prinzessin Lillifee.
- Für überzuckerte Blütenblätter die kleinen Blätter von biologisch angebauten Rosen ablösen oder ganze Veilchen verwenden. 2 Eiweiß schaumig schlagen und die Blütenblätter mit einem Backpinsel von beiden Seiten damit bestreichen. Die Blätter in feinstem Zucker wenden, bis sie rundherum gut bedeckt sind, und über Nacht auf einem Zuckerbett trocknen lassen.
- Beeren kann man im Sommer gar nicht oft genug verwenden. Das gilt besonders in der Hochsaison, wenn überall die leuchtend roten, schwarzen und weißen Johannisbeeren auftauchen oder die kleinen, feinen Walderdbeeren. In Zucker getaucht und auf Kuchen oder Gebäck drapiert, wirken sie wie ein Häufchen mit Reif überzogener kleiner Juwelen.
- Für überzuckerte Beeren zunächst Zucker im Mixer mit echter Vanille oder Zitruszesten zu einem Pulver zermahlen. Die Beeren hineintauchen und zum Dekorieren verwenden.

Biskuit

1 Den Ofen auf 190 °C vorheizen. Den Boden einer Springform von 20 cm Durchmesser mit Backpapier auslegen. 2 Eier trennen. Die Eigelbe in einer Schüssel mit 115 g Zucker einige Minuten verschlagen. 2 Esslöffel warmes Wasser zugeben und weitere 8 Minuten schlagen, bis die Mischung hellgelb und luftig ist.

2 70 g Mehl und ½ Teelöffel Backpulver auf einen Teller sieben und dann löffelweise unter den Eierschaum heben.

3 In einer weiteren Schüssel die Eiweiße steif schlagen, bis sich weiche Spitzen bilden. Vorsichtig unter den Teig ziehen, in die Form füllen und 20 Minuten backen, bis der Biskuit beim Andrücken mit dem Finger zurückfedert. Den Kuchen mit einem Messer vom Formrand lösen, auf ein Gitter stürzen und abkühlen lassen. Nach Belieben mit Schlagsahne und Passionsfruchtmark garnieren und servieren. Ergibt 1 Kuchen von 20 cm Durchmesser.

Tipps & Tricks

- Ein gelungener Biskuit muss luftig und locker sein. Behandeln Sie daher den Teig beim Mischen der Zutaten so schonend und sanft, wie Sie nur können.
- Für eine mehrschichtige Biskuittorte verdoppeln Sie einfach die Rezeptmenge und backen die Böden in zwei separaten Formen.
- Falls Passionsfrüchte nicht erhältlich oder Ihr Geschmack sind, gibt es natürlich zig andere Möglichkeiten, einen Biskuit zu garnieren. Zum Beispiel können Sie ihn mit Erdbeerkonfitüre oder Zitronencreme *(lemon curd)* bestreichen und dann mit Schlagsahne bedecken oder zuerst die Sahne daraufgeben und anschließend reich mit frischen Beeren garnieren. Noch eine Möglichkeit: mit abgekühlter geschmolzener Schokolade überziehen und mit zerstoßenen Haselnüssen bestreuen.

Klassische Blechkuchen

Schokoladenkuchen vom Blech

Den Ofen auf 180 °C vorheizen. Eine quadratische Backform von 23 cm Kantenlänge ausbuttern und mit Backpapier auskleiden. In einem Topf 250 g Butter mit 300 g Zucker bei schwacher Hitze zerlassen. Sobald die Butter geschmolzen ist, rühren, bis sich auch der Zucker aufgelöst hat. Vom Herd nehmen. 90 g Kakaopulver, 4 Esslöffel Mehl und ½ Teelöffel Backpulver in eine große Schüssel sieben und 1 Prise Salz zugeben. In der Mitte eine Mulde bilden, die Zuckerbutter hineingießen und untermengen. 4 Eier einarbeiten, 125 g geröstete und gehackte Haselnüsse und 200 g gehackte Bitterschokolade oder Schokoladensplitter unterziehen. Den Teig in die Form gießen und 25–30 Minuten backen. In der Form abkühlen lassen, in Stücke schneiden und mit Kakao bestauben. Ergibt 20 Stücke.

Zitronenkuchen

Den Ofen auf 180 °C vorheizen. Eine 16 x 26 cm große Backform ausbuttern und mit Backpapier auskleiden. Für den Boden 125 g weiche Butter und 60 g gesiebten Puderzucker hellgelb und schaumig schlagen. 1 Teelöffel Vanilleextrakt untermengen, 175 g Mehl und 1½ Teelöffel Backpulver dazusieben und mit 1 Teelöffel abgeriebener Zitronenschale einarbeiten. Den Teig in die Form drücken und in 15 Minuten goldgelb backen. 90 g Mehl und ½ Teelöffel Backpulver in eine Schüssel sieben und 85 g gemahlene Mandeln zugeben. In einer weiteren Schüssel 3 Eier, 225 g feinsten Zucker, 185 ml Zitronensaft und 2 Esslöffel geriebene Zitronenschale verschlagen, mit den trockenen Zutaten verrühren und auf den Teigboden gießen. 20 Minuten backen, bis der Teig fest ist. In der Form abkühlen lassen, in Stücke schneiden und mit Puderzucker bestauben. Ergibt 18 Stücke.

Karamellkuchen

Den Ofen auf 180 °C vorheizen. Eine 16 x 26 cm große Backform ausbuttern und mit Backpapier auskleiden. Für den Boden in der Küchenmaschine 125 g Mehl, 90 g Butter und 3 Esslöffel feinsten Zucker zu einem Teig verarbeiten. In die Form drücken, mit einer Gabel mehrfach einstechen und in 15–18 Minuten goldgelb backen. In einem Topf 400 ml Kondensmilch, 1½ Esslöffel Butter und 2 Esslöffel hellen Zuckerrohrsirup *(golden syrup)* bei schwacher Hitze 10 Minuten rühren. Nicht aufkochen. Vom Herd nehmen und 10 Minuten abkühlen lassen. Den Karamell auf den vorgebackenen Teigboden gießen und 10 Minuten backen, bis er am Rand braun zu werden beginnt. Aus dem Ofen nehmen und in der Form abkühlen lassen. 150 g dunkle Schokolade schmelzen und auf dem erstarrten Karamell verstreichen. In Stücke schneiden. Ergibt 18 Stücke.

Kokoskuchen mit weißer Schokolade

Den Ofen auf 180 °C vorheizen. Eine 16 x 26 cm große Backform ausbuttern und mit Backpapier auskleiden. In einem Topf 125 g Butter und 150 g weiße Schokolade bei schwacher Hitze schmelzen. 175 g feinsten Zucker unterrühren und in eine große Schüssel gießen. 125 g Mehl, mit 1 Teelöffel Backpulver vermischt, und 90 g Kokosraspel unterrühren und 2 verquirlte Eier hinzufügen. Alles locker vermengen und 150 g frische Himbeeren unterziehen. Den Teig in die Form füllen und 40 Minuten backen, bis er fest ist. In der Form abkühlen lassen, in Stücke schneiden und mit Puderzucker bestauben. Ergibt 20 Stücke.

Meine Großtante hatte ein un-
dass sie just dann aus dem Ofen

Scones

1 Den Ofen auf 200 °C vorheizen. Ein Backblech mit Backpapier auslegen. 400 g Mehl in eine große Schüssel sieben. Eine großzügige Prise Salz, 3 Teelöffel Backpulver und 2 Esslöffel Zucker untermischen. Dann 85 g kalte Butterwürfel zugeben. Die Butter mit den Fingern in die anderen Zutaten reiben, bis eine krümelige Mischung entstanden ist.

2 In einer zweiten Schüssel 1 Teelöffel Zitronensaft mit 200 ml Milch und 2 Eiern verschlagen. In der Mitte der Butter-Mehl-Krümel eine Mulde bilden, die Milchmischung hineingießen und rühren, bis sich die Zutaten eben miteinander verbunden haben. Den Teig auf die bemehlte Arbeitsfläche legen und kurz kneten, bis er glatt ist.

3 Den Teig 3–4 cm dünn ausbreiten oder -rollen, mit einem runden Teigausstecher Kreise ausschneiden und auf das vorbereitete Blech legen. Die Scones in 12 Minuten goldgelb backen. Ergibt 15 Stück.

Tipps & Tricks

- Scones sollten unbedingt frisch aus dem Ofen genossen werden. Wenn Sie Gäste erwarten, bereiten Sie die trockenen und flüssigen Zutaten im Voraus zu. Unmittelbar, bevor sie eintreffen, verarbeiten Sie beide Mischungen zu einem Teig, stechen die Scones aus und schieben sie in den Ofen. Wenn schließlich alle am Tisch sitzen und der Tee oder Kaffee zubereitet ist, sollten auch die Scones fertig sein.

- Für Käse-Scones ersetzen Sie den Zucker durch ½ Teelöffel Paprikapulver und 60 g geriebenen Cheddar. Ebenfalls einen Versuch wert sind Kräuter-Scones mit frisch gemahlenem schwarzem Pfeffer und Schnittlauch oder Dill. Sie schmecken hervorragend zu Räucherlachs und Sauerrahm.

glaubliches Händchen, ihre Scones so zu timen, kamen, wenn die Gäste in die Stube stolperten.

Klassisches Gebäck

Melting Moments

Den Ofen auf 170 °C vorheizen. Ein Backblech mit Backpapier auslegen. 250 g weiche Butter, 1 Teelöffel Vanilleextrakt und 60 g Puderzucker schaumig rühren. 175 g Mehl und 60 g Maisstärke in eine Schüssel sieben und in zwei Portionen unter die Buttermasse mischen. Jeweils 2 Teelöffel Teig pro Plätzchen zu Kugeln formen und im Abstand von 3 cm auf das Blech legen. Die Kugeln mit einer Gabel leicht abflachen. Ist der Teig etwas klebrig, die Hände mit Mehl bestauben. Die Plätzchen im Ofen in 12–15 Minuten goldgelb backen. Auf dem Blech kurz abkühlen und dann auf einem Gitter erkalten lassen. 85 g weiche Butter, 85 g Puderzucker und 1 Teelöffel passierten Passionsfruchtsaft verrühren. Je zwei Plätzchen mit etwas Creme aufeinandersetzen und luftdicht verschlossen lagern. Ergibt 24 Stück.

Anzac-Kekse

Den Ofen auf 180 °C vorheizen. Ein Backblech mit Backpapier auslegen. 125 g Mehl in eine große Schüssel sieben und 100 g Haferflocken, 90 g Kokosraspel, 225 g Zucker und 1 Prise Salz zugeben. In einem Topf 125 g Butter mit 3 Esslöffeln hellem Zuckerrohrsirup *(golden syrup)* bei schwacher Hitze unter Rühren zerlassen. In einer Tasse 1 Teelöffel Natron in 2 Esslöffeln heißem Wasser auflösen, in die zerlassene Butter gießen (sie beginnt zu schäumen) und dann zu den trockenen Zutaten geben. Alles miteinander verrühren und löffelweise auf das vorbereitete Blech geben. Zwischen den Keksen Platz lassen, da sie etwas zerlaufen. In 12–15 Minuten goldbraun backen, auf einem Gitter abkühlen lassen und luftdicht verschlossen lagern. Ergibt 30 Stück.

Florentiner

Den Ofen auf 180 °C vorheizen. Zwei Backbleche mit Backpapier bedecken. In einer Schüssel 2 Esslöffel fein gehackte Rosinen, 2 Esslöffel fein gehackten kandierten Ingwer und 100 g Mandelblättchen vermengen. In einem Topf 100 g Butter und 100 g Zucker bei schwacher Hitze zerlassen; sobald sich der Zucker aufgelöst hat, bei starker Hitze 1 Minute aufschäumen. Heiß über die Rosinen und Mandeln gießen und rasch unterrühren. Die Mischung teelöffelweise auf die Bleche geben, dabei großzügig Zwischenraum lassen. Die Florentiner 10 Minuten backen, auf dem Blech 5 Minuten abkühlen lassen, vorsichtig ablösen und zum vollständigen Abkühlen auf ein Gitter heben. 100 g dunkle Schokolade schmelzen und die Unterseite der Florentiner damit bestreichen. Innerhalb von 2–3 Tagen verbrauchen. Ergibt 20 Stück.

Chocolate-Chip-Cookies

Den Ofen auf 180 °C vorheizen. Ein Backblech mit Backpapier auslegen. In einer Schüssel 125 g weiche Butter und 175 g braunen Zucker schaumig schlagen. 1 Teelöffel natürliches Vanilleextrakt, 1 Esslöffel Milch und 1 verquirltes Ei zugeben und grob untermengen. 175 g Mehl mit 1 Teelöffel Backpulver durchsieben, behutsam unterheben und 275 g dunkle Schokoladentröpfchen einarbeiten. Gehäufte Esslöffel Teig auf das Blech geben – zwischen den Cookies 3 cm Platz lassen – und 15 Minuten backen. Auf einem Gitter abkühlen lassen und luftdicht verschlossen lagern. Ergibt 20 Stück.

Teestunde

Der Nachmittagstee mit Gästen scheint mehr und mehr aus der Mode zu kommen. Dabei spricht nichts dagegen, sich selbst und Freunde ab und zu mit Kuchen und Feingebäck oder auch mit Sandwiches zu verwöhnen.

Für eine Teatime, die diesen Namen verdient, gehören Teetassen, Teekanne, Milchkännchen, Servietten und kleine Teller zur Grundausstattung. Doch muss man sich deswegen nicht in Unkosten stürzen. Zwar spricht nichts gegen schlicht weißes Design, doch wenn es um Tee und Kuchen geht, darf es für meinen Geschmack ruhig ein bisschen bunt zugehen. Stöbern Sie in Secondhand-Läden oder auf Flohmärkten, dort finden Sie Teetassen und Zubehör von ganz eigenem Charme. Mischen Sie zum Beispiel die flippigen Fünfziger mit Golddekor oder Blümchenmuster und schlichte Sechziger-Eleganz. Erfreuen Sie sich an Farben und Ornamenten, an Etageren und buntem Glas, an silbernen Teelöffeln und Kuchengabeln.

Ein Tässchen Tee gefällig?

Den Tee nicht zu vergessen! Es gibt so viele interessante Sorten, finden Sie heraus, welche Ihnen am besten schmecken. Stimmen Sie Tee und Gebäck aufeinander ab. Reichen Sie beispielsweise zu Zitronenkuchen einen Earl Grey oder zu Scones mit Erdbeerkonfitüre eine mit Beerenfrüchten aromatisierte Sorte.

Wenn Sie ganz traditionell einen schwarzen Tee servieren, denken Sie daran: Ein guter Tee macht sich nicht von selbst. Kaltes Wasser zum Kochen bringen. Zum Wärmen der Teekanne etwas heißes Wasser einfüllen und kurz darin schwenken. Das Wasser ausgießen und den Tee hineingeben – pro Person einen Teelöffel Tee und einen Extralöffel für die Kanne. Mit kochendem Wasser auffüllen und 5 Minuten ziehen lassen. Den Tee mit einem Kännchen Milch, einem Krug heißem Wasser und mit Zitronenscheiben servieren.

Falls Sie lieber Kaffee trinken, verwenden Sie grundsätzlich frisch gemahlene Bohnen. Guter Kaffee steht und fällt mit einem kräftigen Aroma, daher empfiehlt es sich, einen starken – nicht bitteren – Kaffee aufzubrühen, dem die Gäste selbst warme Milch, heißes Wasser oder Zucker zumischen können. Zu schokoladenhaltigem Gebäck oder Gewürzkuchen machen sich ein, zwei Kardamomkapseln im Kaffee sehr gut – sie sorgen für einen Hauch von Orient.

Natürlich muss es zur Teestunde nicht immer Tee oder Kaffee sein, auch andere heiße Aufgussgetränke bieten viele schmackhafte Möglichkeiten, die für Abwechslung sorgen.

- 2 Stängel Zitronengras grob hacken und in einen großen Glaskrug oder in eine Teekanne geben. Mit kochendem Wasser auffüllen und 5 Minuten ziehen lassen. Wenn Sie mögen und es zu den Speisen passt, können Sie noch etwas Ingwer zufügen. Nach Belieben mit Honig süßen.
- Eine große Handvoll frische Minze mit 1 Zimtstange und 1 Teelöffel Zucker in eine Kanne geben, mit kochendem Wasser auffüllen und 5 Minuten ziehen lassen. In Gläser gießen, mit Minze garnieren und servieren.

Eine kleine Erfrischung gefällig?

Wenn es draußen heiß ist und Ihnen der Sinn nach etwas Erfrischendem steht, liegen sie mit Lassi, Limonade und selbst gemachtem Fruchtsirup richtig.

- Lassi ist ein gekühlter Joghurtdrink, für den frische Früchte mit Joghurt püriert werden. Noch einige Eiswürfel hinein, fertig. Lassen Sie sich von den saisonalen Früchten inspirieren – Mangos, Passionsfrüchte, Steinobst, Beeren …
- Eisgekühlte Limonade kommt immer gut an. Rezepte für Mandelbrause und Rosenblütenlimonade finden Sie im Kapitel Geliebte Leibspeisen auf den Seiten 90 und 91. Ist Ihnen eher nach Zitronenlimonade, dann tun Sie Folgendes: Den Saft von 6 Zitronen mit 4 Esslöffeln Zucker in einem Topf zum Kochen bringen. Rühren, bis sich der Zucker aufgelöst hat. Abkühlen lassen und 3 Teelöffel Rosenblütenwasser unterrühren. Zum Servieren mit kohlensäurehaltigem Wasser auffüllen. Der Sirup reicht für etwa acht Gläser.
- Selbst gemachter Fruchtsirup ist eine glänzende Art, Geschmack ins Glas zu bringen. Bereiten Sie ihn im Voraus zu und stellen Sie ihn bis zur Verwendung kalt. Versuchen Sie, ein paar schöne Flaschen zum Abfüllen und Servieren aufzutreiben. Dann einfach gekühlte Gläser, bunte Strohhalme und Mineralwasser dazustellen.
- Für Himbeersirup 250 g Himbeeren und 225 g Zucker in einem Topf mit 800 ml Wasser zum Kochen bringen und dann auf kleiner Flamme 30 Minuten köcheln. Abkühlen lassen. Zum Servieren etwas Sirup mit Mineralwasser auffüllen.

Mixgetränke

Greyhound

3 Esslöffel Wodka, 100 ml Grapefruitsaft und 1 Spritzer Triple Sec oder anderen Orangenlikör in ein hohes Glas geben. Umrühren, mit Eis auffüllen und servieren. (Dieser Drink lässt sich auch gut in einem großen Krug servieren. Die Menge einfach entsprechend erhöhen.) Für 1 Person.

Sorbet mit Wodka

6 Esslöffel Früchtesorbet in 6 eisgekühlte Schnapsgläser geben und mit je 1 Esslöffel Wodka übergießen. Sofort servieren. Für 6 Personen.

Erdbeer-Rhabarber-Chiller mit weißem Rum

125 ml Rhabarberkompott (Seite 27), 6 Erdbeeren, 3 Esslöffel weißen Rum, 1 Teelöffel natürliches Vanilleextrakt und 8 Eiswürfel im Mixer pürieren, bis die Mischung glatt ist. In gekühlte Gläser füllen und nach Belieben mit kleinen Erdbeeren garnieren. Für 2 Personen.

Joghurt- Zitronen-Shake

125 g Joghurt, 3 Esslöffel Sahne, 2 Esslöffel Zucker, 2 Esslöffel Zitronensaft, ½ Teelöffel natürliches Vanilleextrakt und 6 Eiswürfel im Mixer pürieren, bis die Mischung glatt ist. In Gläser füllen und mit geriebener Muskatnuss bestreut servieren. Für 2 Personen.

Mixgetränke

Gin Fizz

Etwas Eis in einen Cocktail-Shaker füllen, 3 Esslöffel Gin, 1 Esslöffel Zitronensaft, 1 Teelöffel feinsten Zucker und 1 Spritzer Eiweiß zugeben und kräftig schütteln. In ein gekühltes Glas gießen, mit Soda auffüllen und servieren. Für 1 Person.

Mint Julep

1½ Teelöffel Zucker, 6 Minzeblätter und 1 Schuss Wasser in ein Glas geben. Die Zutaten mit einem Holzstößel oder dem Stiel eines Holzlöffels zerstoßen, bis sich der Zucker aufgelöst hat und die Minze zerrieben ist. Das Glas mit zerstoßenem Eis füllen und 80 ml Whiskey zugießen. Gut umrühren und für 30 Minuten in den Gefrierschrank stellen. Mit frischer Minze garnieren und mit einem Strohhalm servieren.
Für 1 Person.

Genau das Richtige für einen kleinen Schwips an

Wodka Zitrone

3 Esslöffel Zitronenwodka (Absolut Citron), 3 Esslöffel Zuckersirup (s. S. 229) und 2 Esslöffel Zitronensaft in einen Cocktail-Shaker geben. Kräftig schütteln und über Eis in ein Highball-Glas füllen. Mit reichlich geriebener Zitronenschale und mit einem Streifen Zitronenschale garnieren.
Für 1 Person.

Long Island Eistee

Je 1½ Esslöffel Wodka, Gin, Rum, Tequila, Triple Sec und Zitronensaft mit 8 Eiswürfeln in einen Cocktail-Shaker geben und kräftig schütteln. Über Eis in hohe gekühlte Gläser füllen und etwas Cola zugießen, um den Drink wie Eistee einzufärben. Mit Zitronenspalten garnieren. Für 2 Personen.

einem warmen Sommernachmittag.

Teatimerezepte

Zeit finden für ein paar

Marmeladenplätzchen

für Blechkuchen und Früchte-Tartes

kunterbunte Cremetörtchen

zartschmelzende Schokoladenglasur

und funkelnde Perlen

... Sie haben es sich verdient!

Shortbread

175 g Mehl
125 g Reismehl
Meersalz
200 g weiche Butter
4 EL feinster Zucker, plus 2 EL zum Bestreuen
2 TL fein gehackte unbehandelte Zitronenschale

Den Ofen auf 190 °C vorheizen. Ein Backblech von 30 × 20 cm fetten und mit Backpapier auslegen. Die Mehle und 1 Prise Salz in eine Schüssel sieben. Die Butter mit dem Zucker hellgelb und schaumig rühren. Die Mehle rasch unterziehen, bis alles eben vermengt ist.

Den Teig gleichmäßig auf das Blech drücken, mit einer Gabel mehrfach einstechen und mit einem scharfen Messer Quadrate von 3 cm Kantenlänge vorzeichnen. 5 Minuten backen. Die Temperatur auf 150 °C reduzieren und den Teig in weiteren 15–20 Minuten hellgelb backen.

Das Shortbread mit der Zitronenschale bestreuen und noch 5 Minuten backen. Herausnehmen, sofort mit dem Zucker bestreuen, in die markierten Stücke schneiden und auf einem Gitter abkühlen lassen. Ergibt 60 Stück.

Maronentörtchen mit Zuckerguss

6 Eier
150 g feinster Zucker
400 g Maronenpüree aus der Dose
175 g gemahlene Mandeln
1 TL Backpulver
1 Rezeptmenge Zuckerguss mit Zitrone (s. S. 190)

Den Ofen auf 180 °C vorheizen. Die Eier schaumig schlagen. Den Zucker und das Maronenpüree zugeben und 1 Minute unterschlagen. Die gemahlenen Mandeln und das Backpulver unterrühren.

Den Teig in ein gefettetes 12er-Muffinblech oder in Papierbackförmchen füllen und 20 Minuten backen. Die Törtchen aus der Form lösen, abkühlen lassen und anschließend mit Zuckerguss überziehen. Ergibt 12 Stück.

Mandel-Pinienkern-Kuchen

2 unbehandelte Mandarinen
250 g Mandelkerne
300 g Zucker
½ Teelöffel gemahlener Zimt
8 Eiweiß
Meersalz
85 g Mehl, gesiebt
4 EL Pinienkerne
3 EL Süßwein oder Orangenlikör
Puderzucker

Den Ofen auf 180 °C vorheizen. Eine 20-cm-Springform ausbuttern. 1 Mandarine dünn schälen und die Schale fein hacken. 3 Esslöffel der Schale mit den Mandeln, dem Zucker und dem Zimt im Mixer fein zermahlen. Die Eiweiße mit 1 Prise Salz steif schlagen. Die Mandelmischung locker unterziehen, dann das Mehl unterheben. Den Teig in die Form füllen, mit den Pinienkernen bestreuen und 1 Stunde backen. Zur Garprobe in der Mitte einen Spieß hineinstechen. Kommt er sauber wieder heraus, ist der Kuchen fertig. Abkühlen lassen.

Den Kuchen mit Süßwein oder Likör übergießen und mit Puderzucker bestauben. Die Mandarinen mit einem scharfen Messer vorsichtig filetieren und die Fruchtfilets neben dem Kuchen anrichten. Für 8 Personen.

Zimtplätzchen mit Konfitüre

90 g Mehl
½ Teelöffel Backpulver
1 TL gemahlener Zimt
3 EL Reismehl
70 g weiche Butter
4 EL Zucker
1 Ei, verquirlt
Beerenkonfitüre

Den Ofen auf 180 °C vorheizen. Das Mehl, das Backpulver, den Zimt und das Reismehl in eine Schüssel sieben. In einer weiteren Schüssel die Butter und den Zucker schaumig rühren. Das Ei kräftig unterschlagen, dann die gesiebten Zutaten grob unterrühren. Je 1 Teelöffel Teig zu einer Kugel formen und auf ein mit Backpapier bedecktes Blech legen. In die Mitte jeder Teigkugel eine Mulde drücken und etwas Konfitüre hineingeben. Im Ofen in 8–10 Minuten goldbraun backen. Ergibt 36 Stück.

Ananaskuchen

Zitronen-Kokos-Tarte

Ananaskuchen

300 g feinster Zucker
175 g Kokosraspel
250 ml Kokosmilch
280 g frische Ananas, gewürfelt
4 Eier
250 g Mehl
2 TL Backpulver
1 EL weiche Butter
125 g Puderzucker, gesiebt
2 EL Limettensaft

Den Ofen auf 180 °C vorheizen. Eine 24-cm-Springform ausbuttern und mit Backpapier auskleiden. Den Zucker, die Kokosraspel, die Kokosmilch, die Ananaswürfel und die Eier in einer großen Schüssel verrühren. Das Mehl und das Backpulver hineinsieben und unterheben. Den Teig in die Form füllen und 1 Stunde backen.

In einer Schüssel Butter und Puderzucker verschlagen, bis sie sich vollständig miteinander verbunden haben. Langsam den Limettensaft unterrühren, bis der Zuckerguss glatt und fließfähig ist.

Den Kuchen in der Mitte mit einem Spieß einstechen. Kommt er sauber wieder heraus, ist er fertig. Aus der Form lösen, abkühlen lassen und mit dem Limettenguss überziehen. Für 8 Personen.

Zitronen-Kokos-Tarte

125 g weiche Butter
350 g Zucker
4 große Eier
150 g Joghurt
1 TL natürliches Vanilleextrakt
3 EL Zitronensaft
2 EL unbehandelte Zitronenzesten
90 g Kokosraspel
1 vorgebackener Mürbeteigboden von 25 cm Durchmesser (s. S. 78)
Puderzucker zum Bestauben
Schlagsahne oder Eiscreme zum Servieren

Den Ofen auf 180 °C vorheizen. Die Butter und den Zucker hellgelb und cremig schlagen. Einzeln die Eier hineinschlagen und unterrühren. Als Nächstes den Joghurt, die Vanille, den Zitronensaft und die -zesten einarbeiten. Die Kokosraspel unterheben und die Mischung in den vorgebackenen Teigboden füllen.

Die Tarte 30 Minuten backen, bis die Füllung goldgelb und aufgegangen ist. Mit Puderzucker bestauben und warm mit Schlagsahne oder Eiscreme servieren. Für 8 Personen.

Feigentarte

6 Feigen
1 vorgebackener Mürbeteigboden von 25 cm Durchmesser (s. S. 78)
3 Eier
175 g Zucker
3 EL Mehl
175 g Butter

Den Ofen auf 180 °C vorheizen. Die Feigen vierteln und mit dem Fruchtfleisch nach oben in den vorgebackenen Teigboden legen.

Die Eier und den Zucker in einer Schüssel hellgelb und schaumig schlagen, dann das Mehl unterrühren. Die Butter in einem Topf bei starker Hitze zerlassen. Sobald sie zu schäumen und goldbraun zu werden beginnt, unter Rühren in die Eiermasse gießen und noch 1 Minute weiterschlagen. Die Masse über die Feigen in den Teigboden gießen und 25 Minuten im Ofen backen, bis sie goldbraun ist. Vor dem Servieren abkühlen lassen. Für 8 Personen.

Feigentarte

Limetten-Madeleines

2 Eier
3 EL Zucker, plus Zucker zum Bestreuen
½ TL fein gehackte unbehandelte Limettenschale
Meersalz
60 g Mehl
50 g Butter, zerlassen
1 TL Limettensaft
½ TL Orangenblütenwasser

Den Ofen auf 200 °C vorheizen. In einer Schüssel die Eier, den Zucker, die Limettenschale und 1 Prise Salz zu einer cremigen, hellgelben Masse schlagen. Das Mehl dazusieben und locker unterheben. Vorsichtig die Butter, den Limettensaft und das Orangenblütenwasser unterziehen.

Ein Madeleine-Blech einfetten und 1 Teelöffel Teig in jede Mulde geben. Ersatzweise eignet sich dafür auch ein flaches Muffin-Blech. Die Madeleines 5 Minuten backen, auf ein Gitter stürzen und mit Zucker bestreuen. Mit dem restlichen Teig zwei weitere Bleche backen. Ergibt 36 Stück.

Nektarinen-Mandel-Kuchen

3 Eier
125 ml Milch
250 g Zucker
250 g Mehl
2 TL Backpulver
1 TL natürliches Vanilleextrakt
8 Nektarinen
50 g gemahlene Mandeln
2 EL Butter

Den Ofen auf 180 °C vorheizen. Eine 23-cm-Springform ausbuttern und mit Backpapier auskleiden. Die Eier, die Milch, den Zucker, das Mehl, das Backpulver und die Vanille in der Küchenmaschine zu einem dicken Teig verarbeiten und in eine Schüssel füllen. Die Nektarinen in je acht Spalten schneiden und unter den Teig ziehen.

Den Teig in die Form füllen, mit den Mandeln bestreuen und die Butter in Flöckchen darauf verteilen. Den Kuchen 40 Minuten backen. Zur Garprobe die Mitte mit einem Spieß einstechen. Klebt beim Herausziehen kein Teig daran, ist der Kuchen fertig. Aus der Form lösen und abkühlen lassen. Für 8 Personen.

Quittentorteletts mit Rosenwasser

90 g Quittenpaste
4 EL Orangensaft
115 g Mascarpone
½ TL Rosenblütenwasser
2 TL Puderzucker
1 EL gemahlene Mandeln
12 vorgebackene kleine Torteletts (s. S. 78)

Die Quittenpaste mit dem Orangensaft in eine hitzebeständige Schüssel geben und im heißen Wasserbad auflösen. Gut umrühren, aus dem Wasserbad nehmen und abkühlen lassen.

Den Mascarpone mit dem Rosenblütenwasser, dem Puderzucker und den gemahlenen Mandeln verrühren. Die Mascarpone-Creme in die Tortelett-Böden füllen und mit der abgekühlten Quittenpaste überziehen. Ergibt 12 Torteletts.

Englische Treacle-Torteletts

50 g Kokosraspel
125 ml heller Zuckerrohrsirup (golden syrup)
¼ TL gemahlener Kardamom
1 EL Limettensaft
2 TL fein gehackte unbehandelte Limettenschale
1 Eigelb, verquirlt
24 vorgebackene kleine Tortelett-Böden (s. S. 78)
Puderzucker zum Bestauben

Den Ofen auf 180 °C vorheizen. Sämtliche Zutaten bis auf die Tortelett-Böden und den Puderzucker in einer Schüssel gründlich verrühren. Die Masse auf die Tortelett-Böden verteilen und 10 Minuten backen. Auf einem Gitter abkühlen lassen. Vor dem Servieren mit Puderzucker bestauben. Ergibt 24 Torteletts.

Zum Tee muss es nicht buttrig schwer zugehen …
… unwiderstehlich – und wie geschaffen für ein Tee-

Himbeerkuchen

auch Himbeerkuchen oder Polenta-Madeleines sind stündchen im Garten.

Polenta-Madeleines mit Salbei

Himbeerkuchen

300 g tiefgefrorene Himbeeren
250 g Mehl
2 TL Backpulver
¼ TL Salz
125 g weiche Butter
225 g Zucker
3 Eier, leicht verquirlt
250 g Sauerrahm
1 EL Butter, zerlassen
125 g Puderzucker, gesiebt

Den Ofen auf 180 °C vorheizen. Eine 23-cm-Springform fetten und mit Backpapier auskleiden. Die gefrorenen Himbeeren in einer Schüssel grob zerstoßen. 1 Esslöffel Himbeersaft abnehmen und für den Zuckerguss in eine zweite Schüssel geben.

Das Mehl, das Backpulver und das Salz sieben. Die Butter und den Zucker hellgelb und cremig rühren; die Eier unterschlagen. Nach und nach abwechselnd die gesiebten Zutaten und den Sauerrahm einarbeiten und vor jeder Zugabe sorgfältig untermischen. Ein Drittel des Teigs in die Form füllen und die Hälfte der Himbeeren darauf verteilen. Ein weiteres Drittel Teig darüberschichten, mit den restlichen Beeren bedecken und mit dem übrigen Teig abschließen. Den Kuchen 50 Minuten backen. Zur Garprobe mit einem Spieß einstechen. Er muss sauber wieder herauskommen. In der Form abkühlen lassen, dann herauslösen.

Für den Zuckerguss die zerlassene Butter mit dem Himbeersaft verrühren. Langsam den Puderzucker unterrühren, bis der Guss glatt und zähfließend ist. Über den Kuchen ziehen. Für 10 Personen.

Polenta-Madeleines mit Salbei

150 g weiche Butter
2 TL Zucker
2 Eigelb
2 Eier
4 EL Mehl
4 EL feiner Polentagrieß
1¼ TL Backpulver
Meersalz, schwarzer Pfeffer, grob gemahlen
24 kleine Salbeiblätter

Den Ofen auf 180 °C vorheizen.

In einem kleinen Topf 1½ Esslöffel Butter bei starker Hitze aufschäumen, bis sie braun zu werden beginnt. Beiseitestellen. Die restliche Butter mit dem Zucker hellgelb und cremig rühren. Nach und nach die Eigelbe und die Eier zugeben und vor jeder weiteren Zugabe vollständig einarbeiten. Behutsam die trockenen Zutaten sowie je 1¼ Teelöffel Salz und Pfeffer unterheben.

Eine Madeleine-Form mit der braunen Butter fetten, je 1 Salbeiblatt in die Mulden legen und mit 1 Teelöffel Teig bedecken. Falls Sie keine Madeleine-Form haben, verwenden Sie ein flaches Muffin-Blech. Die Madeleines 7–10 Minuten backen, bis sie leuchtend gelb sind und sich elastisch anfühlen. Auf ein Gitter stürzen und abkühlen lassen. Ergibt 24 Stück.

Birnentarte mit Kardamom

175 g gemahlene Mandeln
115 g Butter
125 g feiner Zucker
3 Eier
½ TL gemahlener Kardamom
3 TL Kakaopulver
1 vorgebackener Mürbeteigboden
von 25 cm Durchmesser (s. S. 78)
2 reife Birnen (vorzugsweise Kaiser Alexander)

Den Ofen auf 180 °C vorheizen. Die Mandeln, die Butter, den Zucker bis auf 2 Esslöffel, die Eier, den Kardamom und den Kakao in der Küchenmaschine zu einer dicken Paste verarbeiten und in dem vorgebackenen Teigboden gleichmäßig verstreichen.

Die Birnen vierteln, vom Kerngehäuse befreien und in dicke Spalten schneiden. Rosettenförmig auf die Masse im Teigboden legen und 20 Minuten backen.

Die Tarte aus dem Ofen nehmen, mit dem restlichen Zucker bestreuen und weitere 10 Minuten backen. Die Füllung sollte in der Mitte fest sein. Etwas abkühlen lassen und dann auf einer Platte anrichten. Für 8 Personen.

Birnentarte mit Kardamom →

Schokoladenkekse

150 g Mehl
2 EL Kakaopulver, plus Kakaopulver zum Bestauben
1 TL Backpulver
¾ TL Meersalz
100 g Butter
275 g Bitterschokolade
115 g Zucker
2 Eier
2 EL Sahne

Das Mehl, das Kakaopulver, das Backpulver und das Salz sieben. Die Butter und 175 g Schokolade in einer hitzebeständigen Schüssel auf einen Topf mit kochendem Wasser setzen. Unter Rühren schmelzen. Vom Wasserbad nehmen und den Zucker unter Rühren darin auflösen. Nacheinander die Eier einarbeiten. Die trockenen Zutaten untermischen und den Teig 20 Minuten kalt stellen, damit er fest wird.

Für die Schokocreme die restliche Schokolade mit der Sahne in einer hitzebeständigen Schüssel über dem heißen Wasserbad unter Rühren auflösen; abkühlen lassen.

Den Ofen auf 180 °C vorheizen. Den Teig in einen Spritzbeutel mit Lochtülle füllen und auf ein mit Backpapier ausgelegtes Blech kleine Häufchen spritzen. Im Ofen 5–7 Minuten backen, etwas abkühlen lassen und auf ein Gitter setzen.

Je zwei Kekse mit Schokocreme zusammensetzen, mit Kakaopulver bestauben und dicht verschlossen aufbewahren. Ergibt 40 Stück.

Üppiger Schokoladenkuchen

200 g Bitterschokolade
250 g Butter
375 ml starker Kaffee
400 g Zucker
175 g Mehl
1 TL Backpulver
3 EL Kakaopulver
2 Eier
2 TL natürliches Vanilleextrakt
1 Rezeptmenge Schokoladenglasur (s. S. 190)
Schlagsahne oder Vanilleeis (s. S. 353) zum Servieren

Den Ofen auf 180 °C vorheizen. Eine 25-cm-Springform fetten und mit Backpapier auskleiden. Die Schokolade mit der Butter und dem Kaffee in einem Topf bei schwacher Hitze unter Rühren schmelzen. Den Zucker unter Rühren darin auflösen. Die Mischung in eine Schüssel gießen, Mehl, Backpulver und Kakao mischen und unterrühren. Dann die Eier und die Vanille gründlich unterschlagen. Den Teig in die Form füllen und 1 Stunde backen. Den Kuchen in der Form abkühlen lassen, herauslösen und mit Schokoladenglasur überziehen. Mit Schlagsahne oder Vanilleeis servieren. Für 10 Personen.

Schoko-Torteletts

150 g Butter
200 g Bitterschokolade
3 Eigelb
2 Eier
3 EL Zucker
2 EL Tia Maria (Kaffeelikör)
6 vorgebackene kleine Mürbeteigböden (s. S. 78)
Kakaopulver zum Bestauben

Den Ofen auf 180 °C vorheizen. Die Butter und die Schokolade in einem Topf bei ganz schwacher Hitze schmelzen. Die Eigelbe, die Eier und den Zucker hellgelb und schaumig schlagen. Die Schokoladenbutter und den Tia Maria zugießen und 1 Minute unterschlagen. Die Masse in die Teigböden füllen und 5 Minuten backen.

Die Torteletts 1 Stunde abkühlen lassen, mit Kakaopulver bestauben und nach Belieben mit Schlagsahne, frischen Beeren oder Himbeersauce servieren. Die Rezeptmenge reicht für eine 25-cm-Springform, falls Sie eine große Tarte bevorzugen. Für 6 Personen.

Eiscreme-Trifles mit Lokum

250 g Himbeeren oder Erdbeeren
6 Würfel Lokum
12 einfache Schokoladenkekse
6 Kugeln Vanilleeis
85 g blanchierte Mandeln, geröstet

Die Beeren pürieren und beiseitestellen. Jeden Würfel Lokum in acht kleine Würfel schneiden. Die Schokoladenkekse in kleine Stücke zerbrechen. Das Eis, die Kekse, den Lokum und die Mandeln in sechs gekühlte Eisbecher oder Gläser schichten und mit der Beerensauce übergießen. Sofort servieren. Für 6 Personen.

Cocktails

Cocktails sind für viele mit besonderen Anlässen verbunden. Doch wir sollten unsere Devise – einfach, einfach und noch mal einfach – nicht aus dem Auge verlieren. Statt sich den ganzen Abend um den Räucherlachs zu sorgen, sollten Sie sich wie ein Gast auf Ihrer Party fühlen.

Cocktailideen

Zitronenschnitze und Orangenkringel

raffinierte Kanapees

gedünstet und frittiert

gewürzt und mariniert

Drinks – geschüttelt und gerührt

und die perfekt platzierte Olive

Cocktails

Bei Cocktails denkt man an süffige Drinks und coolen Genuss – laden Sie ruhig mal Ihre Freunde ein und bearbeiten Sie sie mit ein paar spritzigen Mischungen. Ob Eigenkreation oder klassischer Martini, ob Manhattan oder Mai Tai, man sollte die Auswahl auf ein oder zwei gut gemachte Drinks beschränken. Es lohnt sich, etwas Mühe in die Organisation zu stecken … aber nicht die komplette Cocktailkarte durchprobieren, bevor die Gäste kommen!

Der perfekte Gastgeber

Wenn Sie es ernst meinen mit Ihrem Cocktailabend, kommen Sie an einer gewissen Grundausstattung für die Bar nicht vorbei. Soda, Tonic, Ginger Ale, Zuckersirup, eine kleine Flasche Angostura sowie frische Zitronen und Limetten sollten bereitstehen. Und natürlich benötigen Sie einige Spirituosen wie Gin, Wodka, Weinbrand, Cointreau, trockenen und süßen Wermut, Tequila, Campari, Whiskey sowie weißen, goldenen und braunen Rum. Da die meisten Cocktails einzeln zubereitet werden, ist eine gute Vorarbeit das A und O.

Ein Cocktail-Shaker ist nicht wesentlich, aber nützlich. In ihm verbindet man nicht nur die Zutaten miteinander, sondern kühlt auch den Alkohol. In Ermangelung eines Shakers behelfen Sie sich mit einem großen Glas oder einem kleinen Krug: Reichlich Eis einfüllen, die Cocktailzutaten zugeben und gründlich verrühren, bis das Glas von außen leicht beschlägt. Anschließend in ein Glas abseihen und sofort servieren.

Ein Cocktail steht und fällt mit der perfekten Balance der Aromen. Für das richtige Mengenverhältnis der Zutaten ist ein doppelseitiges Barmaß, Jigger genannt, eine sinnvolle Anschaffung. Cocktaillöffel mit ihren langen, wie Korkenzieher gewundenen Stielen sind ideal zum Rühren und zum behutsamen Schichten von Hochprozentigem. Hölzerne Stößel dienen vor allem zum Zerstoßen von Eis, Limetten und Minze. Der Griff eines Holzlöffels erledigt die Arbeit aber ebenso gut.

Ausreichend Eis ist auch auf kleinen Festen wichtig und wenn Sie ein richtiger Partylöwe sind, ist die Anschaffung eines geräumigen Eisbehälters zum Kaltstellen von Flaschen eine Überlegung wert. Halten Sie immer mehr Eis bereit, als Sie zu benötigen glauben, und stellen Sie in der Stoßzeit mit Eis gefüllte Kübel Marke „Sektkühler" bereit. Denken Sie auch an Eisschaufel und Eiszange. Verwenden Sie für gemixte Cocktails Eis, das bereits einige Minuten den Gefrierschrank verlassen hat, es lässt sich einfacher verarbeiten und liefert geschmeidigere Drinks.

Manche Cocktails verlangen nach Zuckersirup. Man sollte ihn im Voraus zubereiten und im Kühlschrank lagern. Auch für nichtalkoholische Getränke ist Zuckersirup praktisch. Einfach 3 Esslöffel Zuckersirup mit Eis und frischen Früchten wie Mangos, Ananas, Beeren oder Steinobst im Mixer glatt pürieren – der perfekte geeiste Fruchtdrink.

Für den Zuckersirup 225 g Zucker in einem Topf mit 250 ml Wasser unter Rühren aufkochen, bis er sich aufgelöst hat. Abkühlen lassen, in eine Flasche füllen und in den Kühlschrank stellen. Falls Ihnen selbst das zu aufwendig ist und Sie nicht den ganzen Abend auf Frozen Daiquiris setzen, ist ganz feiner Zucker ein passabler Ersatz.

Fruchtiges drum und drin

Viele Cocktails erfordern die Vorbereitung weiterer Zutaten, sei es das Zerkleinern von Früchten für den Mixer, das Zuschneiden von Garnituren oder das Auspressen von Zitrusfrüchten. Halten Sie ein kleines Brett bereit, das ausschließlich für die Verarbeitung von Früchten dient, damit sich keine unerwünschten Aromen in den Drink einschleichen. Ein kleines scharfes Messer ist unerlässlich für jede Art von fruchtiger Garnitur und ein Kanneliermesser hilft Ihnen beim Zuschnitt des perfekten Zitronenschnitzes.

Am meisten Spaß bei Cocktails, abgesehen davon, sie zu trinken natürlich, macht die Dekoration. Sie kann mit einem Stückchen Zitronenschale oder einem Limettenscheibchen schlicht und elegant ausfallen, doch bei Fruchtcocktails dürfen Sie Ihrer Fantasie freien Lauf lassen. Es gibt viele originelle Möglichkeiten – bunte Papierschirmchen, lustige Retro-Rührsticks, Strohhalme in allen Farben, Fruchtstücke, die auf dem Glasrand thronen, fluoreszierende Meerjungfrauen oder Seepferdchen, die ihre Füße in Alkohol baden und – natürlich – das obligatorische Schälchen Oliven, unverzichtbar für den perfekten Martini.

Klassische Cocktails

Martini

1 Teelöffel trockenen Wermut in ein gekühltes Martiniglas geben. Einen Cocktail-Shaker mit Eis und 3 Esslöffeln Gin füllen. Den Wermut in dem Glas schwenken und dann ausleeren. Den eisgekühlten Gin in das Glas gießen und mit einer grünen Olive oder einem Stückchen Zitronenschale garnieren und sofort servieren. Für 1 Person.

Bellini

Einen halben reifen weißen Pfirsich mit 1 Teelöffel Zucker pürieren. Etwas Champagner oder Sekt in zwei Sektflöten füllen und das Pfirsichpüree gleichmäßig darauf verteilen. Kurz umrühren, mit weiterem Champagner oder Sekt auffüllen und servieren. Für 2 Personen.

Auch Ihr Name ist Bond – James Bond! Ein klassi-

Manhattan

Ein Glas mit Eis füllen und 3 Esslöffel Whiskey, 1½ Esslöffel süßen Wermut und 1 Spritzer Angostura zugeben. Rühren, bis der Alkohol richtig kalt ist, und in ein gekühltes Cocktailglas abseihen. Mit einem Schnitzer Zitronenschale servieren. Für 1 Person.

Champagner-Cocktail

1 Zuckerwürfel mit 3 Spritzern Angostura tränken und in eine Sektflöte geben. 3 Teelöffel Weinbrand hinzufügen und mit Champagner oder Sekt auffüllen. Für 1 Person.

scher Martini und die Nacht gehört Ihnen.

Klassische Cocktails

Margarita

Eis in einen Cocktail-Shaker füllen, 3 Esslöffel Tequila, 1½ Esslöffel Triple Sec und 1 Esslöffel Limettensaft zugeben und kräftig schütteln. Den Rand eines Cocktailglases mit Limettensaft benetzen und in Meersalz tauchen. Die Margarita in das Glas abseihen und servieren. Für 1 Person.

Cosmopolitan

Einen Cocktail-Shaker mit Eis füllen und 3 Esslöffel Wodka, 1½ Esslöffel Cointreau, 1½ Esslöffel Cranberrysaft und 1 Teelöffel Limettensaft zugeben. Kräftig schütteln, in ein gekühltes Cocktailglas abseihen und servieren. Für 1 Person.

Daiquiri

Einen Cocktail-Shaker mit Eis, 3 Esslöffeln weißen Rum, 1 Esslöffel Limettensaft, 1 Teelöffel Triple Sec und 1 Teelöffel Zucker füllen. Kräftig schütteln, in ein gekühltes Cocktailglas füllen und mit einer dünnen Limettenscheibe garnieren. Für 1 Person.

Frucht-Daiquiri

90 g gewürfeltes Mangofleisch und 70 g gewürfelte Honigmelone in den Mixer geben. 125 ml weißen Rum, 1½ Esslöffel Limettensaft, 2 Teelöffel Triple Sec oder Cointreau, 2 Teelöffel Zucker und 6 Eiswürfel hinzufügen und pürieren, bis die Mischung glatt ist. In zwei gekühlte Gläser füllen. Für 2 Personen.

Klassische Cocktails

Negroni

Ein gekühltes Glas mit etwas Eis füllen, 1½ Esslöffel Campari, 1½ Esslöffel süßen Wermut und 1½ Esslöffel Gin zugeben und nur leicht verrühren, sodass ein Marmoreffekt entsteht. Mit Orangenschale garnieren. Für 1 Person.

Ripe Cherry

In einem Cocktail-Shaker 1½ Esslöffel Framboise (Himbeerlikör), 3 Teelöffel Malibu und 3 Teelöffel Crème de Cacao (weiß) vermengen. Kräftig schütteln und über zerstoßenem Eis in ein kleines Cocktailglas füllen. Sofort servieren. Für 1 Person.

Für Süße einen Ripe Cherry und für Einsteiger der

Mai Tai

Eis in einen Cocktail-Shaker füllen, 1 Esslöffel Limettensaft, 2 Esslöffel Grand Marnier, 1 Spritzer Angostura, 3 Esslöffel dunklen Jamaika-Rum, 4 Esslöffel Ananassaft, 1 Teelöffel Grenadine und 2 Tropfen Mandelsirup zugeben und kräftig schütteln. Über Eis in ein Glas gießen und mit frischer Ananas und Minze garnieren. Für 1 Person.

Campari klassisch

125 ml Orangensaft und 3 Esslöffel Campari in ein hohes Glas gießen und mit Eis auffüllen. Mit einer Orangenscheibe garnieren. Für 1 Person.

tropische Genuss eines Mai Tai.

Klassische Snacks

Pikanter Nussmix

Den Ofen auf 170 °C vorheizen. 1 Teelöffel Kreuzkümmelsamen, 1 Teelöffel Koriandersamen, 1 Teelöffel Senfsamen, ¼ Teelöffel Fenchelsamen, ½ Zimtstange, ½ Teelöffel schwarze Pfefferkörner und 1 Teelöffel gemahlene Kurkuma in der Gewürzmühle oder im Mixer zu einem feinen Pulver zermahlen. In eine große Schüssel streuen, 2 Esslöffel braunen Zucker, 2 Teelöffel Meersalz und 350 g gemischte Nüsse wie Pekannüsse, Cashewkerne, Erd- und Macadamianüsse untermengen. Sorgfältig 2 Esslöffel Olivenöl untermischen, die gewürzten Nüsse auf einem Blech ausbreiten und 10–15 Minuten im Ofen rösten, bis sie ein wenig Farbe genommen haben; gelegentlich wenden. Abkühlen lassen und bis zur Verwendung luftdicht verschlossen aufbewahren.
Ergibt 350 g.

Wachteleier mit Za'atar

In einer Schüssel 2 Esslöffel leicht gerösteten Sesam, 1 Esslöffel getrockneten Thymian, 1 Esslöffel Sumach, ½ Teelöffel gemahlenen gerösteten Kreuzkümmel und 1 Teelöffel Meersalz vermengen. Für die Wachteleier in einem großen Topf leicht gesalzenes Wasser zum Kochen bringen. 24 Wachteleier hineingeben, 1 Minute behutsam rühren und dann 4 Minuten garen. Mit einem Schaumlöffel herausheben und zum Abschrecken in eine Schüssel mit kaltem Wasser geben. Die Schale rundherum vorsichtig aufklopfen und die Eier schälen. Die Za'atar-Gewürzmischung in ein kleines Schälchen füllen und mit den Wachteleiern servieren.

Eingelegte Oliven

500 g gemischte Oliven in eine Schüssel geben. 4 lange Streifen unbehandelte Orangenschale, 2 zerstoßene Knoblauchzehen, 1 von den Samen befreite rote Chilischote und einige Zweige Thymian zufügen. 3 Esslöffel natives Olivenöl extra darübergeben und vermengen. Die Oliven über Nacht zugedeckt im Kühlschrank durchziehen lassen. Ergibt 500 g.

Parmesanplätzchen

125 g kalte Butterwürfel in den Mixer geben. 60 g geriebenen Cheddar, 50 g geriebenen Parmesan, 150 g Mehl, 1 Teelöffel Paprikapulver und ¼ Teelöffel Salz hinzufügen und mit der Impulstaste zermahlen, bis sich die Zutaten grob verbunden haben. Den Teig zu einem Kloß formen, halbieren und zu etwa 23 cm langen und 3 cm dicken Würsten rollen. In Backpapier wickeln und 1 Stunde kalt stellen oder bis zur Verwendung einfrieren. Den Ofen auf 180 °C vorheizen. Ein Backblech mit Backpapier auslegen. Die Teigrollen auswickeln, in 5 mm dünne Plätzchen schneiden und auf das Blech legen. Im Ofen in 12–15 Minuten goldgelb backen. Die Plätzchen auf einem Gitter abkühlen lassen und bis zur Verwendung luftdicht verschlossen lagern. Ergibt 60 Stück.

Seafood-Party

Fisch und Meeresfrüchte verleihen jedem Anlass festlichen Glanz. Ich meine nicht diese überbordenden Büffets mit mächtigen Eisskulpturen und bergeweise malträtiertem Fisch, sondern die Wirkung, die eine einzige Delikatesse entfalten kann, wenn sie großzügig bemessen serviert und ansprechend präsentiert wird.

Platten mit Räucherlachs, Teller mit dünnen Scheiben Roggenbrot oder Blini und dazu Schälchen mit Dillsauerrahm machen schon optisch Eindruck. Ebenso wie ein stattlicher Berg Garnelen mit einer mit Safran goldgelb eingefärbten Zitronenmayonnaise. Denken Sie bei frischem Seafood an ausreichend Eis, um es darauf zu servieren.

Aber bitte mit Stil

Wenn Sie es mit dem edlen Genuss auf die Spitze treiben möchten, und gewisse Anlässe schreien geradezu danach, dann bedienen Sie sich bei diesen Luxuspartyideen:

- Der ultimative Partyknaller ist und bleibt Kaviar mit eisgekühltem Champagner. Servieren Sie den Kaviar pur auf kleinen Muschel- oder Perlmuttlöffeln oder mit einem Klecks Crème fraîche auf Blini oder anderen kleinen Pfannkuchen.
- Frisch gegarter Hummer schmeckt hervorragend in dünne Medaillons geschnitten, auf getoastete Brioche gelegt und mit flüssiger Kräuterbutter beträufelt.
- In der eigenen Schale servierte Jakobsmuscheln machen immer Eindruck. Die Muscheln kurz unter den Grill schieben und mit Zitronenbutter überziehen oder mit Crème fraîche und bunt schillerndem Kaviarersatz garnieren.
- Räucherlachs kommt immer gut an, sei es auf einer Platte angerichtet oder in Form von Kanapees. Ebenfalls beliebt ist Räucherlachs auf fingerdicken Häppchen mit Gurke und Mayonnaise sowie auf Kräuterpfannkuchen oder Yorkshire-Puddings (s. S. 292) mit Meerrettichcreme.
- Garnelen sind auf jeder Party ein Volltreffer: nach Geschmack marinieren, auf kleine Bambusspieße stecken und kurz auf oder unter den Grill legen. Warm servieren.
- Frisch gegarte Garnelen grob würfeln, mit etwas Zitronenmayonnaise binden und auf frisches Weißbrot, kleine Partybrötchen oder Mini-Brioches streichen – zum Anbeißen.
- Servieren Sie geschalte frische Garnelen mit einer Auswahl Dipsaucen, etwa süßer Chilisauce, mit Tabascosauce gewürzter Mayonnaise oder Avocadopüree.

In der Schale

Austern sind wie geschaffen für eine Party. Sie sind mal etwas anderes, schinden Eindruck und zum Servieren braucht man nicht mehr als eine schöne Platte. Allerdings rate ich dazu, Austern am Tisch zu servieren, statt sie auf einer großen Platte herumzureichen. Mit einem Drink in der Hand dürfte es jedem schwerfallen, eine Auster zu schlürfen, ohne dass ein Missgeschick droht. Lassen Sie dennoch lieber eine Platte kreisen, drapieren Sie die Austern rutschfest auf einem Bett aus Steinsalz. Wenn am Tisch serviert, richtet man sie vorzugsweise auf Eis an.

Austern bestechen durch ihren frischen Meeresgeschmack, doch wem der nicht genügt, kann sie auch mit verschiedenen Saucen kombinieren:

- Crème fraîche oder einen anderen Sauerrahm mit Wasabi oder Meerrettich nach Geschmack verrühren und mit Meersalz und frisch gemahlenem schwarzem Pfeffer abschmecken.
- Limettensaft mit ein wenig Mirin süßen und über die frischen Austern träufeln.
- Sollen Ihre Austern ein bisschen Feuer versprühen, versuchen Sie folgendes Dressing im Thai-Stil: 1 Esslöffel geriebenen Palmzucker mit 1 Esslöffel Fischsauce *(nam pla)* und 2 Esslöffeln Limettensaft in einer Schüssel verrühren, bis er sich aufgelöst hat. Etwas fein gehackten roten Chili und gehacktes Koriandergrün untermengen und das Dressing kurz vor dem Servieren über die Austern ziehen.
- An kalten Tagen kann man die Austern heiß servieren: Die Austern auslösen und die leeren Schalen in den mäßig warmen Ofen legen. In einer tiefen Pfanne Pflanzenöl erhitzen. In einer Schüssel 2 Eier mit einem Spritzer Tabascosauce verquirlen, auf einen Teller etwas feinen Polentagrieß streuen. Die Austern durch das verquirlte Ei ziehen, in der Polenta wenden, bis sie rundherum bedeckt sind, und in dem heißen Öl goldbraun braten. In ihren vorgewärmten Schalen anrichten und mit einer Schüssel Zitronenmayonnaise und einem kleinen Fläschchen Tabascosauce servieren.

Blini

1 In einer Schüssel 100 g Mehl, 70 g Buchweizenmehl und ¾ Teelöffel Trockenhefe sorgfältig vermengen; in der Mitte eine Mulde bilden. In einem Topf 200 ml Milch erwärmen und in die Mulde gießen. Die Zutaten zu einem glatten Teig verrühren und zugedeckt über Nacht in den Kühlschrank stellen.

2 1 Stunde vor dem Servieren den Teig aus dem Kühlschrank nehmen. 2 Eier trennen, die Eigelbe und 2 Esslöffel Sauerrahm unter den Teig rühren. In einer weiteren Schüssel die Eiweiße schlagen, bis sich weiche Spitzen bilden. Den Eischnee behutsam unter den Teig ziehen und zugedeckt 30 Minuten ruhen lassen.

3 Eine Pfanne erhitzen und mit etwas Butter einfetten. Mit einem Teelöffel Teighäufchen hineinsetzen und zu kleinen Pfannkuchen ausbreiten. Sobald sich an der Oberfläche kleine Bläschen zeigen, wenden und in 1 weiteren Minute fertig backen. Ergibt 40 Blini.

Tipps & Tricks

- Blini werden traditionell mit Sauerrahm und Räucherlachs oder Kaviar serviert. Sie können den Sauerrahm mit etwas Zitronensaft, abgeriebener Zitronenschale, Schnittlauch oder fein gehacktem Dill würzen. Servieren Sie die Blini mit Räucherlachs, bieten sich frische Kräuter zum Garnieren an.

- Wenn für richtige Blini keine Zeit ist, Sie aber Buchweizen gerne mögen, können Sie auch einige Esslöffel Buchweizenmehl unter einen herkömmlichen Pfannkuchenteig rühren.

- Wie die meisten Pfannkuchen schmecken Blini am besten frisch aus der Pfanne. Müssen sie im Voraus zubereitet werden, sollte das zumindest an dem Tag geschehen, an dem sie auch serviert werden. Die fertigen Blini bis zur Verwendung mit einem feuchten Tuch bedecken. Zum Wiedererwärmen auf ein Blech legen, mit Backpapier bedecken und für kurze Zeit in den 180 °C heißen Ofen schieben. Sofort servieren.

Klassische Crostini und Bruschetta

Artischocke, Mozzarella und Petersilie

Den Ofen auf 150 °C vorheizen. 175 g eingelegte Artischockenherzen abtropfen lassen und mit 1 Esslöffel grob gehackter glatter Petersilie in die Küchenmaschine geben. Mit frisch gemahlenem weißem Pfeffer würzen und zu einer glatten Paste pürieren. Von einem Baguette 12 Scheiben abschneiden und von einer Seite mit Olivenöl bestreichen. Auf ein Backblech legen und im Ofen goldbraun rösten. Zwischendurch einmal wenden. Aus dem Ofen nehmen und mit der Artischockenpaste bestreichen. Mit dünn geschnittenem Mozzarella belegen, mit Petersilie garnieren und mit nativem Olivenöl extra beträufeln. Ergibt 12 Stück.

Oliven und Pinienkerne

Den Ofen auf 150 °C vorheizen. 3 Esslöffel Rotweinessig, 6 Sardellenfilets, 2 Knoblauchzehen, 115 g geröstete Pinienkerne, 2 Teelöffel gesalzene Kapern, 4 hart gekochte Eigelb und 12 große entsteinte grüne Oliven in der Küchenmaschine zu einer Paste zermahlen. In eine Schüssel geben, 1 kleine Handvoll glatte Petersilie fein hacken und unterrühren. Von einem Baguette 12 Scheiben abschneiden und von einer Seite mit Olivenöl einpinseln. Auf ein Backblech legen und im Ofen goldbraun rösten; zwischendurch einmal wenden. Die Paste auf die Brote streichen und mit zerkrümeltem Ziegenkäse oder gehobeltem Parmesan garnieren. Mit frisch gemahlenem schwarzem Pfeffer würzen. Ergibt 12 Stück.

Champignons und Speck

200 g Champignons und 200 g Austernpilze in dünne Scheiben schneiden, 6 Scheiben Pancetta oder Frühstücksspeck in feine Streifen schneiden. In einer Pfanne 25 g Butter auf mittlerer Stufe erhitzen. Während sie schmilzt, den Speck zugeben, 1 Minute anschwitzen und dann die Pilze hinzufügen. Den Deckel auflegen und die Pilze bei niedriger Hitze 5 Minuten garen. Vom Herd nehmen und mit Meersalz und frisch gemahlenem schwarzem Pfeffer würzen. 8 dicke Scheiben rustikales Landbrot von beiden Seiten rösten oder toasten. Jede Scheibe von einer Seite mit einer grob zerdrückten Knoblauchzehe einreiben, mit den Pilzen belegen und mit gehobeltem Parmesan garnieren. Ergibt 8 Stück.

Tomate und Basilikum

8 reife Tomaten halbieren und von dem Großteil der Samen befreien. Das Fruchtfleisch in kleine Würfel schneiden und kräftig mit Meersalz und frisch gemahlenem schwarzem Pfeffer würzen. 8 dicke Scheiben rustikales Landbrot von beiden Seiten rösten oder toasten und einseitig mit einer grob zerdrückten Knoblauchzehe einreiben. Die Tomatenwürfel darauf verteilen und mit zerpflücktem Basilikum bestreuen. Mit Olivenöl beträufeln und servieren. Ergibt 8 Stück.

Nichts passt besser zu einer Früchte in einer Mischung aus

Party-Bowle

1 Für den Ingwersirup in einem kleinen Topf 3 Esslöffel frisch geriebenen Ingwer, 115 g Zucker und 3 Esslöffel Wasser vermengen. Bei starker Hitze aufkochen, die Hitze etwas reduzieren und 5 Minuten köcheln lassen. Den Sirup durch ein Sieb in ein Glas oder eine Flasche gießen, abkühlen lassen und kalt stellen.

2 200 g Ananas klein würfeln und in eine Glas- oder Bowlenschüssel geben. 3 weiße Pfirsiche schälen, in Spalten schneiden und hinzufügen. 3 Esslöffel Limettensaft, 4 Esslöffel Ingwersirup und 250 ml braunen Rum hineingießen und umrühren. Bis zum Servieren kalt stellen.

3 Vor dem Servieren 1 l kaltes Ginger Ale oder Ginger Beer (alkoholfreies Erfrischungsgetränk) und 500 ml kalten Pfirsichnektar zugießen. Einige Eiswürfel hineingeben und mit dünnen Limettenscheiben und Minze garnieren. Für 8 Personen.

Tipps & Tricks

- Für eine nichtalkoholische Bowle lassen Sie den Rum in obigem Rezept einfach weg und Sie haben einen erfrischenden Partydrink, den jeder genießen kann.

- Wer etwas Hochprozentigeres möchte, tue Folgendes: Eine Bowlenschüssel zur Hälfte mit Eis füllen. 1 Flasche Sauternes, 125 ml Weinbrand, 125 ml Cointreau und 125 ml Grand Marnier zugießen, dünne Orangen- und Limettenscheiben hineingeben und mit kohlensäurehaltigem Wasser auffüllen. Für 6 Personen.

- Für einen Gewürzwein 500 ml roten Wermut mit der in Streifen abgeschälten Schale von 2 Orangen, 5 zerstoßenen Kardamomkapseln, 6 Gewürznelken, 2 Zimtstangen, 1 Esslöffel frisch geriebenem Ingwer und 225 g Zucker in einem Topf auf mittlerer Stufe aufkochen und bei reduzierter Hitze 5 Minuten köcheln lassen. Etwas abkühlen lassen und in eine Schüssel füllen. 2 Flaschen Rotwein und 100 ml braunen Rum zugießen und einige Orangenschnitze oder geröstete Mandeln hineingeben. Je nach Jahreszeit warm oder kalt servieren. Für 10 Personen.

Sommerparty als eine Schüssel beschwipster scharfem Ingwer, Alkohol und Prickelwasser.

Klassische Partycocktails

Litschi-Champagner-Chiller

Eine Dose (400 g) entsteinte Litschis mit ihrem Saft und dem Saft einer Limette im Mixer pürieren, bis die Mischung glatt ist. Durch ein Sieb in einen Krug gießen und zugedeckt für 1 Stunde in den Kühlschrank stellen. Den Litschisaft in acht Sekt- oder Cocktailgläser gießen und vorsichtig mit Champagner oder Sekt auffüllen. Für 8 Personen.

Piña Colada

85 g frische Ananasstücke in den Mixer geben. 6 Eiswürfel, 2 Esslöffel Limettensaft, 3 Esslöffel Zuckersirup, 3 Esslöffel weißen Rum und 3 Esslöffel Cream of Coconut (Kokosnusscreme) hinzufügen und mixen, bis die Mischung glatt ist. In zwei Cocktailgläser gießen und mit Ananasstückchen und dünnen Limettenscheiben garnieren. Für 2 Personen.

Stellen Sie Gläser kalt für den kleinen Kick oder ein

Tropischer Rumdrink

280 g grob gewürfelte Honigmelone, 3 Esslöffel weißen Rum, 3 Esslöffel Malibu, 3 Esslöffel Midori (Melonenlikör) und 400 ml Grapefruitsaft in den Mixer geben und pürieren, bis die Mischung glatt ist. Über Eis in vier Gläser füllen und mit Melonenspalten garnieren. Für 4 Personen.

Litschi-Rum-Blast

10 entsteinte Litschis aus der Dose, 3 Esslöffel kalten Litschisaft, 4 Esslöffel kalte Kokosmilch, 3 Esslöffel braunen Rum und 10 Minzeblätter in Mixer glatt pürieren, in zwei gekühlte Cocktailgläser füllen und sofort servieren. Für 2 Personen.

fruchtiges, spritziges Schlückchen.

Klassische Partycocktails

Pimm's mit Ingwersirup

125 ml Ananassaft, 3 Esslöffel Pimm's und 1½ Esslöffel Ingwersirup (s. S. 244) über Eis in ein hohes Glas geben. Mit Sodawasser auffüllen und mit Limettenscheiben und Ananasstückchen garnieren. Für 1 Person.

Wodka-Melone mit Minze

Zuerst ein paar Meloneneiswürfel vorbereiten. Ein großes Stück Wassermelone entkernen, pürieren und in einen Eiswürfelbehälter füllen. Über Nacht einfrieren. Für den Drink 2 Zweige Minze und 5 Meloneneiswürfel in ein hohes Glas geben. 125 ml Wassermelonensaft, 1½ Teelöffel Limettensaft und 1½ Esslöffel Wodka hinzufügen und gründlich umrühren. Für 1 Person.

Mojito

4 Zweige Minze und 2 Teelöffel Zucker in ein Glas geben. ½ unbehandelte Limette vierteln, dazugeben und mit einem Stößel oder dem Stiel eines Holzlöffels gründlich zerstoßen. 3 Esslöffel weißen Rum und 4 Eiswürfel hinzufügen und mit Sodawasser auffüllen. Für 1 Person.

Peach Tree

Einen kleinen Tumbler mit Eis füllen, 3 Esslöffel Pfirsichsirup und 3 Esslöffel braunen Jamaika-Rum hinzufügen und gründlich umrühren. Nach Belieben mit einer Limettenspalte garnieren (der Saft von pochierten Steinfrüchten ist eine ideale Grundlage für diesen Drink; s. S. 346). Für 1 Person.

Klassische Dips

Auberginendip

Den Ofen auf 200 °C vorheizen. 2 Esslöffel Öl in eine kleine Bratenpfanne geben. 1 Knoblauchknolle in der Mitte waagerecht durchschneiden, sodass die Zehen halbiert sind. Die Hälften mit den Schnittflächen nach unten in die Pfanne legen und 1 große Aubergine dazugeben. Im Ofen 20 Minuten rösten, bis der Knoblauch goldbraun und die Aubergine weich ist. Abkühlen lassen. Mit einem kleinen, spitzen Messer das Fruchtfleisch der Zehen aus der Knolle lösen. Die Aubergine längs halbieren, das Fruchtfleisch herauslösen und mit dem Knoblauch pürieren. Die Paste mit 4 Esslöffeln Tahin (Sesampaste) und 2 Esslöffeln Zitronensaft verrühren und mit Meersalz abschmecken. Vor dem Servieren 2 Esslöffel fein gehackte glatte Petersilie unterziehen und mit Cayennepfeffer bestreuen. Mit Brot servieren. Für 6–8 Personen.

Rote-Bete-Dip

Den Ofen auf 200 °C vorheizen. 4 Rote-Bete-Knollen und 250 ml Wasser in eine Bratenpfanne geben. Mit Alufolie bedecken und 1 Stunde im Ofen backen, bis die Knollen weich sind. Vorsichtig die Schale abziehen oder abreiben – tragen Sie Gummihandschuhe, damit sich Ihre Hände nicht rot färben. Die Roten Beten im Mixer pürieren und in einer Schüssel mit 250 g Joghurt und 1 Teelöffel Granatapfelsirup verrühren. Mit Meersalz und frisch gemahlenem schwarzem Pfeffer würzen, mit fein gehackter Minze und grob gehackten Walnüssen garnieren und mit getoastetem Ciabatta oder türkischem Fladenbrot servieren. Für 6–8 Personen.

Taramasalata

4 dicke Scheiben Sauerteigbrot in etwas Wasser einweichen. Sorgfältig ausdrücken, in Stücke zupfen und mit 100 g Tarama (gepresste Fischrogenmasse), 1 zerstoßenen Knoblauchzehe, 1 Esslöffel fein gewürfelte rote Zwiebel und 3 Esslöffeln Zitronensaft in den Mixer geben. Pürieren, nach und nach 250 ml Pflanzenöl einarbeiten, bis die Mischung etwa die Konsistenz von Sauerrahm hat, und mit warmem Pitabrot servieren. Für 8 Personen.

Guacamole

1 rote Chilischote von den Samen befreien, fein hacken und in eine Schüssel geben. Den Saft von 2 Limetten, 3 Esslöffel Olivenöl, 2 fein gehackte Frühlingszwiebeln, 3 Esslöffel fein gehacktes Koriandergrün und 1 fein gewürfelte Gärtnergurke hinzufügen. 1 reife Tomate halbieren, entkernen und das Fruchtfleisch fein würfeln. Ebenfalls in die Schüssel geben und gut untermengen. 2 reife Avocados halbieren und entsteinen. Mit einem kleinen scharfen Messer kreuzweise kleine Würfel in das Fruchtfleisch schneiden. Mit einem großen Löffel zwischen Schale und Fruchtfleisch fahren und auf diese Weise die Würfel behutsam herauslösen. Zu den anderen Zutaten in die Schüssel geben und vorsichtig unterheben. Mit Maistortillas oder gerösteten Tortillachips servieren. Für 4–6 Personen.

Won-tans mit Garnelen

1 In einer großen Schüssel 2 Eiweiß leicht verschlagen. 300 g fein gehackte, gegarte Garnelen, ½ Teelöffel Meersalz, ¼ Teelöffel chinesisches Fünf-Gewürze-Pulver, 30 g feine Frühlingszwiebelröllchen und 1 Teelöffel frisch geriebenen Ingwer zugeben und unterrühren.

2 Ein quadratisches Won-tan-Blättchen auf die Arbeitsfläche legen und die Ränder mit etwas Wasser benetzen.1 gehäuften Teelöffel der Füllung in die Mitte geben, die vier Ecken darüber zusammenschlagen und die Päckchen mit den Fingern versiegeln. Beiseitelegen und die restliche Füllung in gleicher Weise verarbeiten.

3 Einen Bambusdämpfkorb mit eingeöltem Backpapier auskleiden und die Won-tans hineinsetzen. Den Korb auf einen großen Topf mit kochendem Wasser stellen und die Won-tans 10–12 Minuten dämpfen. Mit einem Zitronendip (siehe unten) servieren. Ergibt 24 Stück.

Tipps & Tricks

- Gedämpfte oder frittierte Won-tans werden oft mit Dips serviert – schlicht mit chinesischem schwarzem Essig oder mit etwas Komplexerem wie Pflaumensauce, süßer Chilisauce oder süßer Zitronensauce.

- Für eine Pflaumensauce 1 Esslöffel chinesischen schwarzen Essig, 1 Esslöffel Reiswein, 2 Esslöffel Zucker, 1 Teelöffel helle Sojasauce und 125 ml Wasser in eine kleine Schüssel geben. In einem kleinen Topf 1 Esslöffel Pflanzenöl auf mittlerer Stufe erhitzen. 1½ Teelöffel sehr fein gehackten Knoblauch und 2 Teelöffel fein geriebenen Ingwer darin 1 Minute anschwitzen. 4 Blutpflaumen (rotfleischige Pflaumen) zugeben und garen, bis sie zu zerfallen beginnen. Die flüssigen Zutaten zugießen und auf kleiner Flamme 15 Minuten garen. Abkühlen lassen.

- Für einen süßen Zitronendip den Saft von 2 Zitronen in einem kleinen Topf mit 2 Sternanis, 3 Kardamomkapseln, 3 Esslöffeln Zucker und 2 Teelöffeln heller Sojasauce bei mittlerer Hitze unter Rühren 5 Minuten garen, bis sich der Zucker aufgelöst hat. Vor dem Servieren abkühlen lassen.

Klassische Won-tans

Spinat-Bohnen-Füllung mit Orange

1 kg Spinat blanchieren, abtropfen und abkühlen lassen. Die Blätter fein hacken und mit der abgeriebenen Schale von 1 unbehandelten Orange und 3 Esslöffeln gesalzenen schwarzen Bohnen vermengen. In einer weiteren Schüssel 1 Esslöffel geriebenen Palmzucker in 1 Esslöffel chinesischem Reiswein und ½ Teelöffel Sesamöl unter Rühren auflösen. Die Sauce unter den Spinat mengen. Ein quadratisches Won-tan-Blättchen auf die saubere Arbeitsfläche legen und an den Rändern leicht befeuchten. 1 gehäuften Teelöffel der Füllung in die Mitte setzen, die vier Ecken darüber zusammenführen und zusammendrücken. Auf ein mit Backpapier bedecktes Blech legen. Die restlichen Won-tans in gleicher Weise füllen und 10–12 Minuten dämpfen. Ergibt 24 Stück.

Hähnchen-Pilz-Füllung

4 getrocknete Shiitakepilze 30 Minuten in heißem Wasser einweichen. Sorgfältig ausdrücken und die Stiele abschneiden. Die Pilze fein hacken und in einer Schüssel mit 250 g gehacktem Hähnchenfleisch, 4 Esslöffeln fein gehackten Bambussprossen, 2 Esslöffeln heller Sojasauce, 1 Teelöffel fein geriebenem Ingwer und ½ Teelöffel Sesamöl vorsichtig verrühren. Ein quadratisches Won-tan-Blättchen auf die Arbeitsfläche legen und an den Rändern leicht befeuchten. 1 gehäuften Teelöffel der Füllung in die Mitte setzen, die vier Ecken darüber zusammenführen und zusammendrücken, sodass kleine Säckchen entstehen. Auf ein mit Backpapier bedecktes Blech legen, die restlichen Won-tans in gleicher Weise füllen. 15 Minuten dämpfen und mit Pflaumensauce (s. S. 252) servieren. Ergibt 24 Stück.

Süßes Schweinefleisch

300 g Schweinehack, ½ Teelöffel Meersalz, 1 Teelöffel helle Sojasauce, 1 Esslöffel chinesischen Reiswein, 3 fein gehackte Frühlingszwiebeln, ½ Teelöffel chinesisches Fünf-Gewürze-Pulver und 1 Teelöffel fein geriebenen Ingwer vermengen. Ein quadratisches Won-tan-Blättchen auf die Arbeitsfläche legen und an den Rändern leicht befeuchten. 1 gehäuften Teelöffel der Farce in die Mitte setzen und zwei Ecken darüber zusammenschlagen, sodass Sie ein Dreieck erhalten. Die Ränder fest zusammendrücken, dann die Spitzen zusammenführen und zusammendrücken, sodass ein kleines Bündel entsteht. Die restliche Füllung in gleicher Weise verarbeiten. Die Wontans auf ein mit Backpapier bedecktes Blech legen und anschließend in Erdnussöl frittieren. Mit einem Schälchen schwarzem Essig servieren. Ergibt 24 Stück.

Jakobsmuscheln mit Limette

300 g Jakobsmuschelnüsschen (Corail entfernt) fein würfeln und mit ½ Teelöffel geriebener Orangenschale, 3 Esslöffeln fein gehacktem Koriandergrün, 3 Esslöffeln fein geschnittenen Frühlingszwiebeln, ¼ Teelöffel Sesamöl, 1 von den Samen befreiten und fein gehackten großen roten Chilischote, 1 Teelöffel Fischsauce *(nam pla)*, 1 in feine Streifen geschnittenem Kaffir-Limettenblatt und ¼ Teelöffel fein geriebenem Ingwer vermengen. 2 Esslöffel Mehl untermengen. Ein quadratisches Won-tan-Blättchen auf die Arbeitsfläche legen und an den Rändern leicht befeuchten. 1 gehäuften Teelöffel der Füllung in die Mitte geben, die vier Ecken darüber zusammenführen und zusammendrücken. Auf diese Art sämtliche Füllung verarbeiten. Die Won-tans auf ein mit Backpapier bedecktes Blech legen. In Erdnussöl frittieren und mit Limettenspalten servieren. Ergibt 30 Stück.

Nori-Röllchen

1 Zuerst das Reisdressing zubereiten. In einem kleinen Topf 4 Esslöffel Reisessig, 4 Esslöffel Zucker und 1 Esslöffel Meersalz unter Rühren auf mittlerer Stufe erhitzen, bis sich der Zucker aufgelöst hat. Abkühlen lassen. Den Sushi-Reis zubereiten (siehe unten) und auf einem Blech ausbreiten. Mit dem Reisdressing übergießen und abkühlen lassen. Die Füllung vorbereiten: 2 Gärtnergurken, 1 Avocado und 1 Daikon-Rettich in lange, dünne Stifte schneiden. Eingelegten Ingwer und Wasabi in Schälchen bereitstellen.

2 Sie benötigen 4 Nori-Blätter. Ein Nori-Blatt auf eine Sushi-Matte legen und einige Löffel Reis daraufgeben. Die Hände mit Wasser benetzen und den Reis über drei Viertel des Blatts gleichmäßig verteilen; an einer Seite einen Rand freilassen. Ein Viertel der Füllzutaten und etwas eingelegten Ingwer quer über die Mitte des Reisfeldes legen.

3 Auf den unbedeckten Nori-Rand etwas Wasabi auftragen. Das Blatt an der gegenüberliegenden Seite beginnend mithilfe der Sushi-Matte fest zusammenrollen. Beiseitelegen und die anderen 3 Nori-Blätter ebenso füllen und rollen. Jede Rolle mit einem scharfen Messer in sechs Scheiben von etwa 1,5 cm Dicke schneiden. Ergibt 24 Stück.

Tipps & Tricks

- Sushi-Reis zubereiten: 325 g Sushi- oder Rundkornreis in einer Schüssel mit reichlich kaltem Wasser bedecken. Kräftig umrühren und dann das milchige Wasser weggießen. Diesen Vorgang wiederholen, bis das Wasser klar bleibt. Den Reis abtropfen lassen und dann mit 500 ml Wasser in einem Topf auf mittlerer Stufe erhitzen; dabei ein- oder zweimal umrühren. Sobald das Wasser aufwallt, noch einmal rühren, dann den Reis zugedeckt 1 Minute garen. Die Hitze auf niedrigste Stufe stellen und den Reis 20 Minuten garen. Vom Herd nehmen und zugedeckt noch 5 Minuten quellen lassen.

- Gerollte Sushis lassen sich mit vielen Zutaten füllen – Avocados, fein geschnittenen Karotten, mit etwas Mayonnaise gebundenem Dosenthunfisch, Erbsensprossen, Räucherlachs oder Keta-Kaviar, ganz frischem rohem Fisch (Sashimi-Qualität) oder fein gehackten Garnelen – nur eingelegter Ingwer sollte nie fehlen.

Klassische Fritters und Frikadellen

Thai-Fischküchlein

450 g Red-Snapper-Filet, 2 Esslöffel Fischsauce *(nam pla)*, ½–1 Esslöffel rote Currypaste, 1 Ei, 1 Teelöffel geriebenen Palmzucker und 3 in feine Streifen geschnittene Kaffir-Limettenblätter im Mixer glatt pürieren. 70 g feine grüne Bohnen bissfest blanchieren und in kleine Stücke schneiden, 1 große rote Chilischote von den Samen befreien und fein hacken. Bohnen und Chili unter die Fischfarce rühren. Je 1 gehäuften Esslöffel der Masse zu einem Bällchen formen und leicht abflachen. In einer großen Pfanne Sonnenblumenöl auf mittlerer Stufe erhitzen und die Fischküchlein portionsweise von beiden Seiten goldbraun braten. Auf Küchenpapier abtropfen lassen und mit süßer Chilisauce servieren. Ergibt 20 Stück.

Fisch-Fritters

125 g Mehl in die Küchenmaschine geben, ½ Teelöffel Cayennepfeffer, 1 Teelöffel abgeriebene unbehandelte Zitronenschale, 1 Ei, 1 Esslöffel zerlassene Butter, ½ Teelöffel Salz und 3 Esslöffel Milch hinzufügen und alles zu einem dicken Teig verarbeiten. In eine Schüssel geben und 250 g Whitebait (kleine Ährenfische) sowie 3 Esslöffel fein gehackte glatte Petersilie untermengen. In einer tiefen Pfanne mit schwerem Boden etwas Pflanzenöl erhitzen. Mit etwas Teig prüfen, ob das Öl heiß genug ist. Dann löffelweise kleine Teigfladen in die Pfanne geben und von beiden Seiten goldbraun backen. Auf Küchenpapier abtropfen lassen und warm mit Limettenspalten servieren. Ergibt 20 Stück.

Pikante Lachsfrikadellen

In einer Pfanne 250 ml Wasser und 2 Kaffir-Limettenblätter bei starker Hitze aufkochen. 500 g Lachsfilet darin zugedeckt bei schwacher Hitze 5 Minuten garen. Den Lachs herausheben, abkühlen lassen, mit einer Gabel zerpflücken und in eine Schüssel geben. 150 g frische Semmelbrösel, 2 Eier, 2 ganz fein geschnittene Kaffir-Limettenblätter, 30 g fein geschnittene Frühlingszwiebeln, 2 Esslöffel fein gehacktes Zitronengras, 2 Esslöffel fein gehacktes Koriandergrün, 2 von den Samen befreite und fein gehackte große rote Chilischoten, 1 Esslöffel Limettensaft, 1 Teelöffel Fischsauce *(nam pla)* und ½ Teelöffel weißen Pfeffer hinzufügen und sorgfältig untermengen. Aus der Masse 24 Frikadellen formen. In einer beschichteten Pfanne etwas Pflanzenöl auf mittlerer Stufe erhitzen und die Frikadellen portionsweise goldbraun braten. Mit Zitronenspalten servieren. Ergibt 24 Stück.

Maisküchlein

Die Körner von 2 frischen Maiskolben abschneiden. In einer Schüssel 90 g Mehl, 1 Teelöffel Backpulver, 1 Ei, 1 Esslöffel zerlassene Butter und ½ Teelöffel Salz vermengen. 3 Esslöffel Milch und 1 Teelöffel Tabascosauce zugeben und alles zu einem dicken Teig verarbeiten. Zuletzt die Maiskörner unterziehen. In einer tiefen Pfanne mit schwerem Boden etwas Pflanzenöl auf mittlerer Stufe erhitzen. Zum Testen der Temperatur etwas Teig hineingeben. Dann mit einem Löffel kleine Teighäufchen hineinsetzen und von beiden Seiten goldbraun backen. Auf Küchenpapier abtropfen lassen und warm servieren. Ergibt 24 Stück.

Cocktailrezepte

würzige Tartes
gebratene Jakobsmuscheln
massenhaft Martinis
exotische Pfannkuchen
gute Stimmung, das Licht dimmen
und mit ein paar Freunden
das Leben genießen

Jakobsmuscheln mit Ingwer

Jakobsmuscheln mit Ingwer

2 EL fein gehacktes Zitronengras
2 TL frisch geriebener Ingwer
½ rote Chilischote, von den Samen befreit und fein gehackt
1 EL Sesamöl
2 EL Mirin
1 EL Fischsauce *(nam pla)*
Saft von 1 Limette
12 Jakobsmuscheln in der Schale, gesäubert
Koriandergrün und Limettenspalten zum Servieren

Das Zitronengras, den Ingwer, den Chili, das Sesamöl, den Mirin, die Fischsauce und den Limettensaft vermengen und einige Minuten durchziehen lassen.

Die Muscheln mit Marinade überziehen und in der Schale in einen oder zwei Dämpfkörbe setzen. Die Körbe übereinander auf einen großen Topf mit kochendem Wasser setzen und die Muscheln zugedeckt 4 Minuten dämpfen. Die Körbe nach 2 Minuten austauschen.

Die Muscheln herausheben, ohne den aromatischen Saft in den Schalen zu verschütten. Anrichten und mit Koriandergrün und Limettenspalten servieren. Ergibt 12 Stück.

Limetten-Kokos-Pfannkuchen mit Hähnchen und Minze

170 ml Limettensaft
2 TL Sesamöl
2 EL geriebener Palmzucker
2 Teelöffel Fischsauce *(nam pla)*
1 TL von den Samen befreite, fein gehackte rote Chilischote
400 g Hähnchenfleisch, pochiert und in Stücke zerpflückt
125 g Mehl
Meersalz
1 Ei, leicht verquirlt
abgeriebene Schale und Saft von 1 unbehandelten Limette
250 ml Kokosmilch
1 große Handvoll Minze
1 große Handvoll Koriandergrün

Den Limettensaft, das Sesamöl, den Zucker, die Fischsauce und den Chili in einer Schüssel verrühren, sodass sich der Zucker auflöst. Das Hähnchenfleisch hineingeben.

Für die Pfannkuchen das Mehl und ¼ Teelöffel Salz in eine Schüssel sieben und in der Mitte eine Mulde bilden. Das Ei, Limettensaft und -schale und die Kokosmilch hineingeben und alles zu einem glatten Teig verschlagen. Eine beschichtete Pfanne leicht einfetten und auf niedriger Stufe erhitzen. Kreuz und quer ein rundes Teignetz von 10 cm Durchmesser in die Pfanne träufeln und 2 Minuten backen. Den Pfannkuchen wenden und in weiteren 1–2 Minuten goldbraun backen. Auf einen Teller heben und den restlichen Teig ebenso verarbeiten.

Kurz vor dem Servieren die Minze und das Koriandergrün unter das Hähnchenfleisch ziehen. Etwas von der Mischung auf jeden Pfannkuchen geben, die Pfannkuchen zusammenrollen und sofort servieren. Ergibt 20 Stück.

Pikante Nussplätzchen

1 EL frisch geriebener Ingwer
1 grüne Chilischote, von den Samen befreit und fein gehackt
200 g ungeröstete Cashewkerne
100 g Pistazienkerne
200 g Reismehl
1½ TL gemahlener Kreuzkümmel
2 EL grob gehacktes Koriandergrün
1 EL schwarzer Sesam
1 EL Butter
Meersalz
2 Eier, verquirlt
150 ml Pflanzenöl

Ingwer, Chili, Cashews, Pistazien, Reismehl, Kreuzkümmel, Koriandergrün, Sesam, Butter und 2 Teelöffel Salz in der Küchenmaschine mit der Impulstaste nicht zu fein zermahlen. In eine große Schüssel geben, 3 Esslöffel Wasser hinzufügen und rühren, bis sich die Zutaten miteinander verbunden haben und die Mischung leicht klebrig ist.

1 gehäuften Teelöffel Teig aufnehmen, zu einer Kugel formen und leicht abflachen. Sämtlichen Teig in dieser Weise zu Plätzchen formen. Das Öl in einer tiefen Pfanne oder einem Wok erhitzen und die Plätzchen darin portionsweise in 5 Minuten goldbraun braten; nach der Hälfte der Zeit wenden. Auf Küchenpapier abtropfen lassen. Ergibt 50 Stück.

Diese Plätzchen bündeln eine geballte Ladung fernöstlicher Aromen in einem Bissen – optimal zu Drinks wie Martini, Gin Tonic oder Wodka-Shot.

Pikante Nussplätzchen

Artischocken-Torteletts

115 g Artischockenherzen in Öl, abgetropft
15 Knoblauchzehen, geröstet, bis sie weich sind
3 EL Olivenöl
½ TL Trüffelöl
Meersalz, schwarzer Pfeffer, frisch gemahlen
24 vorgebackene kleine Mürbeteigböden (s. S. 78)
3 EL gehobelter Parmesan

Die Artischockenherzen, den Knoblauch, das Olivenöl und das Trüffelöl im Mixer oder in der Küchenmaschine pürieren, bis die Mischung glatt ist; mit Salz und Pfeffer abschmecken. Je 1 Teelöffel der Mischung in die Torteletteböden häufen und mit gehobeltem Parmesan garnieren. Ergibt 24 Stück.

Gravlax mit Dillsauce auf Pumpernickel

1 Eigelb
1 TL körniger Senf
1 EL Zitronensaft
½ TL Zucker
Meersalz, schwarzer Pfeffer, frisch gemahlen
3 EL natives Olivenöl extra
185 ml helles Olivenöl
3 TL fein gehackter Dill
150 g Gravlax (s. S. 118) oder Räucherlachs
30 kleine Scheiben Pumpernickel

In einer Schüssel das Eigelb, den Senf, den Zitronensaft, den Zucker und ½ Teelöffel Salz verquirlen. Beide Öle in einem Kännchen verrühren und langsam unter ständigem Schlagen in die Eimischung gießen, bis sämtliches Öl eingearbeitet und die Sauce dick ist. Den fein gehackten Dill unterziehen und beiseitestellen.

Den Lachs auf die Pumpernickelscheiben legen und mit etwas Dillsauce überziehen. Mit Pfeffer würzen und servieren. Ergibt 30 Stück.

Torteletts mit Weiße-Bohnen-Püree und Kirschtomaten

100 g getrocknete weiße Bohnen, über Nacht eingeweicht
2 Knoblauchzehen
24 Kirschtomaten
125 ml Olivenöl
1½ EL Zitronenthymian
Meersalz, schwarzer Pfeffer, frisch gemahlen
24 vorgebackene kleine Mürbeteigböden (s. S. 78)

Die eingeweichten Bohnen abgießen, mit dem Knoblauch in einen Topf geben und mit Wasser bedecken. Zum Kochen bringen und bei mäßiger Hitze 30 Minuten garen. Nach 25 Minuten Garzeit 2 Teelöffel Salz in das Kochwasser geben. Inzwischen den Ofen auf 180 °C vorheizen. Die Tomaten in eine Bratenpfanne legen, 3 Esslöffel Olivenöl, 2 Teelöffel Zitronenthymian und ½ Teelöffel Salz darüber verteilen und im Ofen 30 Minuten rösten. Prüfen, ob die Bohnen weich sind, und dann abgießen und mit dem restlichen Olivenöl und Zitronenthymian pürieren. Mit Salz und Pfeffer abschmecken.

Jedes Tortelett mit 1 Teelöffel Bohnenpüree füllen und mit 1 gerösteten Tomate krönen. Sofort servieren. Ergibt 24 Stück.

Frittierte Kokosgarnelen

4 Eiweiß
125 g Mehl
100 g Kokosraspel
170 ml Öl
20 rohe Garnelen, bis auf die Schwanzfächer geschält, Därme entfernt
süße Chili-Ingwer-Sauce und Limettenspalten zum Servieren

Die Eiweiße in einer Schüssel schaumig schlagen. Das Mehl und die Kokosraspel auf zwei separate Teller streuen. Das Öl in einer tiefen Pfanne oder einem Wok erhitzen. Während das Öl heiß wird, jede Garnele in dem Mehl wenden, durch das Eiweiß ziehen und mit Kokosraspeln panieren.

Sobald das Öl heiß ist (wenn Sie einen Holzstiel hineinhalten, sollten Bläschen daran aufsteigen), je fünf Garnelen vorsichtig hineingleiten lassen und von einer Seite bräunen. Umdrehen und frittieren, bis sie rundherum goldbraun und knusprig sind. Herausheben und auf Küchenpapier abtropfen lassen. Mit süßer Chili-Ingwer-Sauce und einem Spritzer Limette servieren. Ergibt 20 Stück.

Garnelen mit Zitronengras

Würzige Krabbenhäppchen

Garnelen mit Zitronengras

20 kleine Bambusspieße
2 Stängel Zitronengras, geputzt und grob gehackt
1 Handvoll Koriandergrün
4 EL gemahlener Reis
1 EL geriebener Palmzucker
2 EL Limettensaft
20 rohe Riesengarnelen, bis auf die Schwanzfächer geschält
Limettenspalten zum Servieren

Die Bambusspieße in kaltem Wasser einweichen. Das Zitronengras, das Koriandergrün, den gemahlenen Reis, den Palmzucker und den Limettensaft in der Küchenmaschine zu einer dicken Paste verarbeiten. Beiseitestellen.

Den Rücken der Garnelen mit einem scharfen Messer aufschneiden und die schwarzen Därme herausziehen. Die Garnelen aufklappen und mit der Handfläche leicht flach drücken. Die entstandene Fläche mit 1 Teelöffel der Paste bestreichen und die Garnelen so an der Paste vorbei auf die Spieße stecken, dass sie nicht wieder herunterfällt. Die Garnelenspieße auf dem Grill oder in der Pfanne von jeder Seite einige Minuten garen, bis sie sich orangerot gefärbt haben. Mit Limettenspalten servieren. Ergibt 20 Stück.

Würzige Krabbenhäppchen

10 Scheiben Weißbrot, entrindet
2½ EL Olivenöl
250 g gegartes Krebsfleisch, zerpflückt
2 EL abgeriebene Zitronenschale
1 EL natives Olivenöl extra
1 kleine rote Chilischote, von den Samen befreit und fein gehackt
3 EL fein gehackte glatte Petersilie
2 TL Zitronensaft
40 junge Spinatblätter

Den Ofen auf 150 °C vorheizen. Aus jeder Scheibe Weißbrot mit einem Plätzchenausstecher vier runde Häppchen stanzen. Auf ein Backblech legen, leicht mit Olivenöl einpinseln und goldbraun backen. Abkühlen lassen. Das Krebsfleisch in einer Schüssel mit den restlichen Zutaten sorgfältig vermengen. Jedes geröstete Häppchen mit 1 Spinatblatt belegen und 1 gehäuften Teelöffel Belag daraufsetzen. Sofort servieren. Ergibt 40 Stück.

Chili-Kürbis-Quesadillas

4 EL entsteinte und gehackte schwarze Oliven
1 große rote Chilischote, von den Samen befreit und gehackt
125 ml Olivenöl
500 g Kürbisfleisch
1 TL geräuchertes Paprikapulver
300 g geriebener Mozzarella
150 g Schafskäse (Feta), zerkrümelt
10 Maistortillas von 16 cm Durchmesser
1 Bund Koriandergrün

Den Ofen auf 180 °C vorheizen. Die Oliven, den Chili und das Olivenöl im Mixer zu einem scharfen Würzöl verarbeiten. Das Kürbisfleisch klein würfeln und auf ein Backblech legen. Mit etwas Chiliöl beträufeln und mit dem Paprikapulver bestreuen. Im Ofen in 30 Minuten goldbraun und weich backen. Den Mozzarella und den Schafskäse vermengen.

Eine Tortilla auf ein sauberes Brett legen. Großzügig mit der Käsemischung bestreuen, mit einigen gerösteten Kürbiswürfeln und Korianderblättern bedecken und eine zweite Tortilla auflegen. Großzügig mit Chiliöl bestreichen und beiseitelegen. Die restlichen Tortillas in gleicher Weise vorbereiten. Die Quesadillas auf ein eingeöltes Blech legen und 7 Minuten im Ofen backen. Wenden und weitere 7–8 Minuten backen. Aus dem Ofen nehmen, in je vier Ecken schneiden und sofort servieren. Ergibt 20 Stück.

Garnelen mit Zitronengras, feurige Häppchen und knusprige Quesadillas . . . noch einen Daiquiri gefällig?

Chili-Kürbis-Quesadillas

Fischröllchen mit Cashewpaste

115 g gesalzene, geröstete Cashewkerne
1 große rote Chilischote, von den Samen befreit und grob gehackt
1 Handvoll Koriandergrün
1 TL fein abgeriebene unbehandelte Limettenschale
1 EL Limettensaft
500 g weißfleischiges Fischfilet (z. B. Kabeljau), in 12 Portionen zerteilt
12 kleine Reispapierblätter
2 EL Erdnussöl
2 EL chinesischer schwarzer Essig oder Balsamicoessig zum Servieren

Die Cashews, den Chili, das Koriandergrün sowie Limettensaft und -schale im Mixer zu einer Paste zermahlen. Jedes Fischstück mit 1 Esslöffel Paste bedecken. Ein Reispapierblatt kurz in Wasser einweichen. Auf die trockene Arbeitsfläche legen, ein Fischstück daraufsetzen und in das Blatt einschlagen. Auf diese Art alle Reispapierblätter und Fischstücke verarbeiten.

Die Hälfte des Öls in einer beschichteten Pfanne auf mittlerer Stufe erhitzen und die Röllchen von jeder Seite in 3 Minuten goldbraun braten. Bei Bedarf weiteres Öl zugeben. Mit Essig zum Dippen servieren. Ergibt 12 Stück.

Lachs im Teigmantel

300 g Lachsfilet, enthäutet und sorgfältig entgrätet
2 TL Sumach
1 TL frisch geriebener Ingwer
100 g weiche Butterwürfel
1 EL fein gehackter kandierter Ingwer
1 EL Korinthen
1 Kaffir-Limettenblatt, in feine Streifen geschnitten
2 kleine Platten Blätterteig (Fertigprodukt), aufgetaut
2 EL Milch

Den Ofen auf 200 °C vorheizen. Das Lachsfilet der Länge nach in vier Streifen von 2 cm Breite schneiden. Sumach, Ingwer, Butter, kandierten Ingwer, Korinthen und Limettenblatt gründlich verrühren. Jede Teigplatte in zwei Hälften schneiden und jeweils der Länge nach einen Lachsstreifen darauflegen. Den Fisch mit je einem Viertel der Würzbutter bestreichen, in den Teig einschlagen und den Rand fest zusammendrücken. Die Päckchen mit etwas Abstand auf ein mit Backpapier bedecktes Blech legen und mit Milch einpinseln. Im Ofen in 20–25 Minuten goldbraun backen. Leicht abkühlen lassen, in 2,5 cm dicke Scheiben schneiden und lauwarm servieren. Ergibt 30 Stück.

Frittierter Tofu mit Gurkensauce

1 Eiweiß
2 Knoblauchzehen, zerstoßen
1 TL frisch geriebener Ingwer
500 g fester Tofu, in 2 cm große Würfel geschnitten
3 EL Zucker, plus 1 TL Zucker
2 TL Limettensaft
1 TL fein gehackte rote Chilischote
3 EL fein gewürfelte Salatgurke
2 EL fein gehacktes Koriandergrün
60 g Maisstärke
1 EL gemahlener Sichuan-Pfeffer
1 kleine rote Chilischote, von den Samen befreit und fein gehackt
je 1 TL Meersalz sowie frisch gemahlener weißer und schwarzer Pfeffer
300 ml Erdnussöl zum Frittieren

Das Eiweiß in einer Schüssel leicht schlagen. Knoblauch, Ingwer und Tofu sorgfältig untermengen. Über Nacht zugedeckt in den Kühlschrank stellen.

Für die Sauce 3 Esslöffel Zucker und 4 Esslöffel Wasser in einem Topf aufkochen. Abkühlen lassen, dann den Limettensaft, den Teelöffel Chili, die Gurke und das Koriandergrün unterrühren.

Auf einem Teller die Stärke, den Sichuan-Pfeffer, 1 Teelöffel Zucker, den restlichen Chili, das Salz sowie den weißen und schwarzen Pfeffer vermengen. In einem Topf das Öl auf mittlerer Stufe erhitzen. Den Tofu in der Stärke wenden, überschüssige Stärke abschütteln und portionsweise in dem Öl 1 Minute frittieren, bis er Farbe genommen hat. Auf Küchenpapier entfetten und mit Gurkensauce sofort servieren. Vorspeise für 6–8 Personen.

Schinken-Mozzarella-Wraps

2 Eiertomaten
20 dünne Scheiben roher Schinken
200 g Mozzarella, in dünne Scheiben geschnitten
schwarzer Pfeffer, frisch gemahlen

Jede Tomate senkrecht in zehn Scheiben schneiden und dann halbieren. Eine Scheibe Schinken mit einer halbe Tomatenscheibe, einer Scheibe Mozzarella und einer weiteren Tomatenscheibe belegen; pfeffern und fest zusammenrollen. Die restlichen Zutaten in gleicher Weise verarbeiten. Eine gefettete Pfanne auf mittlerer Stufe erhitzen und die Wraps darin in 2–3 Minuten goldbraun braten. Ergibt 20 Stück.

Kokospfannkuchen mit Ente

Kokospfannkuchen mit Ente

1 gebratene Ente (vom Chinesen), Fleisch und Haut zerpflückt
2 TL Fünf-Gewürze-Pulver
175 g Reismehl, Meersalz
1 Dose (425 ml) Kokosmilch
1 Ei, verquirlt
1 EL geriebener Palmzucker
1 TL frisch geriebener Ingwer
1–2 EL Erdnussöl
1 große Handvoll Koriandergrün
Hoisin- oder Pflaumensauce (Asia-Laden), zum Servieren

Die Haut der Ente auf ein Blech legen und unter dem vorgeheizten Backofengrill in 1–2 Minuten knusprig grillen. In einer Schüssel mit dem Fleisch und etwaigem Saft und dem Fünf-Gewürze-Pulver vermengen.

Das Reismehl und ¼ Teelöffel Salz in eine Schüssel sieben. In der Mitte eine Mulde bilden, die Kokosmilch, das Ei, den Zucker und den Ingwer hineingeben und alles zu einem Pfannkuchenteig verschlagen.

Das Öl in einer Pfanne auf mittlerer Stufe erhitzen. Zwei oder drei Korianderblätter hineinlegen, 2 Esslöffel Teig darüberträufeln und zu einem Pfannkuchen von 10 cm Durchmesser verstreichen. Backen, bis der Rand knusprig zu werden beginnt. Wenden und fertig backen; auf einem Teller beiseitestellen. Sämtlichen Teig so verarbeiten. Etwas Ente am Rand der Pfannkuchen verteilen und mit Hoisin- oder Pflaumensauce beträufeln. Fest zusammenrollen und servieren. Ergibt 20 Stück.

Ziegenkäse im Filoteig

2 Blätter Filoteig
50 g Butter, zerlassen
einige Zweige frischer Thymian
150 g Ziegenfrischkäse
250 ml Sahne
1 Ei, verquirlt
3 Eigelb
Meersalz, schwarzer Pfeffer, frisch gemahlen

Den Ofen auf 180 °C vorheizen. Die Teigblätter in Vierecke von etwa 5 × 7 cm Größe schneiden. Drei 12er-Muffinbleche mit flachen Mulden ausbuttern und mit je einem Teigstück auskleiden. Den Teig sorgfältig in die Mulden einpassen. Mit zerlassener Butter bestreichen und etwas Thymian hineingeben. Ein zweites Teigstückchen darüberlegen, mit weiterer Butter bestreichen und einige Minuten im Ofen backen, bis der Teig goldgelb ist.

Den Ziegenkäse in eine Schüssel geben. Langsam die Sahne zugießen und dabei den Käse mit einer Gabel zerdrücken, bis die Creme glatt ist. Das Ei und die Eigelbe einarbeiten und kräftig mit Meersalz und Pfeffer würzen. Die Creme auf den Teig löffeln und 12 Minuten backen, bis sie goldbraun und aufgegangen ist. Ergibt 36 Stück.

Grissini

2 TL getrocknete oder 15 g frische Hefe
½ TL Zucker
300 g Mehl
2 EL schwarzer Sesam
1 EL gemahlener Kreuzkümmel
2 EL gehackter Thymian
Meersalz
1 Ei
1 EL Olivenöl

In einer kleinen Schüssel die Hefe mit 250 ml warmem Wasser und dem Zucker verrühren und 5–10 Minuten stehen lassen, bis die Mischung zu schäumen beginnt. Das Mehl, den Sesam, den Kreuzkümmel, den Thymian und ½ Teelöffel Salz in einer großen Schüssel vermengen und in der Mitte eine Mulde bilden. Das Hefewasser hineingießen, alles zu einem weichen Teig verarbeiten und dann auf der bemehlten Arbeitsfläche in 8–10 Minuten glatt und geschmeidig kneten. Zu einer Kugel formen, in eine eingeölte Schüssel legen, mit Frischhaltefolie zudecken und 3 Stunden an einem warmen Ort gehen lassen.

Den Teig, sobald er sein Volumen verdoppelt hat, auf der bemehlten Arbeitsfläche weitere 1–2 Minuten durchkneten. 5 mm dünn ausrollen und in Streifen von etwa 25 cm Länge und 1 cm Breite schneiden. Die Streifen zu langen Würsten rollen und auf ein mit Backpapier bedecktes Blech legen. Zugedeckt 30 Minuten gehen lassen.

Den Ofen auf 180 °C vorheizen. In einer kleinen Schüssel das Ei mit 3 Esslöffeln Wasser verquirlen. Die Teigstangen von oben damit einpinseln und in 15 Minuten goldgelb backen. Die Grissini aus dem Ofen nehmen, rundherum mit dem Olivenöl bestreichen und mit Meersalz bestreuen. Für weitere 4–5 Minuten in den Ofen schieben, bis sie goldbraun sind. Auf einem Gitter abkühlen lassen und luftdicht verschlossen aufbewahren. Ergibt 30–35 Stück.

← Ziegenkäse im Filoteig

Diese salzig-knusprigen Grissini sind ein idealer Knabberspaß zum Aperitif.

Grissini

Dinner

Es geht nichts über herzhafte Würste mit Zwiebelsauce und Kartoffelpüree. Mahlzeiten wie diese kommen besonders in der kalten Jahreszeit zu ihrem Recht und erinnern uns daran, dass die einfachsten Dinge im Leben meist auch die schönsten sind.

Dinnerideen

Töpfe und Pfannen

der Ofen gefüllt mit duftendem Gemüse

Suppen und Saucen

cremige Pürees

goldbraun gebratenes Hähnchen

kalte Nächte und wärmendes Essen

Hühnerbrühe

1 In einen großen Topf mit schwerem Boden 3 l kaltes Wasser füllen. Ein frisches Hähnchen in große Stücke zerteilen und hineinlegen.

2 Das Wasser zum Kochen bringen und die Hitze so regulieren, dass es nur eben siedet. Schaum und Verunreinigungen abschöpfen. 1 klein geschnittene Zwiebel, 2 klein geschnittene Stangen Staudensellerie, 1 in Stücke geschnittene Stange Lauch, 1 Lorbeerblatt, einige Zweige glatte Petersilie und 6 Pfefferkörner zugeben und bei schwacher Hitze 2 Stunden garen.

3 Die Brühe durch ein Sieb in eine Schüssel gießen und abkühlen lassen. Fett, das sich an der Oberfläche absetzt, mit einem großen Löffel abschöpfen. Wenn Sie den Geschmack konzentrieren möchten, die Brühe zurück in den Topf gießen und bei schwacher Hitze einkochen. Wird sie nicht gleich weiterverarbeitet, die abgekühlte Brühe zugedeckt in den Kühlschrank stellen oder einfrieren. Ergibt etwa 2 l.

Tipps & Tricks

- Portionieren Sie größere Mengen Brühe vor dem Einfrieren, so haben Sie immer eine entsprechende Ration für Risottos oder Saucen und Suppen zur Hand. Im Kühlschrank hält sich Brühe 2–3 Tage.

- Aus den Resten eines Brathähnchens lässt sich ebenfalls eine schmackhafte Brühe kochen. Gleich nach dem Essen die Knochen und etwas Suppengemüse in einen großen Topf geben, mit Wasser bedecken und wie beschrieben garen. Ist noch eine nennenswerte Menge Fleisch übrig, dieses in Stücke zerpflücken und am nächsten Tag als Suppeneinlage verwenden. Die Mühe lohnt sich besonders bei Biogeflügel. Das zerpflückte Fleisch einfach in die durch ein Sieb gegossene Brühe geben, 2 fein gewürfelte Zucchini, 1 geraspelte Karotte, 3 Esslöffel Reis oder Gerstengraupen, 2 fein geschnittene Frühlingszwiebeln und etwas grob gehackte glatte Petersilie hinzufügen und garen, bis Reis oder Graupen weich sind.

Klassische Fonds und Brühen

Kalbsfond

Den Ofen auf 200 °C vorheizen. 1 kg Kalbsknochen in einem Bräter mit 2 Esslöffeln Olivenöl einreiben und 30 Minuten im Ofen rösten. 2 gewürfelte Zwiebeln, 3 Knoblauchzehen, 2 grob zerkleinerte Stangen Lauch, 2 klein geschnittene Stangen Sellerie und 2 große, grob gewürfelte Tomaten zugeben und 1 weitere Stunde rösten, bis die Knochen gut gebräunt sind. Knochen und Gemüse in einen großen Schmortopf umfüllen und mit reichlich kaltem Wasser bedecken. Zum Kochen bringen, entstehenden Schaum abschöpfen. 1 Lorbeerblatt und 6 schwarze Pfefferkörner zugeben. Den Fond bei schwacher Hitze 4 Stunden garen, durch ein Sieb in eine Schüssel gießen und abkühlen lassen. Das sich an der Oberfläche absetzende Fett abschöpfen. Den Fond zurück in den Topf gießen und bei schwacher Hitze einkochen, um den Geschmack zu konzentrieren. Ergibt etwa 2 l.

Gemüsebrühe

2 Esslöffel Butter, 2 zerstoßene Knoblauchzehen und 2 grob gewürfelte Zwiebeln in einen großen Topf mit schwerem Boden geben. Bei mittlerer Hitze unter Rühren anschwitzen, bis die Zwiebeln glasig sind. 4 grob zerkleinerte Stangen Lauch, 3 grob gewürfelte Karotten, 3 grob gewürfelte Stangen Sellerie, 1 grob gewürfelte Knolle Gemüsefenchel, 1 Handvoll glatte Petersilie, 2 Zweige Thymian und 2 schwarze Pfefferkörner zugeben und mit 4 l Wasser bedecken. Zum Kochen bringen und auf kleiner Flamme 2 Stunden garen. Abkühlen lassen und durch ein Sieb in einen anderen Topf gießen; das Gemüse mit einer Kelle gut ausdrücken. Erneut aufkochen und bei schwacher Hitze auf etwa die Hälfte einkochen. Ergibt etwa 2 l.

Dashi

In einem großen Topf mit schwerem Boden 2 l kaltes Wasser und 30 g getrockneten Kombu langsam zum Kochen bringen. Die Hitze so regulieren, dass das Wasser nach etwa 10 Minuten den Siedepunkt erreicht. Kurz vor dem Aufwallen den Kombu an der dicksten Stelle testen. Fühlt er sich weich an und lässt er sich mühelos mit dem Daumennagel einritzen, herausnehmen. Wenn das Wasser kocht, 125 ml kaltes Wasser und 20 g Bonitoflocken hineingeben. Erneut aufkochen, den Topf von der Kochstelle nehmen und die Dashi abschäumen. Sobald die Bonitoflocken auf den Topfboden gesunken sind, die Brühe durch ein Mulltuch oder ein sehr feines Sieb in eine Schüssel passieren. Sie sollte klar und frei von Bonitoflocken sein. Ergibt etwa 2 l.

Fischfond

1 kg Fischgräten und -abschnitte in einem großen Topf mit 2 l Wasser bedecken. Nur eben zum Kochen bringen und knapp unter dem Siedepunkt 20 Minuten ziehen lassen. Den Fond durch ein feines Sieb in einen sauberen Topf gießen. 1 gehackte Zwiebel, 1 gewürfelte Karotte, 1 in Scheiben geschnittene Knolle Gemüsefenchel, 2 in Stücke geschnittene Stangen Sellerie, je einige Zweige Thymian und Petersilie sowie 4 schwarze Pfefferkörner zugeben, zum Kochen bringen und bei schwacher Hitze 35 Minuten garen. Durch ein Sieb in eine Schüssel passieren und abkühlen lassen. Ergibt etwa 1 l.

Klassische Suppen

Tomatensuppe mit Basilikum

In einem großen Topf 2 fein gewürfelte rote Zwiebeln und 2 fein gehackte Knoblauchzehen in 3 Esslöffeln Olivenöl bei mäßiger Hitze glasig schwitzen. 1 kg grob gewürfelte reife Tomaten zugeben, 5 Minuten anschwitzen und 1 l Gemüsebrühe (s. S. 284) zugießen. Nur eben zum Sieden bringen und auf kleiner Flamme 20 Minuten köcheln lassen. Abkühlen lassen, 15 große Basilikumblätter und 1 Esslöffel Sojasauce unterrühren und die Suppe in der Küchenmaschine pürieren, bis sie glatt ist. Zurück in den Topf gießen, mit Meersalz und frisch gemahlenem schwarzem Pfeffer abschmecken und vor dem Servieren wieder erhitzen. Für 4 Personen.

Hühnersuppe

2 fein gewürfelte Scheiben durchwachsenen Speck und 2 fein gewürfelte weiße Zwiebeln in einem großen Topf in 2 Esslöffeln Olivenöl bei mittlerer Hitze anbraten, bis der Speck gebräunt ist. 1 geraspelte Karotte, 1 Lorbeerblatt, 2 große geschälte und gewürfelte Kartoffeln und 3 in dünne Scheiben geschnittene Stangen Sellerie zugeben und 1 weitere Minute anschwitzen. 2 klein gewürfelte Hähnchenbrustfilets und 1½ l Hühnerbrühe (s. S. 282) zugeben und 30 Minuten garen. Die Suppe mit Meersalz und frisch gemahlenem weißem Pfeffer abschmecken. Kurz vor dem Servieren 1 Handvoll grob gehackte glatte Petersilie unterrühren. Für eine gehaltvollere Version die Suppe in Teller schöpfen und 1 Esslöffel Sauerrahm hineingeben. Für 4 Personen.

Nudelsuppe mit Entenbrust

2 Entenbrüste von überschüssigem Fett befreien. Das Fleisch quer zur Faser in 5 mm dünne Scheiben schneiden, 8 Frühlingszwiebeln in 3 cm lange Stücke schneiden. Das Entenfett in einer Pfanne auslassen, die Frühlingszwiebeln darin kurz sautieren und beiseitestellen. 250 g Soba-Nudeln in kochendem Wasser garen, abtropfen lassen und beiseitestellen. In einem Topf 1½ Liter Dashi (s. S. 285), 4 Esslöffel Sojasauce und 1 Esslöffel Zucker aufkochen und bei geringer Hitze 10 Minuten köcheln lassen. Die Entenbrustscheiben in die Brühe legen und 1 Minute garen. Die Nudeln, das Entenfleisch und die sautierten Frühlingszwiebeln auf vorgewärmte Schalen verteilen, die heiße Brühe darüberschöpfen und servieren. Für 4 Personen.

Fischsuppe

In einem großen Topf 2 Esslöffel Olivenöl erhitzen. 1 in feine Streifen geschnittene Zwiebel, 2 zerstoßene Knoblauchzehen und 1 großzügige Prise Safranfäden hineingeben und bei schwacher bis mäßiger Hitze farblos anschwitzen. 1 fein gewürfelte Knolle Gemüsefenchel zufügen, einige Minuten anschwitzen und 3 fein gewürfelte Tomaten unterrühren. 1½ l Fischfond (s. S. 285) zugießen und 10 Minuten garen. 500 g in mundgerechte Stücke geschnittenes Lengfilet hineingeben und in einigen Minuten behutsam garen. Die Suppe mit Meersalz und frisch gemahlenem schwarzem Pfeffer abschmecken und mit einem Spritzer Zitronensaft und nativem Olivenöl extra vollenden. Mit knusprig geröstetem Brot servieren. Für 4 Personen.

Brathähnchen

1 Den Ofen auf 200 °C vorheizen. Ein Masthähnchen (Poularde) von 1,8 kg unter fließendem kaltem Wasser waschen und mit Küchenpapier abtrocknen. 1 Handvoll Zitronenthymian in einem Bräter verteilen. Das Hähnchen rundherum kräftig mit Salz einreiben und mit der Brust nach oben auf das Kräuterbett in die Pfanne setzen.

2 1 unbehandelte Zitrone halbieren, 1 weiße Zwiebel vierteln. Zwiebel, Zitrone und einige Zweige Zitronenthymian in die Bauchhöhle des Vogels stecken. Auf den Brustfilets mit den Fingern zwischen Haut und Fleisch fahren und auf diese Weise die Haut etwas ablösen, sodass zwei Taschen entstehen. Je 1 Esslöffel kalte Butter darin verstreichen.

3 Das Hähnchen im Ofen 1 Stunde 15 Minuten braten, bis das Fleisch durchgegart ist. Zur Garprobe eine Keule vom Rumpf wegziehen – der am Gelenk austretende Saft sollte klar, nicht blutig sein. Ist das Hähnchen gar, den Saft von 2 Zitronen darüber auspressen und weitere 5 Minuten garen. Aus dem Ofen nehmen und vor dem Tranchieren 10 Minuten ruhen lassen. Die Hähnchenstücke auf einer Platte anrichten und mit etwas Bratensaft übergießen. Für 4 Personen.

Tipps & Tricks

- Hähnchen ist enorm wandlungsfähig und verträgt sich mit den verschiedensten Aromen. Wenn Ihnen nach etwas Abwechslung ist, reiben Sie das Geflügel mit chinesischem Fünf-Gewürze-Pulver ein und schon wähnen Sie sich in Asien, oder probieren Sie es mit der säuerlich-pfeffrigen Note von Sumach. Sie können das Hähnchen auch kurz vor Ende der Garzeit mit Honig beträufeln oder mit Sojasauce glasieren. Noch eine Möglichkeit: Das Geflügel vor dem Braten mit fein gehacktem Ingwer und Zitronengras einreiben und Ingwer- und Zitronengrasstücke in die Bauchhöhle stecken. Kurz vor Ende der Garzeit das Hähnchen mit Limettensaft beträufeln.

- Wenn Sie schon dabei sind, braten Sie am besten gleich zwei Hähnchen. Gegartes Hähnchenfleisch im Kühlschrank ist immer ein willkommener Vorrat für einen Imbiss. Besonders im Sommer bietet gewürfeltes oder zerpflücktes Hähnchenfleisch zahlreiche interessante Möglichkeiten für Salate und vieles mehr.

Klassische Braten

Rind

Den Ofen auf 220 °C vorheizen. Einen Rinderbraten von 2 kg (Hochrippe, Roastbeef) in einen Bräter legen und auf Raumtemperatur erwärmen lassen. Das Fleisch rundherum mit Olivenöl einreiben und mit 1 Teelöffel Meersalz und 1 Teelöffel frisch gemahlenem schwarzem Pfeffer würzen. Im Ofen 20 Minuten braten, die Temperatur auf 180 °C herunterstellen und 1 weitere Stunde garen. Den Braten auf eine vorgewärmte Platte setzen, mit Alufolie bedecken und vor dem Tranchieren 15 Minuten ruhen lassen. Mit Ofengemüse, Senf und Meerrettich und/oder Yorkshire-Puddings (s. S. 292) servieren. Für 6–8 Personen.

Lamm

Den Ofen auf 200 °C vorheizen. Eine Lammkeule von etwa 1,5 kg mit der Spitze eines kleinen, scharfen Messers rundherum mit zehn kleinen Einschnitten versehen. Das Fleisch mit etwas Olivenöl einfetten und die Haut mit Salz und frisch gemahlenem Pfeffer einreiben. 5 Knoblauchzehen schälen, halbieren und in die Einschnitte stecken. 1 Bund Rosmarin in einem Bräter verteilen, die Lammkeule daraufsetzen und 30 Minuten im Ofen braten. Das Fleisch mit dem Bratensaft übergießen und weitere 40 Minuten garen. Auf eine vorgewärmte Platte setzen, mit Alufolie zudecken und vor dem Tranchieren 15 Minuten ruhen lassen. Mit Ofengemüse und frischer Minzesauce (s. S. 292) servieren. Für 6 Personen.

Schwein

Bitten Sie den Schlachter, die Schwarte eines Schulterbratens von etwa 1,5 kg einzuritzen. Den Ofen auf 220 °C vorheizen. Das Fleisch mit Küchenpapier trocken tupfen, die Schwarte kräftig mit Salz einreiben und mit frisch gemahlenem schwarzem Pfeffer würzen. Einige Zweige Salbei in einem Bräter verteilen und den Braten mit der Schwarte nach oben daraufsetzen. Im Ofen 25 Minuten garen, die Temperatur auf 180 °C reduzieren und 1 weitere Stunde braten. Zur Garprobe das Fleisch in der Mitte einstechen – der austretende Saft sollte klar sein. Den Braten auf eine vorgewärmte Platte heben, mit Alufolie zudecken und vor dem Tranchieren 15 Minuten ruhen lassen. Ist die Schwarte nicht knusprig, diese mit einem scharfen Messer ablösen und im oberen Teil des Ofens noch einige Minuten bräunen. Mit Apfelsauce oder Backäpfeln (s. S. 293) servieren. Für 6 Personen.

Fisch

In einer Bratenpfanne 2 grob gehackte Stängel Zitronengras, 1 großes, in dicke Scheiben geschnittenes Stück Ingwer und 3 Frühlingszwiebeln, in 4 cm lange Stücke geschnitten, vermengen; 250 ml Weißwein zugießen. Einen ganzen küchenfertig ausgenommenen Snapper oder Meerbrassen von 1,5 kg unter fließendem kaltem Wasser waschen und mit Küchenpapier abtrocknen. Die Haut mit einem scharfen Messer kreuzweise einschneiden. Den Fisch mit etwas Meersalz einreiben und auf das Gemüsebett in die Pfanne legen. 1 in feine Scheiben geschnittenen Stängel Zitronengras und einige dicke Zitronenscheiben in die Bauchhöhle des Fischs stecken. Den Fisch mit 2 Esslöffeln Olivenöl beträufeln und im Ofen 35–40 Minuten braten. Mit Zitronenspalten oder Chili-Limetten-Sauce (s. S. 293) und Koriandergrün servieren. Für 4 Personen.

Klassische Beilagen

Yorkshire-Puddings

125 g Mehl und ½ Teelöffel Salz in eine Schüssel sieben und in der Mitte eine Mulde bilden. 2 Eier hineinschlagen und einarbeiten, dabei unter ständigem Rühren nach und nach 250 ml Milch zugießen, sodass ein glatter Teig entsteht. Den Teig in einen Krug füllen. Ein 12er-Muffinblech großzügig einölen (für Mini-Puddings zwei 12er-Muffinbleche verwenden) und im 200 °C heißen Ofen 15 Minuten erhitzen. Aus dem Ofen nehmen und die Mulden rasch halbhoch mit Teig füllen. Sofort wieder in den Ofen schieben und 25 Minuten backen. Ergibt 12 normale oder 24 Mini-Puddings.

Frische Minzesauce

1 Handvoll frische Minze auf ein Küchenbrett legen, mit 1 Teelöffel Zucker bestreuen und fein hacken. Die Mischung in eine Servierschüssel oder einen Krug geben, 1 weiteren Teelöffel Zucker, 2 Esslöffel kochendes Wasser und 4 Esslöffel Cidreessig hinzufügen und gut verrühren. Ergibt etwa 150 ml.

Bei einem englischen *roast dinner* ächzt der Tisch

Backäpfel

Den Ofen auf 180 °C vorheizen. In einer kleinen Schüssel 2 Esslöffel Balsamicoessig, 1 Esslöffel Honig, 1 Esslöffel zerlassene Butter und 1 kräftige Prise frisch gemahlenen schwarzen Pfeffer verrühren. 3 Äpfel vierteln, entkernen und in der Marinade wenden. Mit der Schale nach unten in eine kleine Bratenpfanne legen und mit der restlichen Marinade übergießen. Die Äpfel im Ofen 30 Minuten backen, wenden und weitere 15 Minuten garen. Für 6 Personen.

Chili-Limetten-Sauce

In einem Topf mit schwerem Boden 125 g geriebenen Palmzucker und 170 ml Wasser verrühren, aufkochen und 3 Minuten kochen lassen. 1 Esslöffel getrocknete rote Chiliflocken unterrühren, die Sauce vom Herd nehmen und abkühlen lassen. Zuletzt 2 Esslöffel Limettensaft untermengen. Ergibt 200 ml.

unter der Last – hier ein paar Ideen dafür.

Klassische Füllungen

Oliven-Basilikum-Füllung für Lamm

85 g entsteinte Kalamata-Oliven, 15 Basilikumblätter, 1 Handvoll glatte Petersilie, 2 Knoblauchzehen und 100 g gemahlene Mandeln in die Küchenmaschine geben und durch ein- bis zweimaliges Betätigen der Impulstaste zu einer groben Paste zermahlen. Die Paste in eine ausgelöste Lammkeule drücken und die Öffnung mit Spießen verschließen. Das Fleisch sofort braten. Für 1 Lammkeule.

Apfel-Salbei-Füllung für Schwein

1 fein gewürfelte Zwiebel, 2 Esslöffel Olivenöl, 2 fein gehackte Knoblauchzehen, 3 in feine Streifen geschnittene Salbeiblätter und 3 fein gewürfelte Scheiben roher Schinken in einer Pfanne bei mittlerer Hitze anschwitzen, bis die Zwiebeln glasig sind. Die Mischung in einer Schüssel mit 100 g frischen Semmelbröseln, 50 g fein gehackten getrockneten Äpfeln und 2 Esslöffeln Apfelsaft vermengen und mit ¼ Teelöffel frisch gemahlenem weißem Pfeffer würzen. Eine Tasche in einen Schweinerückenbraten schneiden, die Füllung hineinpressen und das Fleisch im Ofen braten. Für 1 Schweinerückenbraten.

Füllungen wie diese sind einfach zuzubereiten und

Thymian-Speck-Füllung für Hähnchen

In einer Pfanne 1 fein gewürfelte große Zwiebel, 2 fein gehackte Scheiben durchwachsener Speck, 2 Esslöffel Butter und 1 Esslöffel frischen Thymian vermengen und bei mittlerer Hitze anschwitzen, bis die Zwiebel glasig ist. In eine Schüssel geben, 125 g frische Semmelbrösel, die fein geriebene Schale und den Saft von 1 unbehandelten Zitrone, 1 Handvoll grob gehackte glatte Petersilie und 1 Ei zufügen und alles gründlich vermengen. Das Hähnchen mit der Mischung füllen und im Ofen braten. Für 1 Hähnchen.

Spinat-Walnuss-Füllung für Rind

500 g Spinat waschen, sorgfältig abtropfen lassen und grob hacken, dicke Blattrippen zuvor entfernen. In einer Pfanne 1 fein gewürfelte Zwiebel und 2 ganz fein gehackte Knoblauchzehen in 1 Esslöffel Butter bei mittlerer Hitze glasig schwitzen. Den Spinat zugeben und 2 Minuten sautieren; abkühlen lassen. 100 g Walnusskerne im Mixer grob zermahlen, unter den Spinat mischen und mit etwas Meersalz und frisch gemahlenem schwarzem Pfeffer würzen. 1 Rinderfilet mit einem langen scharfen Messer der Länge nach einschneiden. Die Füllung in den Einschnitt drücken und das Filet blutig bis rosa braten. Für 1 Rinderfilet.

verleihen jedem Braten Geschmack und Pfiff.

Fisch in der Salzkruste

1 Zum Backen in der Salzkruste benötigen Sie einen ganzen, ausgenommenen, jedoch nicht geschuppten Fisch von 1,5 kg (am besten geeignet sind Snapper, Meerbrassen und Wolfsbarsch) sowie 1,5 kg grobes Meersalz. Den Fisch gründlich waschen, mit Küchenpapier abtrocknen und einige Zweige Dill in die Bauchhöhle stecken.

2 Den Ofen auf 200 °C vorheizen. Etwa ein Drittel des Salzes in einer Bratenpfanne verteilen, sodass der Boden eben bedeckt ist. Den Fisch darauflegen und mit dem restlichen Salz vollständig bedecken. Mithilfe der Hände das Salz nur leicht mit Wasser befeuchten und sorgfältig andrücken, sodass es fest anliegt.

3 Den Fisch 30 Minuten im Ofen backen. Die Pfanne aus dem Ofen nehmen und die Salzkruste aufbrechen. Das lose Salz mit einem Küchenpinsel vorsichtig entfernen und den Fisch freilegen. Die Haut in der Mitte mit einem scharfen Messer einschneiden und abziehen. Das Fleisch mit einem Pfannenwender oder einem großen Messer vorsichtig von der Gräte lösen und auf einer Platte anrichten. Mit jungen Blattsalaten, Zitronenspalten und Zitronensauce oder Zitronenmayonnaise servieren. Für 4 Personen.

Tipps & Tricks

- Neben dem Showeffekt beim Öffnen der Salzkruste hat diese Zubereitungsart den Vorteil, dass der Fisch wunderbar saftig bleibt. Die Schuppen verhindern, dass das Salz in das Fleisch eindringt, stellen Sie also beim Einkauf sicher, dass der Fisch nicht geschuppt ist.

- Falls grobes Meersalz nicht erhältlich ist, nehmen Sie herkömmliches Kochsalz. Auch Kartoffeln lassen sich auf diese Weise zubereiten: Die ungeschälten, vorwiegend festkochenden Kartoffeln in Wasser nicht ganz durchgaren, in eine kleine Bratenpfanne legen und mit Salz bedecken. Im Ofen 30 Minuten backen. Die Kartoffeln in ihrem Salzbett servieren, um den Gästen das Vergnügen zu gönnen, sie selbst auszugraben. Oder die Kartoffeln aus dem Salz befreien und mit dem Fisch auf einer Platte anrichten.

Klassische Saucen

Brotsauce

1 kleine weiße Zwiebel mit 2 Gewürznelken spicken und mit 500 ml Milch, 60 g Butter und 1 Lorbeerblatt in einen Topf mit schwerem Boden geben. Bei mittlerer Hitze rühren, bis die Butter geschmolzen ist. Von der Kochstelle nehmen und 10 Minuten stehen lassen, damit die Aromen durchziehen. Die Zwiebel und das Lorbeerblatt herausnehmen. Die Milch bei mittlerer Hitze bis knapp unter den Siedepunkt erhitzen. Nach und nach 100 g frische Weißbrotbrösel unterrühren und dabei am Topfrand zerdrücken, bis die Sauce glatt ist. 1 weiteren Esslöffel Butter zugeben und mit ½ Teelöffel Salz und ¼ Teelöffel frisch gemahlenem, weißem Pfeffer würzen. Zu Brathähnchen servieren. Für 4–6 Personen.

Zwiebelsauce

4 Zwiebeln in feine Streifen schneiden und in einem Topf mit ¼ Teelöffel fein gehacktem Rosmarin in 1 Esslöffel Butter bei mittlerer Hitze glasig schwitzen. Einen Deckel auflegen und die Zwiebeln auf kleiner Flamme 15 Minuten garen. 250 ml Kalbsfond zugießen (s. S. 284), nur eben zum Sieden bringen und unbedeckt bei schwacher Hitze 10 Minuten leise köcheln lassen. Mit Meersalz und frisch gemahlenem schwarzem Pfeffer abschmecken. Zu Grillwürsten oder gebratenem oder gegrilltem Rindfleisch servieren. Für 4 Personen.

Zitronen-Buttersauce

3 Frühlingszwiebeln in feine Ringe schneiden und in einem kleinen Topf mit schwerem Boden mit dem Saft von 1 Zitrone und 250 ml Fischfond (s. S. 285) vermengen. Zum Kochen bringen und dann bei mittlerer Hitze in 15 Minuten auf die Hälfte einkochen. Die Sauce mit 2 Esslöffeln gewürfelter kalter Butter aufschlagen und über gegarten Fisch ziehen. Für 4–6 Personen.

Rotweinsauce

In einem kleinen Topf 1 Esslöffel fein gewürfelte rote Zwiebel, 1 gehackte Knoblauchzehe, 2 Esslöffel fein gehackten Staudensellerie, 2 Esslöffel geraspelte Karotte und 250 ml Rotwein vermengen und bei schwacher Hitze 10 Minuten köcheln lassen. Die Mischung durch ein Sieb in einen anderen Topf gießen und 250 ml Kalbsfond (s. S. 284) zugießen. Zum Kochen bringen und dann bei mäßiger Hitze in 15 Minuten auf die Hälfte reduzieren. Kurz vor dem Servieren 2 Esslöffel gewürfelte kalte Butter unterschlagen. Zu Lamm oder Rind servieren. Für 4 Personen.

Gemüse

In der Gemüseküche gibt es eigentlich nur eine verbindliche Grundregel, die man beherzigen sollte – saisonal kaufen und kochen. Davon abgesehen können Sie Ihr Gemüse so zubereiten, wie Sie möchten. Doch wie bei allem empfehle ich, die Dinge so unkompliziert wie möglich zu halten. Frisches, hochwertiges Gemüse braucht oft nur etwas Butter und ein paar Gewürze.

Gemüse im Ofen zu rösten oder schmoren, geht ganz einfach und bringt die natürliche Süße vieler Arten durch eine knusprig karamellisierte Kruste gut zur Geltung. Noch ein paar Extras dazu und Ihr Sonntagsbraten schwingt sich in ungeahnte Höhen. Gewürfelter Kürbis etwa lässt sich durch Limettensaft, Olivenöl, ein wenig Sojasauce und fein gehacktes Zitronengras deutlich aufbessern. Im Ofen goldbraun gebacken und zu Brathähnchen serviert – ein Genuss! Auch in Olivenöl goldbraun gebackene Süßkartoffeln, gewürzt mit Kreuzkümmel und etwas rotem Chili, sind nicht zu verachten. Wenn Sie Fleisch und Gemüse gemeinsam in der Pfanne garen, bieten sich Pastinaken an – das leicht süßliche Wurzelgemüse entwickelt in dem würzigen Bratensaft ein wunderbares Aroma. Oder Sie füllen ein Blech mit Strauchtomaten samt Rispen, würzen sie mit Meersalz, frischem Thymian und Olivenöl und backen sie im Ofen, bis die Haut aufzuplatzen beginnt.

Das Schöne an Ofengemüse ist nicht nur das wohlschmeckende Resultat, sondern auch der Umstand, dass es kaum Arbeit macht. Ist es im Ofen, braucht man es nur einmal zu wenden und überlässt es die restliche Zeit einfach sich selbst.

Ganz nebenbei

- Brokkoli, Spinat, Zucchini oder grüne Bohnen müssen nicht langweilig sein. Schon ein paar Tropfen Kräuteröl, süßsalziges Kecap Manis, etwas Limettensaft und Chiliflocken, oder auch Austernsauce, gerösteter Sesam, Butter und Senf oder eine Handvoll geröstete Pinienkerne oder Mandeln verleihen ihm ganz neue Geschmacksnuancen.
- Es geht nichts über frische Erbsen mit Minze. Die frische Minze mit ins Kochwasser geben und ein paar Zweiglein für später zurückbehalten. Die garen Erbsen abtropfen lassen, die frische Minze und etwas Olivenöl untermengen und mit frisch gemahlenem schwarzem Pfeffer würzen.
- Für die perfekten grünen Bohnen das Gemüse in kochendem Wasser bissfest garen, abtropfen lassen und in eine Servierschüssel geben. Mit nativem Olivenöl extra, einem Spritzer Zitronensaft oder Balsamicoessig, Meersalz und frisch gemahlenem schwarzem Pfeffer würzen.
- Bissfest gegarte grüne Bohnen in nativem Olivenöl extra, Zitronensaft und frischem Thymian wenden und auf eine Platte häufen. Cremigen Feta darüberbröckeln und mit frisch gemahlenem schwarzem Pfeffer würzen – eine ebenso einfache wie köstliche Beilage.
- Geröstete rote Paprikaschoten (s. S. 154) verleihen jedem Gericht eine ansprechende süßliche Röstnote. Sie können die Schoten in Öl, Knoblauch, frischen Kräutern und – je nach Rezept – gemahlenem Kreuzkümmel oder Paprika einlegen. Dicke Streifen davon machen sich ausgezeichnet in Salaten, gewürfelt und mit Kräutern verfeinert schmecken sie hervorragend zu gegrilltem Fleisch.
- Frische Maiskolben auf dem Grill garen, die geschwärzten Hüllblätter zurückziehen und den Mais mit einer Schale Mayonnaise, mit Chipotle-Chili oder Tabascosauce scharf abgeschmeckt, servieren. Oder eine Würzbutter mit Koriandergrün, fein gehackten schwarzen Oliven sowie etwas gemahlenem Kreuzkümmel und Paprikapulver zubereiten und auf die heißen Maiskolben streichen.
- Zucchinischeiben mit etwas Knoblauch in Olivenöl braten und mit Meersalz und frisch gemahlenem schwarzem Pfeffer würzen. In eine Bratenpfanne geben, mit fein geriebenem Parmesan bedecken und mit etwas Paprikapulver bestreuen. Unter dem Backofengrill goldbraun gratinieren und zu Grillwürsten oder Lammkoteletts servieren.
- Gemüsefenchel in feine Streifen schneiden und in einer Bratenpfanne mit Olivenöl, Zitronensaft und fein gehackter glatter Petersilie vermengen. Mit Salz und frisch gemahlenem schwarzem Pfeffer würzen und zugedeckt im 200 °C heißen Ofen 30 Minuten backen. Zu Schweinswürsten mit Senf servieren.
- 2 Auberginen im 200 °C heißen Ofen backen, bis sie weich sind. Der Länge nach halbieren, das Fruchtfleisch herauslösen und grob würfeln. Mit Sesampaste (Tahin), Zitronensaft und glatter Petersilie vermengen und mit gemahlenem Kreuzkümmel, Meersalz und frisch gemahlenem schwarzem Pfeffer kräftig abschmecken. Zu gegrillten Lammkoteletts servieren.
- Junge gedämpfte Karotten mit zerlassener Butter, vermischt mit etwas Honig und frischem Thymian, überziehen.

Kartoffeln

Soweit ich weiß, habe ich keine irischen Vorfahren, doch wenn es um Kartoffeln geht, kann ich ganz schön gefräßig werden. Ich bin die Erste, die im Restaurant die Kartoffelspezialität des Hauses bestellt, ob es sich schlicht um knusprige Fritten handelt, um dicke Kartoffelspalten mit Sauerrahm zum Dippen oder um einen riesigen Berg cremiges Kartoffelpüree. Doch bin ich nicht die Einzige, die eine derartige Leidenschaft für die bescheidene Knolle entwickelt – regelmäßig muss ich mit ansehen, wie meine Tischgenossen, die sich eigentlich für einen grünen Salat entschieden hatten, schon bald nach meinen Kartoffeln picken. Frittiert, zerstampft oder gebraten, in Öl geschwenkt, in Butter ertränkt oder mit Sahne püriert, pikant gewürzt oder raffiniert geschichtet, kein Gemüse ist so vielseitig und beliebt wie die Kartoffel.

Kartoffeln perfekt zubereiten

- Verwenden Sie für Pürees grundsätzlich mehligkochende Sorten und erledigen Sie das Zerstampfen gleich nach dem Garen und Abgießen der noch warmen Kartoffeln. Soll die Konsistenz besonders fein und cremig sein, drehen Sie das Gemüse durch ein traditionelles Passiergerät (Flotte Lotte) oder verwenden Sie eine handbetriebene Kartoffelpresse. Pürieren Sie Kartoffeln niemals in der Küchenmaschine, sonst endet Ihr Püree als klebrige Pampe. Und sparen Sie nicht an der Butter, es gibt nichts Schlimmeres als milchigen Kartoffelbrei. Wenn Sie auf Ihre Linie achten müssen, servieren Sie lieber eine Schüssel mit neuen Kartoffeln, die Sie mit frischen Kräutern und ein paar Tropfen bestem Olivenöl würzen.
- Für Salz- und Pellkartoffeln sind am besten festkochende Sorten geeignet. Hier ein Trick, wie man kleine Kartoffeln kocht, ohne dass sie am Ende Auflösungserscheinungen zeigen: Die ganzen Kartoffeln in einem großen Topf mit kaltem Wasser bedecken und salzen. Zum Kochen bringen und zugedeckt einige Minuten köcheln lassen. Den Herd ausschalten und die Kartoffeln zugedeckt in dem heißen Wasser etwa 40 Minuten ziehen lassen. Anschließend sollten sie auf den Punkt gegart, bestens in Form und immer noch heiß sein.
- Frisch gekochte Kartoffeln in reichlich Kräutern wie Dill, Minze, Petersilie und Schnittlauch wenden, grob zerstampfen und in einer vorgewärmten Schüssel servieren.

Everybody's Darling

Kartoffeln aus dem Ofen in allen Variationen schmecken himmlisch, hier ein paar meiner Favoriten:

- Die perfekten Ofenkartoffeln: mehligkochende Kartoffeln schälen und in große Würfel schneiden. (Ich rate dringend, die Menge reichlich zu bemessen, denn auf wundersame Weise scheinen Röstkartoffeln nie zu reichen.) Die Kartoffeln in Salzwasser bissfest kochen. Abgießen, in eine Bratenpfanne geben und mit den Zinken einer Gabel leicht anritzen, damit sich beim Braten eine schöne Kruste entwickelt. Mit Olivenöl übergießen und im 200 °C heißen Ofen rösten, bis sie goldbraun und knusprig sind; zwischendurch mindestens einmal wenden.
- Kartoffelspalten in eine Bratenpfanne legen und etwa 5 mm hoch Wasser einfüllen. Einige großzügige Butterwürfel in der Pfanne verteilen, die Kartoffeln salzen und mit Rosmarin und Thymian bestreuen. Mit Alufolie oder einem Deckel zudecken und im 200 °C heißen Ofen 30 Minuten backen. Dann unbedeckt weiterbacken, bis die Kartoffeln goldbraun und durchgegart sind.
- Kartoffeln in mundgerechte Stücke schneiden und mit ganzen, geschälten Knoblauchzehen in eine Bratenpfanne geben. Mit Olivenöl übergießen und mit Salz, etwas gemahlenem Zimt und Paprikapulver würzen. Gewürze und Öl in die Kartoffeln einreiben und die Stücke im 200 °C heißen Ofen goldbraun und knusprig braten.
- Geschälte Kartoffeln in dünne Scheiben schneiden und in eine kleine ofenfeste Pfanne oder eine Auflaufform schichten. Jede Schicht mit zerlassener Butter bestreichen, mit Salz und sehr fein gehackten frischen Kräuter oder gebratenen Zwiebeln bestreuen und dann mit weiteren Kartoffeln bedecken. Im 200 °C heißen Ofen backen, bis die Kartoffeln weich und an der Oberfläche goldbraun sind. In Stücke schneiden und heiß servieren.
- Kipfler-Kartoffeln oder eine andere kleine festkochende Sorte unter fließendem kaltem Wasser waschen, der Länge nach halbieren und in eine Bratenpfanne legen. Mit Olivenöl und dem Saft von 2 Zitronen übergießen und mit Meersalz würzen. Einige Zweige frischen Rosmarin dazulegen und die Kartoffeln im 200 °C heißen Ofen 1 Stunde backen.

Klassische Pürees

Weiße-Bohnen-Püree

200 g Cannellini-Bohnen über Nacht in kaltem Wasser einweichen. Abtropfen lassen, in einen Topf geben und 4 Knoblauchzehen hinzufügen. Mit reichlich kaltem Wasser bedecken, zum Kochen bringen und bei mittlerer Hitze in etwa 1 Stunde weich garen. 5 Minuten vor Ende der Garzeit 2 Teelöffel Salz dazugeben. Die weichen Bohnen abgießen und von Hand oder in der Küchenmaschine mit 125 ml Olivenöl und 1 Esslöffel frischen Thymianblättchen pürieren. Mit Meersalz und frisch gemahlenem schwarzem Pfeffer abschmecken. In eine vorgewärmte Schüssel füllen und sofort servieren. Passt zu Grillwürsten oder Lamm. Für 4 Personen.

Selleriepüree

1 kg Knollensellerie und 2 Kartoffeln schälen und in Stücke schneiden. Das Gemüse in einem großen Topf mit kaltem Wasser bedecken und salzen. 1 Teelöffel Zitronensaft und 2 Knoblauchzehen zugeben, zum Kochen bringen und etwa 25 Minuten garen, bis sich der Sellerie mit einem Messer mühelos einstechen lässt. Das Gemüse abtropfen lassen und zurück in den Topf geben. 2 Esslöffel Butter und ¼ fein gewürfelte weiße Zwiebel hinzufügen und alles zerstampfen. Dabei nach und nach 125 ml Sahne einarbeiten, bis das Püree glatt und cremig ist. Nach Geschmack würzen und sofort servieren. Passt zu Steaks vom Grill und zu gebratenem Lamm. Für 4 Personen.

Wer kann zu einem warmen, cremigen Püree schon

Kürbispüree

1 kg Muskatkürbis schälen, in Würfel schneiden und in einem großen Topf mit kaltem Salzwasser bedecken. Zum Kochen bringen und 10–12 Minuten garen, bis der Kürbis weich ist. Abtropfen lassen, zurück in den Topf geben und zerstampfen, solange der Kürbis noch heiß ist. 100 g Butter, ¼ Teelöffel frisch gemahlenen weißen Pfeffer und 1 Prise gemahlenen Kreuzkümmel einarbeiten und mit Meersalz abschmecken. Das Kürbispüree in eine vorgewärmte Schüssel füllen und mit etwas nativem Olivenöl extra beträufeln. Zu gegrilltem Lamm oder Steaks servieren. Für 4 Personen.

Kartoffelpüree

1 kg mehligkochende Kartoffeln schälen und in Stücke schneiden. In einem großen Topf mit kaltem Salzwasser bedecken, zum Kochen bringen und etwa 30 Minuten garen. In einem kleinen Topf 125 ml Milch und 100 g Butter auf kleiner Stufe erhitzen, bis die Butter geschmolzen ist. Die Kartoffeln, sobald sie gar sind, abgießen, zurück in den heißen Topf geben und sofort zerstampfen. Die heiße Milch-Butter-Mischung unterrühren und abschmecken. Das Püree in einer vorgewärmten Schüssel anrichten und sofort servieren. Schmeckt hervorragend zu Brathähnchen oder Grillwürsten. Für 4 Personen.

Nein sagen?

Risotto milanese (Safranrisotto)

1 In einem Topf 1 l Hühner- oder Gemüsebrühe (s. S. 282 und 284) auf großer Stufe erhitzen. Kurz bevor die Flüssigkeit aufwallt, die Hitze reduzieren. In einem großen Topf mit schwerem Boden 50 g Butter bei mittlerer Hitze zerlassen. 1 fein gewürfelte Zwiebel und 15 Safranfäden darin anschwitzen, bis die Zwiebel weich und glasig ist.

2 275 g Risottoreis (siehe unten) zugeben und unter Rühren 1 Minute anschwitzen, bis die Reiskörner glasig und rundherum mit der Safranbutter bedeckt sind. 250 ml heiße Brühe zugießen und den Reis unter Rühren behutsam garen, bis er die Flüssigkeit aufgenommen hat. Nach und nach weitere Brühe zugeben und den Risotto unter ständigem Rühren garen, bis der Reis al dente ist – also noch ein wenig Biss hat.

3 In einem weiteren Topf Wasser zum Kochen bringen und darin 175 g grünen Spargel bissfest garen. Abgießen und in mundgerechte Stücke schneiden. 2 Esslöffel Zitronensaft und 85 g frisch geriebenen Parmesan unter den Risotto ziehen und mit Meersalz und frisch gemahlenem schwarzem Pfeffer abschmecken. Auf vorgewärmte Teller verteilen, mit dem Spargel garnieren und servieren. Für 4 Personen.

Tipps & Tricks

- Damit Ihr Risotto tadellos cremig wird, gilt es einiges zu beachten. So sollte die Brühe heiß und griffbereit auf dem Herd stehen. Verwenden Sie hochwertigen Risottoreis wie Arborio, Vialone oder Carnaroli. Notfalls können Sie auch zu gewöhnlichem Rundkornreis greifen (auf keinen Fall Milchreis verwenden!), aber das Resultat wird nicht ganz so überzeugend.

- Sie können Risotto teilweise im Voraus zubereiten. Folgen Sie dem Rezept bis zur Zugabe der ersten 250 ml Brühe. Den Reis unter Rühren garen, bis er die Flüssigkeit aufgenommen hat, und dann vom Herd nehmen. Sobald Sie bereit zum Servieren sind, den Risotto wieder auf den Herd stellen und wie beschrieben fertigstellen. Fertig gegarten Risotto wieder aufzuwärmen, führt in der Regel zu einem klebrigen Brei, da ist diese Methode vorzuziehen.

- Safran sorgt für ein delikates Aroma und eine schöne goldgelbe Farbe, doch wenn Sie der stolze Preis der kostbaren Fäden schreckt, können Sie ihn auch weglassen.

Klassische Risottos

Risotto mit Tomaten

1 l Hühnerbrühe erhitzen. 8 reife Tomaten halbieren, entkernen und in Stücke schneiden. In einem großen Topf mit schwerem Boden 2 Esslöffel Butter und 1 Esslöffel Olivenöl auf mittlerer Stufe erhitzen. 1 fein gewürfelte rote Zwiebel darin glasig schwitzen, 225 g Risottoreis zugeben und 1 Minute rühren, bis die Körner glänzen. 125 ml Weißwein zugießen und unter Rühren einkochen lassen. 250 ml Brühe zugeben und rühren, bis der Reis die Brühe aufgenommen hat. Die Tomaten und weitere 250 ml Brühe folgen lassen und rühren, bis sie aufgenommen ist, dann erneut 250 ml Brühe zugießen. Ist auch sie absorbiert, prüfen, ob der Reis al dente ist. Falls nicht, die restliche Brühe unterrühren und garen, bis der Risotto cremig ist. Mit 100 g frisch geriebenem Parmesan verrühren, auf Tellern anrichten und mit Olivenöl beträufeln. Mit Basilikum garniert servieren. Für 4 Personen.

Risotto mit Speck und Erbsen

1 l Hühnerbrühe erhitzen. In einem zweiten Topf mit schwerem Boden 2 Esslöffel Butter auf mittlerer Stufe zerlassen, 1 fein gewürfelte Zwiebel, 8 fein gehackte Scheiben durchwachsenen Speck und 4 in dünne Streifen geschnittene Salbeiblätter darin glasig schwitzen. 225 g Risottoreis einstreuen und 1 Minute rühren, bis die Körner glänzen. 250 ml Brühe zugießen und unter Rühren vom Reis aufnehmen lassen. Weitere 250 ml zugeben und den Vorgang wiederholen. 150 g tiefgefrorene Erbsen und weitere 250 ml Brühe unterrühren, bis die Flüssigkeit absorbiert ist. Prüfen, ob der Reis al dente ist. Falls nicht, die restliche Brühe zugießen und weitergaren, bis der Risotto cremig ist. 70 g frisch geriebenen Parmesan und 1 kleine Handvoll glatte Petersilie unterziehen, den Risotto in vorgewärmten Schalen anrichten und mit Olivenöl beträufelt servieren. Für 4 Personen.

Risotto mit Lauch und Kürbis

1 l Hühner- oder Gemüsebrühe erhitzen. 800 g Kürbis schälen und fein würfeln, 2 Stangen Lauch in feine Streifen schneiden. In einem großen Topf mit schwerem Boden 2 Esslöffel Butter auf mittlerer Stufe zerlassen. 2 fein gehackte Knoblauchzehen und den Lauch darin weich garen. 225 g Risottoreis zufügen und unter Rühren 1 Minute garen, bis die Körner glänzen. 250 ml Brühe zugießen und unter Rühren einkochen lassen. Die Kürbiswürfel und weitere 250 ml Brühe zugeben und erneut rühren, bis der Reis die Flüssigkeit aufgenommen hat. Noch einmal 250 ml unterrühren, wie beschrieben garen und prüfen, ob der Reis al dente ist. Falls nicht, die restliche Brühe zugießen und weiterrühren, bis der Risotto cremig ist. 4 Esslöffel frisch geriebenen Parmesan unterziehen, den Risotto auf vorgewärmten Tellern anrichten und mit Olivenöl beträufeln. Für 4 Personen.

Risotto mit Zucchini und Thymian

750 ml Hühner- oder Gemüsebrühe erhitzen. In einer großen Pfanne 1 Esslöffel Butter bei mittlerer Hitze zerlassen, 2 gehackte Knoblauchzehen, 1 fein gewürfelte Zwiebel und 3 fein gewürfelte Zucchini darin weich garen. In einem großen Topf mit schwerem Boden 2 Esslöffel Butter und 1 Esslöffel Thymian auf mittlerer Stufe erhitzen. 225 g Risottoreis zugeben und unter Rühren 1 Minute anschwitzen, bis die Körner glänzen. 250 ml Weißwein zugießen und rühren, bis er absorbiert ist. 250 ml Brühe zugeben und unter Rühren einkochen lassen, dann weitere 250 ml Brühe unterrühren. Sobald die Brühe fast aufgenommen ist, das Gemüse untermengen und prüfen, ob der Reis al dente ist. Falls nicht, die restliche Brühe hinzufügen. 70 g frisch geriebenen Parmesan unterziehen, den Risotto auf Tellern anrichten und mit zerkrümeltem Ziegenkäse und ein paar Tropfen Olivenöl garnieren. Für 4 Personen.

Die asiatische Nudelküche

Die asiatische Küche bietet unzählige Nudelgerichte für jeden Anlass und Appetit. Ob elegant und raffiniert wie Soba-Nudeln, geradlinig und blitzschnell gegart wie Reisnudeln oder dick und herzhaft wie Hokkien-Nudeln (Eiernudeln) aus dem Wok, sie alle sind ebenso sättigend wie schmackhaft.

Einige Nudelsorten sind frisch erhältlich, die meisten werden jedoch getrocknet angeboten, was die Bevorratung vereinfacht. Die Vielfalt der Formen ist groß – von fadendünn bis dick und glatt. Jede Regionalküche schwört auf ihre Lieblingsnudel, daher sollte man getrocknete Nudeln aus dem Land kaufen, in dem sie am häufigsten verwendet werden. Sowohl frische als auch getrocknete Nudeln sind ideal für schnelle Wok-Gerichte oder als Einlage für Salate und Suppen geeignet.

Das asiatische Nudeleinmaleins

- Eiernudeln sind besonders in China beliebt, ihr kräftiger Geschmack und ihre feste Konsistenz passen hervorragend zu den kräftigen Saucen und intensiven Aromen der Landesküche. Sie werden getrocknet angeboten, in größeren Asia-Märkten findet man sie zuweilen auch frisch. Bei Hokkien handelt es sich um dicke Eiernudeln, die häufig frisch in der Kühlabteilung gut sortierter Asia-Läden erhältlich sind. Sie werden zunächst 1 Minute in heißem Wasser eingeweicht, um die Nudeln voneinander zu trennen, und dann für Wok-Gerichte weiterverarbeitet.
- Ebenfalls in der chinesischen Küche weit verbreitet sind die im gegarten Zustand fast durchsichtigen Glasnudeln. Kaufen Sie Glasnudeln in kleinen, zu einzelnen Bündeln zusammengefassten Gebinden, es sei denn, Sie benötigen eine größere Menge. Glasnudeln lassen sich zu vielen Salaten oder Wok-Gerichten verarbeiten: Einfach mit kochendem Wasser übergießen und etwa 15 Minuten stehen lassen; anschließend abtropfen lassen. Man kann sie auch direkt in heißem Öl frittieren – eine knusprige Beigabe zu fernöstlichen Salaten und Seafood-Gerichten.
- Die japanischen Soba-Nudeln werden aus Buchweizenmehl hergestellt und hauptsächlich getrocknet angeboten. Die sehr nahrhaften Nudeln kommt am besten in kalten Suppen oder als leichter, erfrischender Salat zur Geltung. Und so werden sie gegart: Die Nudeln in kochendes Wasser geben, warten, bis das Wasser wieder aufwallt und dann 125 ml kaltes Wasser zugießen. Erneut zum Kochen bringen und diesen Vorgang zweimal wiederholen. Alles in allem sollte der Garvorgang etwa 5–6 Minuten dauern. Anschließend die Nudeln probieren, sie sollten jetzt al dente sein.
- Udon und Somen stammen ebenfalls aus Japan. Beide werden in der Regel getrocknet verkauft und aus Weizenmehl hergestellt. Mit ihrer schneeweißen Farbe und seidigen Beschaffenheit bilden sie eine ideale Grundlage für Suppen und Salate. Die dünnen Somen-Nudeln benötigen nur 3–4 Minuten in kochendem Wasser, während die dickeren Udon-Nudeln nach 4–5 Minuten gar sind. In japanischen Feinkostläden findet man Letztere gelegentlich auch frisch. Udon und Somen zeichnen sich durch ihre wunderbar kernige Konsistenz aus.
- Reisnudeln gibt es in allen möglichen Variationen, ob frisch oder getrocknet. Vor allem in der vietnamesischen und thailändischen Küche erfreuen sie sich großer Beliebtheit. Es gibt sie sogar in Form von Blättern, die gefüllt oder von Hand in der gewünschten Form zugeschnitten werden. Die handgeschnittenen Nudeln verleihen Pfannengerührtem und anderen asiatischen Gerichten einen rustikalen Anstrich. Frische Reisnudeln werden vor der Verwendung einige Minuten in heißem Wasser eingeweicht. Getrocknete Reisnudeln gibt es in allen Stärken, von dünnen Fäden bis zu breiten Bändern. Sie garen in null Komma nichts und sind daher ideale Kandidaten für die schnelle Küche, für Suppen und für Gerichte aus dem Wok. Die hauchfeinen Vermicelli müssen lediglich 5 Minuten in kochend heißem Wasser quellen, Bandnudeln sollten dagegen 3–4 Minuten gekocht werden.
- Anders als italienische Pasta haben asiatische Nudelsorten relativ kurze Garzeiten. Darum sollte man ganz besonders aufpassen, dass sie nicht übergaren, denn häufig verleiht gerade ihre Konsistenz vielen Gerichten das gewisse Etwas. Bei Speisen aus dem Wok sollte man sie erst im letzten Moment zugeben, damit sie ihren Biss bewahren und lediglich das Aroma der Sauce aufnehmen.

Wok-Gerichte bestechen durch
und Gemüse und der Wok wird

Gerichte aus dem Wok

1 Die Zutaten vorbereiten: 4 getrocknete Shiitakepilze in 125 ml heißem Wasser einweichen. 200 g festen Tofu in 2 cm große Würfel schneiden. 2 Knoblauchzehen fein hacken, 3 Frühlingszwiebeln in feine Scheiben schneiden. 1 große rote Chilischote von den Samen befreien und fein hacken, 125 g Zuckerschoten putzen, 100 g Austernpilze würfeln. 500 g Brunnenkresse entstielen. Die Shiitakepilze abtropfen lassen, das Einweichwasser zurückbehalten. Die Pilze von den harten Stielen befreien und in feine Scheiben schneiden.

2 In einem Wok 3 Esslöffel Pflanzenöl erhitzen und den Tofu bei mittlerer bis starker Hitze pfannenrühren, bis er goldgelb ist. Herausheben und auf Küchenpapier abtropfen lassen. Den Wok auswischen, 1 weiteren Esslöffel Pflanzenöl und 1 Teelöffel Sesamöl auf mittlerer Stufe erhitzen. Den Knoblauch, die Frühlingszwiebeln und den Chili hineingeben und 1 Minute pfannenrühren. Nach und nach das restliche Gemüse zufügen und unter Rühren garen.

3 1 Esslöffel helle Sojasauce, 2 Esslöffel Hoisin-Sauce, 1 Esslöffel Fischsauce (nam pla) und das durch ein Sieb gegossene Einweichwasser der Pilze unterrühren. Den Deckel auflegen und das Gemüse 3 Minuten garen. Den Tofu untermengen, alles noch einmal behutsam durchschwenken und mit gedämpftem Reis oder gebratenen Nudeln servieren. Für 4 Personen.

Tipp & Tricks

- Das Geheimnis guter Wok-Gerichte liegt in der Vorbereitung. Da es beim Garen vor allem auf Schnelligkeit ankommt, ist es wichtig, alle Zutaten startklar zu haben. Also: Das Fleisch marinieren, das Gemüse putzen und schneiden und sämtliche Gewürze und Saucen griffbereit aufbauen.

- Wollen Sie größere Mengen Fleisch oder Gemüse pfannenrühren, sollte es portionsweise geschehen. Der größte Fehler, den Sie machen können, ist, die Wok-Pfanne zu überfüllen. Die Temperatur sinkt dabei schlagartig ab, das Fleisch kocht im eigenen Saft und das Gemüse gart ungleichmäßig.

ihre Vielseitigkeit – ein paar chinesische Pilze, Tofu zum Schmelztiegel exotischer Aromen.

Klassische Wok-Gerichte

Schweinefleisch mit Zuckerschoten

400 g Schweinefilet in dünne Streifen schneiden. In einer Schüssel 3 Esslöffel Hoisin-Sauce, 2 Esslöffel Shaoxing-Reiswein, 1 Esslöffel fein geriebenen Ingwer, ½ Teelöffel rote Chiliflocken, 2 Teelöffel Sesamöl und 1 zerstoßene Knoblauchzehe verrühren. Das Fleisch gründlich darin wenden und zugedeckt einige Stunden oder über Nacht in den Kühlschrank stellen. Das Fleisch herausnehmen, die Marinade beiseitestellen. 1 rote Paprikaschote in feine Streifen schneiden, 300 g Zuckerschoten putzen. 1 Esslöffel Erdnussöl in einem Wok erhitzen. Das Gemüse darin pfannenrühren, bis es weich wird; herausheben. Portionsweise das Fleisch unter Rühren bräunen. Dann sämtliches Fleisch und Gemüse, 90 g Bohnensprossen und die Marinade im Wok unter Rühren erhitzen, bis die Sauce kocht. Mit Basilikum garnieren und mit gedämpftem Reis oder Nudeln servieren. Für 4 Personen.

Riesengarnelen

800 g Riesengarnelen bis auf die Schwanzfächer schälen und von den Därmen befreien. 3 cm Ingwer schälen und in Julienne (feine Streifen) schneiden. 2 rote und 2 gelbe Paprikaschoten in schmale Streifen schneiden. 2 Zucchini längs in dünne Bänder und dann schräg in Stücke schneiden. Einen Wok vorheizen, 3 Esslöffel Erdnussöl hineingeben und die Garnelen 1 Minute pfannenrühren. Ingwer, Paprika und Zucchini hinzufügen und 1 weitere Minute rühren. 4 Esslöffel Shaoxing-Reiswein unterrühren und 1 Minute köcheln lassen. Dann 2 Esslöffel Sojasauce und 1 Teelöffel Sesamöl zugeben und noch 1 Minute rühren; von der Kochstelle nehmen. Mit Limettenspalten und Schnittknoblauch garnieren und servieren. Für 4 Personen als Vorspeise.

Rindfleisch mit Sesam

500 g Rumpsteak in dünne Scheiben schneiden und mit 1 Esslöffel Erdnussöl, 1 Teelöffel Sesamöl und 2 gehackten Knoblauchzehen vermengen. Zugedeckt einige Stunden oder über Nacht im Kühlschrank marinieren. 250 g Bambussprossen in dünne Scheiben schneiden, 500 g gewaschenen Spinat in Streifen schneiden. 2 große rote Chilischoten von den Samen befreien und hacken. 1 Esslöffel braunen Zucker in 3 Esslöffeln Hoisin-Sauce und 3 Esslöffeln Shaoxing-Reiswein unter Rühren auflösen. Das Fleisch im heißen Wok portionsweise pfannenrühren, bis es gebräunt ist; herausheben. 2 Esslöffel Sesam unter Rühren 1 Minute rösten, dann das Fleisch, die Bambussprossen, den Spinat und den Chili zugeben und 1 Minute rühren. Die Sauce unterrühren, sobald sie kocht, kurz schwenken und 1 Esslöffel Zitronensaft untermischen. Mit Reisnudeln oder gedämpftem Reis servieren. Für 4 Personen.

Hokkien-Nudeln

550 g Pak-Choi waschen und je nach Größe halbieren oder vierteln. 1 Salatgurke schälen, der Länge nach halbieren und mit einem Teelöffel die Samen herauslösen. Das Fruchtfleisch schräg in dicke Scheiben schneiden. 1 rote Paprikaschote in schmale Streifen schneiden. In einem Wok 1 Esslöffel Erdnussöl auf mittlerer Stufe erhitzen. 2 fein gehackte Knoblauchzehen, 2 von den Samen befreite und fein geschnittene große rote Chilischoten, 1 Esslöffel geriebenen Ingwer und 1 fein gewürfelte rote Zwiebel pfannenrühren, bis alles weich ist; herausheben. Pak-Choi, Gurke und Paprika hineingeben und unter Rühren weich garen; herausnehmen. 450 g frische Hokkien-Nudeln und 3 Esslöffel Kecap Manis in dem Wok unter Rühren erhitzen. Sämtliche gegarte Zutaten zugeben und noch 1 Minute rühren. Auf vier Teller verteilen, mit 1 Esslöffel schwarzem Sesam bestreuen und servieren. Für 4 Personen.

Dinnerrezepte

appetitlicher Duft erfüllt die Küche
warme Wintersuppen
saftige Braten
Fisch aus dem Ofen
geröstetes Gemüse
und berauschende Gewürze
ein wohltuender Abschluss eines
anstrengenden Tages

Röstpaprikasuppe

4 rote Paprikaschoten
4 reife Strauchtomaten, Stiele entfernt
1 EL Olivenöl
750 ml Gemüsebrühe (s. S. 284)
1 TL fein gehackter Chipotle-Chili aus der Dose
1 TL gemahlener Kreuzkümmel
Meersalz, schwarzer Pfeffer, frisch gemahlen
4 EL Joghurt
1 EL fein gehackte Minze
Maistortillas zum Servieren

Den Ofen auf 200 °C vorheizen. Die Paprika und Tomaten auf ein Blech legen, mit dem Olivenöl einreiben und im Ofen 30 Minuten rösten, bis die Haut leicht geschwärzt ist. Aus dem Ofen nehmen und in einem Gefrierbeutel abkühlen lassen. Die Schoten häuten, entkernen und mit den Tomaten in der Küchenmaschine pürieren.

Das Püree mit der Gemüsebrühe, dem Chili und dem Kreuzkümmel in einem Topf aufkochen und bei schwacher Hitze 10 Minuten köcheln lassen; salzen und pfeffern.

Den Joghurt und die Minze verrühren. Die Suppe in vorgewärmte Schalen schöpfen und mit dem Joghurt und gegrillten Maistortillas servieren. Für 4 Personen.

Miso-Suppe mit Somen-Nudeln

6 getrocknete Shiitakepilze
1 TL gekörnte Dashi
3 EL Miso-Paste
2 EL Sojasauce
300 g Kürbis, geschält und in 2 cm kleine Würfel geschnitten
200 g Somen-Nudeln
2 Frühlingszwiebeln, schräg in Scheiben geschnitten

Die Pilze in 500 ml heißem Wasser etwa 30 Minuten einweichen. Abtropfen lassen und in feine Scheiben schneiden; das Einweichwasser zurückbehalten.

Die gekörnte Dashi, 1 l Wasser, die durch ein Sieb gegossene Einweichflüssigkeit, die Miso-Paste, die Sojasauce, die Pilze und den Kürbis in einem großen Topf aufkochen und bei schwacher Hitze 10 Minuten köcheln lassen.

In einem Topf Wasser zum Kochen bringen und die Nudeln darin 3 Minuten garen. Abtropfen lassen, kurz abspülen und auf vier vorgewärmte Schalen verteilen. Die Suppe darüberschöpfen und mit Frühlingszwiebeln garnieren.
Für 4 Personen.

Miso-Suppe mit Tofu und Tomaten

1 Liter Dashi-Brühe (s. S. 285)
2 TL Mirin
4 EL weiße Miso-Paste
1 EL frisch geriebener Ingwer
4 Eiertomaten
300 g Seidentofu
100 g Spinat
1 EL Sojasauce

Dashi, Mirin, Miso-Paste und Ingwer in einem Topf zum Kochen bringen; die Hitze so regulieren, dass die Brühe nur eben siedet. Die Tomaten halbieren, die Samen mit einem Löffel herauslösen und wegwerfen. Das Fruchtfleisch fein würfeln, in die Brühe geben und 10 Minuten köcheln lassen.

Den Tofu würfeln und auf vier Suppenschalen verteilen. Den Spinat mit der Sojasauce in die Brühe geben und in 1 Minute zusammenfallen lassen. Die Suppe über den Tofu schöpfen und sofort servieren. Für 4 Personen.

Garnelensuppe mit Zitronengras

12 rohe Riesengarnelen
3 Stängel Zitronengras
100 g Austernpilze
100 g Enoki-Pilze
6 Kaffir-Limettenblätter
2 Frühlingszwiebeln, in feine Scheiben geschnitten
150 g Bohnensprossen
Saft von 3 Limetten
2 kleine rote Chilischoten
4 EL Fischsauce *(nam pla)*
Koriandergrün und frische Minze zum Garnieren

Die Garnelen schälen und von den Därmen befreien; die Schalen aufbewahren. Den weißen Teil des Zitronengrases in 2 cm lange Stücke schneiden und mit der Klinge eines schweren Messers zerdrücken; die grünen Spitzen aufbewahren.

In einem Topf 1 l Wasser erhitzen. Die Garnelenschalen und Zitronengrasspitzen darin aufkochen lassen. Die Brühe durch ein Sieb abseihen und zurück in den Topf gießen. Das zerdrückte Zitronengras, die Pilze und die Limettenblätter hineingeben, aufkochen und bei mäßiger Hitze 3–4 Minuten köcheln lassen. Die Garnelen in der Brühe garen, bis sie sich pink färben. Frühlingszwiebeln, Bohnensprossen, Limettensaft, in feine Streifen geschnittene Chilischoten und Fischsauce gut unterrühren und abschmecken.

Die Suppe in vier vorgewärmte Schalen schöpfen und mit Koriandergrün und Minze bestreuen. Für 4 Personen.

Bohnensuppe mit Mais und Chili

6 Maiskolben
1 EL Olivenöl
2 rote Zwiebeln, gewürfelt
2 Knoblauchzehen, sehr fein gehackt
1 rote Chilischote, von den Samen befreit und fein gehackt
2 EL Tomatenmark
1 TL geräuchertes Paprikapulver
1 l Hühner- oder Gemüsebrühe (s. S. 282 und 284)
200 g gegarte schwarze Bohnen
4 EL Sauerrahm
Paprikapulver und Koriandergrün zum Garnieren

Die Maiskörner mit einem scharfen Messer von den Kolben schneiden und beiseitelegen.

In einem großen Topf das Olivenöl auf mittlerer Stufe erhitzen. Die Zwiebeln, den Knoblauch und den Chili darin in 5 Minuten glasig schwitzen. Die Maiskörner, das Tomatenmark, das Paprikapulver und die Brühe zugeben, aufkochen und bei schwacher Hitze 15 Minuten köcheln lassen. Kurz vor dem Servieren die schwarzen Bohnen unterrühren und jede Portion mit 1 Löffel Sauerrahm, Paprikapulver und Koriandergrün garnieren. Für 4 Personen.

Bohnensalat

3 EL natives Olivenöl extra
1 EL Zitronensaft
1 TL Walnussöl
½ TL Zucker
½ TL Dijonsenf
Meersalz, schwarzer Pfeffer, frisch gemahlen
400 g grüne Bohnen, geputzt
400 g weiße Bohnen (Lima-Bohnen) aus der Dose, abgespült und abgetropft
1 Handvoll glatte Petersilie, gehackt

Das Olivenöl, den Zitronensaft, das Walnussöl, den Zucker und den Senf in eine große Schüssel geben, kräftig mit frisch gemahlenem schwarzem Pfeffer und Meersalz würzen und mit einer Gabel gründlich verschlagen. Die grünen Bohnen in kochendem Wasser bissfest garen, abgießen, sofort in das Dressing geben und sorgfältig darin wenden. Abkühlen lassen. Die weißen Bohnen und die Petersilie unterheben. Für 4 Personen als Beilage.

Snapperfilet mit Rosa-Pfeffer-Dressing

4 EL Olivenöl
2 EL Limettensaft
1 TL rosa Pfefferkörner
1 EL fein gehackter eingelegter Ingwer
1 Handvoll Koriandergrün
1 EL fein gehacktes Zitronengras
4 Snapperfilets je 200 g
Meersalz
2 EL Öl zum Braten
gegarte grüne Bohnen, schräg in Stücke geschnitten, zum Servieren

Für das Dressing das Olivenöl, den Limettensaft, die rosa Pfefferkörner, den eingelegten Ingwer, das Koriandergrün und das Zitronengras sorgfältig verrühren.

Die Snapperfilets unter fließendem kaltem Wasser waschen, mit Küchenpapier abtrocknen und von beiden Seiten mit Meersalz würzen. In einer Pfanne das Öl auf großer Stufe erhitzen. Die Filets mit der Haut nach unten einlegen, mit einem Spatel andrücken und 1 Minute braten, bis die Haut goldbraun und knusprig ist. Wenden und bei mittlerer Hitze weitere 8 Minuten garen.

Die Snapperfilets auf vorgewärmten Tellern anrichten und mit dem Rosa-Pfeffer-Dressing überziehen. Mit grünen Bohnen servieren. Für 4 Personen.

Kichererbsen-Lauch-Suppe

2 EL Butter
15 Safranfäden
3 Stangen Lauch, geputzt und fein gewürfelt
1 unbehandelte Zitrone, Schale in breiten Streifen abgeschält
1 Karotte, geschält und geraspelt
3 EL grob gehackte glatte Petersilie
1 l Hühnerbrühe (s. S. 282)
400 g Kichererbsen aus der Dose, abgespülte und abgetropft

In einem großen Topf die Butter mit den Safranfäden auf mittlerer Stufe aufschäumen. Den Lauch zugeben und glasig schwitzen. Die Zitronenschale, Karottenraspel und Petersilie hinzufügen und 1 weitere Minute anschwitzen. Die Brühe und die Kichererbsen zugeben, aufkochen und bei schwacher Hitze 15 Minuten köcheln lassen. Für 4 Personen.

Lammhaxe mit weißen Bohnen

Lammkoteletts mit Thymian und Zitrone

Lammhaxe mit weißen Bohnen

4 Lammhaxen (etwa 1,5 kg), pariert
125 g Mehl
170 ml Olivenöl
1 große rote Zwiebel, in dünne Streifen geschnitten
2 Knoblauchzehen, zerstoßen
1 TL frischer Rosmarin
1 Stange Staudensellerie, gewürfelt
2 Karotten, in dünne Scheiben geschnitten
200 g getrocknete weiße Bohnen, über Nacht eingeweicht
500 ml Kalbsfond (s. S. 284)
125 ml trockener Marsala
Zitronenschale, Meerrettich und glatte Petersilie zum Garnieren

Den Ofen auf 200 °C vorheizen. Die Haxen mit dem Mehl in einen Gefrierbeutel geben und schütteln, bis sie mit Mehl bestaubt sind. Die Hälfte des Öls in einem Schmortopf erhitzen und die Haxen darin rundherum bräunen. Beiseitestellen.

In einer Pfanne das restliche Öl auf mittlerer Stufe erhitzen. Zwiebel, Knoblauch und Rosmarin darin goldgelb anschwitzen, mit dem Sellerie, den Karotten und den abgetropften Bohnen über den Haxen verteilen und mit dem Fond und Marsala übergießen. Zugedeckt im Ofen 2 Stunden schmoren; nach 1 Stunde die Haxen wenden und das Gemüse umrühren. Mit fein geriebener Zitronenschale, frisch geriebenem Meerrettich und gehackter Petersilie bestreuen und servieren. Für 4 Personen.

Thymian-Zitronen-Lammkoteletts

20 g Zitronenthymian
12 Lammkoteletts
3 EL Zitronensaft
125 ml Olivenöl
550 g festkochende Kartoffeln (beispielsweise Kipfler)
Meersalz
85 g entsteinte schwarze Oliven
1 Handvoll glatte Petersilie, gehackt

Die Hälfte des Thymians in einer nichtmetallenen Schale verteilen und die Koteletts darauflegen. Das Fleisch gleichmäßig mit dem restlichen Thymian, dem Zitronensaft und der Hälfte des Olivenöls bedecken. Möglichst über Nacht, mindestens aber 1 Stunde im Kühlschrank marinieren.

Die Kartoffeln schälen, in große Würfel schneiden, in einem großen Topf mit gesalzenem kaltem Wasser bedecken und rasch zum Kochen bringen. Sobald das Wasser kocht, einen Deckel auflegen, den Topf von der Kochstelle nehmen und die Kartoffeln 30 Minuten ziehen lassen.

Die Koteletts aus der Marinade nehmen und von jeder Seite 2–3 Minuten grillen; beiseitelegen.

Die Kartoffeln abgießen und zurück in den Topf geben. Mit den Oliven, der Petersilie und dem restlichen Olivenöl vermengen, bis sie mit der Mischung überzogen sind und zu zerfallen beginnen. Abschmecken. Die Koteletts mit den warmen Kartoffeln und eventuell einem grünen Salat servieren.
Für 4 Personen.

Gegrillte Polenta mit Pilzen

5 g getrocknete Steinpilze
350 g Polenta
Meersalz, schwarzer Pfeffer, frisch gemahlen
70 g frisch geriebener Parmesan
1 EL Butter
1 Knoblauchzehe, fein gehackt
100 g braune Champignons, in feine Scheiben geschnitten
100 g frische Shiitakepilze, in feine Scheiben geschnitten
100 g Austernpilze
150 g Rucola, Stiele entfernt
2 EL natives Olivenöl extra

Die Steinpilze in 250 ml warmem Wasser einweichen.

Die Polenta in einen Krug füllen, um das Streuen zu erleichtern. In einem großen Topf 1½ l Wasser mit 1 Teelöffel Meersalz zum Kochen bringen. Die Hitze so regulieren, dass das Wasser nur eben siedet. Unter ständigem Rühren mit einem Schneebesen nach und nach die Polenta einstreuen, bis die Masse glatt ist. Die Polenta, sobald sie Blasen wirft, bei schwacher Hitze unter gelegentlichem Rühren mit einem Holzlöffel etwa 40 Minuten garen. Sie ist fertig, wenn sie dick ist und sich vom Topfrand zu lösen beginnt. Den Parmesan unterrühren, die Polenta auf ein Blech gießen und mit einem Löffelrücken glatt streichen.

Inzwischen die eingeweichten Steinpilze sorgfältig ausdrücken, in feine Scheiben schneiden – das Einweichwasser aufbewahren –, mit der Butter und dem Knoblauch in einer tiefen Pfanne vermengen und auf kleiner Flamme braten, bis der Knoblauch goldgelb ist. Das passierte Einweichwasser, die Champignons und die Shiitakepilze zugeben und zugedeckt 10 Minuten dünsten. Wird die Mischung zu trocken, etwas Wasser zugießen. Die ganzen Austernpilze zufügen, 3 Minuten garen und mit Meersalz und Pfeffer würzen. Beiseitestellen.

Die feste Polenta mit einem scharfen Messer in große Dreiecke schneiden und unter dem Backofengrill goldbraun grillen oder in der Pfanne braten. Auf vier vorgewärmten Tellern ein Bett aus Rucola ausbreiten, die warmen Polentastücke darauf anrichten und mit den Pilzen garnieren. Mit dem Olivenöl beträufeln und servieren. Für 4 Personen.

Gegrillte Polenta mit Pilzen

Kürbis mit Shiitake und Tofu

300 g Seidentofu
6 getrocknete Shiitakepilze
2 cm Ingwer, geschält und in feine Streifen schneiden
250 g Daikon-Rettich, geschält und in 1 cm dünne Scheiben geschitten
100 g Karotten, geschält und in 1 cm dünne Scheiben geschnitten
500 g Kürbis, geschält und in dicke Stücke geschnitten
Salz, Pfeffer, frisch gemahlen

Den Tofu auf Raumtemperatur erwärmen lassen.

Die Shiitakepilze 30 Minuten in 500 ml heißem Wasser einweichen. Abtropfen lassen und die harten Stiele abschneiden. Die Pilze mit der passierten Einweichflüssigkeit, dem Ingwer, dem Rettich und den Karotten in einem Topf aufkochen und auf kleiner Flamme 10 Minuten köcheln lassen. Die Kürbisstücke hinzufügen und zugedeckt 20–25 Minuten köcheln lassen, mit Salz und Pfeffer würzen.

Den Tofu in große Würfel schneiden und in zwei vorgewärmte Schalen geben. Mit einer Messerspitze prüfen, ob der Kürbis gar ist, das Gemüse und die Garflüssigkeit über den Tofu schöpfen und servieren. Für 2 Personen.

Pikanter Barramundi

12 Macadamianüsse
¼ weiße Zwiebel, fein gewürfelt
4 Knoblauchzehen
2 rote Chilischoten, von den Samen befreit und fein gehackt
2 TL fein geriebener Ingwer
1 TL gemahlene Kurkuma
4 EL Tamarindenwasser (s. S. 149)
1 TL Sojasauce
4 Barramundi-Filets je 200 g (oder anderes festes, weißfleischiges Fischfilet)
125 ml Kokosmilch
gedämpftes asiatisches Grüngemüse zum Servieren

Den Ofen au 200 °C vorheizen. Nüsse, Zwiebel, Knoblauch, Chili, Ingwer, Kurkuma, Tamarindenwasser und Sojasauce im Mixer zu einer Paste zermahlen. Die Barramundi-Filets kalt abspülen, mit Küchenpapier abtrocknen und von einer Seite mit der Hälfte der Paste einreiben. Auf ein Blech legen und 12 Minuten im Ofen garen.

Die restliche Paste in einem kleinen Topf mit der Kokosmilch auf mittlerer Stufe unter Rühren erhitzen. Den Fisch mit asiatischem Grüngemüse und der Kokossauce servieren. Für 4 Personen.

Kalbskoteletts mit Salbei-Parmesan-Kruste

4 Salbeiblätter
85 g frische Semmelbrösel
4 EL frisch geriebener Parmesan
2 EL grob gehackte glatte Petersilie
Meersalz, schwarzer Pfeffer, frisch gemahlen
2 Eier
4 Kalbskoteletts je 200 g
2 EL Butter
2 EL Olivenöl
Zitronenspalten und grüner Salat zum Servieren

Den Ofen auf 200 °C vorheizen. Den Salbei, die Semmelbrösel, den Parmesan und die Petersilie mit ½ Teelöffel Meersalz und etwas Pfeffer im Mixer fein zermahlen und auf einen Teller geben. Die Eier in einer Schüssel verquirlen. Jedes Kotelett durch das Ei ziehen und sorgfältig mit den Parmesanbröseln panieren.

In einer großen Pfanne die Butter und das Öl auf mittlerer bis hoher Stufe erhitzen. Die Koteletts darin von jeder Seite 2 Minuten anbraten und in 12 Minuten im Ofen fertigstellen. Mit Zitronenspalten und einem grünen Salat servieren. Für 4 Personen.

Truthahn mit Cajun-Gewürz

1 kg Spinat
1 Truthahnbrustfilet (etwa 1,5 kg)
1 EL Olivenöl
2 EL Cajun-Gewürzmischung (siehe Glossar)
Meersalz, schwarzer Pfeffer, frisch gemahlen
1 Bund Thymian

Den Ofen auf 180 °C vorheizen. Den Spinat in kochendem Wasser blanchieren und abtropfen lassen. Die Truthahnbrust der Länge nach einschneiden, sodass eine Tasche für den Spinat entsteht. Das Fleisch mit dem Öl und der Gewürzmischung einreiben und auf ein Stück Backpapier legen, das groß genug ist, um es einzuschlagen. Den Spinat ausdrücken und in die vorbereitete Tasche stecken. Die Brust mit Salz und Pfeffer würzen und mit Thymianzweigen bedecken. In das Papier einwickeln und mit Küchengarn fest verschnüren. Auf ein Blech legen und 40 Minuten im Ofen garen.

Die Brust eine Weile ruhen lassen und aus der Papierhülle befreien. Den Saft auffangen. Das Fleisch in Scheiben schneiden, auf vorgewärmten Tellern anrichten und mit dem Bratensaft übergießen. Nach Belieben mit Cranberry-Sauce servieren. Für 4 Personen.

Ein Curry mit Ingwer oder ein Brathähnchen mit

Kartoffel-Curry mit Paprika und Zucchini

Limette bringt Sonnenschein auf den Wintertisch.

Brathähnchen mit Lime Pickle

Kartoffel-Curry mit Paprika und Zucchini

500 g neue Kartoffeln, halbiert
3 EL Olivenöl
2 große rote Zwiebeln, halbiert und in je acht Spalten geschnitten
2 Knoblauchzehen, zerstoßen
1 TL gemahlene Kurkuma
1 EL frisch geriebener Ingwer
1 TL Fenchelsamen, leicht zerstoßen
3 rote Chilischoten, von den Samen befreit und fein gehackt
400 ml Kokosmilch
1 rote Paprikaschote, in dicke Streifen geschnitten
5 Kaffir-Limettenblätter
500 g kleine Zucchini, in Scheiben geschnitten
4 EL Limettensaft
2 TL Fischsauce *(nam pla)*
3 Handvoll Koriandergrün

Die Kartoffeln in einem Topf mit kaltem Wasser bedecken. Zum Kochen bringen, einen Deckel auflegen und vom Herd nehmen. Inzwischen das Olivenöl in einem Topf auf mittlerer Stufe erhitzen. Die Zwiebeln, den Knoblauch, die Kurkuma, den Ingwer, die Fenchelsamen und den Chili darin anschwitzen, bis die Zwiebeln weich sind. Die Kokosmilch, die Paprikastreifen und die Limettenblätter hinzufügen, die abgetropften Kartoffeln untermengen und 15 Minuten garen. Die Zucchini zugeben und 5 Minuten köcheln lassen. Kurz vor dem Servieren den Limettensaft und die Fischsauce unterrühren. Mit Koriandergrün garnieren. Für 4 Personen.

Brathähnchen mit Lime Pickle

1 Masthähnchen (Poularde) von 1,8 kg
1 unbehandelte Zitrone, halbiert
1 Zwiebel, geviertelt
2 EL Butter
3 EL fein gehacktes indisches Lime Pickle (eingelegte Limetten)
Meersalz
1 Handvoll Brunnenkresse
Kartoffelpüree (s. S. 305) oder Tomatenreis (s. S. 333) zum Servieren

Den Ofen auf 200 °C vorheizen. Das Hähnchen waschen und mit Küchenpapier abtrocknen. Mit der Brust nach oben auf ein Blech legen und mit der Zitrone und der Zwiebel füllen. Die Butter unter die Brusthaut schieben. Das Hähnchen mit dem Lime Pickle einreiben und leicht salzen. Im Ofen 1 Stunde 15 Minuten braten, bis es durchgegart ist. Zur Garprobe die Keule vom Rumpf wegziehen – der austretende Saft sollte klar, nicht blutig sein.

Das Hähnchen 15 Minuten ruhen lassen, tranchieren und auf einer Platte anrichten. Mit dem Bratensaft beträufeln, mit Brunnenkresse garnieren und mit Kartoffelpüree oder Tomatenreis mit Spinat servieren. Für 4 Personen.

Entenbrust mit Kürbis

4 Entenbrustfilets mit Haut
2 EL brauner Zucker
½ TL Sichuan-Pfefferkörner
1 Sternanis
1 EL Meersalz
Pfeffer, frisch gemahlen
125 ml Weinbrand
4 getrocknete Shiitakepilze
2 dünne Stangen Lauch, in 5 cm lange Stücke geschnitten
400 g Butternusskürbis, geschält und gewürfelt
2 EL helles Olivenöl

Den Ofen auf 180 °C vorheizen. Die Haut der Brustfilets kreuzweise einschneiden. Den Zucker, die Pfefferkörner, den Sternanis und das Meersalz in einer Gewürzmühle oder im Mörser zermahlen und in die Entenhaut einreiben. Den Weinbrand in eine nichtmetallene Schale gießen, die Entenbrustfilets mit der Haut nach oben einlegen und zugedeckt mindestens 1 Stunde oder über Nacht im Kühlschrank marinieren.

Die Pilze 30 Minuten in 500 ml heißem Wasser einweichen. Das Wasser durch ein Sieb in eine Bratenpfanne gießen, die Pilze von den Stielen befreien und in feine Scheiben schneiden. Pilze, Lauch und Kürbis ebenfalls in die Pfanne geben, würzen und mit Alufolie oder einem Deckel bedeckt 30 Minuten in Ofen garen, bis das Gemüse weich ist. Herausnehmen und die Ofentemperatur auf 200 °C erhöhen.

Eine Pfanne auf großer Stufe erhitzen, die Entenbrüste mit der Haut nach unten einlegen und leicht bräunen. Über einem Backblech auf ein Gitter legen – jetzt mit der Haut nach oben – und mit der Marinade beträufeln. Im Ofen 15 Minuten braten (ist die Haut anschließend noch nicht knusprig, für 1 Minute unter den heißen Grill schieben). Das Gemüse auf vier vorgewärmte Teller verteilen, die Entenbrüste in dünne Scheiben schneiden, darauf anrichten und servieren. Für 4 Personen.

Entenbrust mit Kürbis →

Viel Geschmack sitzt in der knusprigen, fetten Haut der Ente, also vergessen Sie mal die Diät.

Kartoffelpüree mit Safran, Roter Bete und Pilzragout

8 junge Rote Beten
300 g gemischte Pilze (Edelreizker, Austernpilze, frische Shiitakepilze)
3 EL natives Olivenöl extra
2 Knoblauchzehen, in feine Scheiben geschnitten
8 Zweige Thymian
1 kg mehligkochende Kartoffeln, geschält und in Stücke geschnitten
125 ml Milch
15 Safranfäden
100 g Butter
Meersalz
4 EL geröstete Kürbiskerne

Den Ofen auf 200 °C vorheizen. Die Rote Bete und 125 ml Wasser in eine Bratenpfanne geben, mit Alufolie zudecken und 1 Stunde im Ofen backen. Die Schale abziehen, die Knollen halbieren und in Alufolie wickeln. Pilze, Olivenöl, Knoblauch und Thymian in einer Bratenpfanne vermengen und zugedeckt 30 Minuten im Ofen garen. Pilze und Rote Bete kurz vor dem Servieren im Ofen wieder erwärmen.

Inzwischen die Kartoffeln in Salzwasser weich kochen. Die Milch, den Safran und die Butter in einem Topf bei mäßiger Hitze erwärmen. Die abgetropften heißen Kartoffeln zerstampfen, die Safranmilch einarbeiten und mit Meersalz abschmecken. Das Püree auf Teller verteilen. Die in Spalten geschnittene Rote Bete und die Pilze darauf anrichten, mit gerösteten Kürbiskernen und einigen Zweigen Thymian aus der Pfanne garnieren und servieren. Für 4 Personen.

Pfeffersteak mit Kürbispüree

1,5 kg Rinderfilet
2 EL frisch gemahlener schwarzer Pfeffer, Meersalz
Kürbispüree (s. S. 305) mit Schnittlauch zum Servieren

Das Rinderfilet parieren, rundherum mit dem Pfeffer einreiben und unbedeckt über Nacht in den Kühlschrank legen.

Den Ofen auf 200 °C vorheizen. Das Filet auf ein Backblech legen und 10 Minuten im Ofen braten. Wenden und weitere 5 Minuten garen. Aus dem Ofen nehmen und mit Meersalz würzen. Mit Alufolie zudecken und 15 Minuten ruhen lassen. Den Bratensaft auf dem Blech auffangen.

Das Filet erneut für 15 Minuten in den Ofen schieben. In dicke Scheiben schneiden, auf Tellern anrichten und mit dem Bratensaft beträufeln. Mit Kürbispüree mit Schnittlauch servieren. Für 6 Personen.

Tomatenreis mit Spinat

1 EL Butter
500 g Spinat, gewaschen und abgetropft
400 g Basmatireis
3 EL helles Olivenöl
½ TL gemahlene Kurkuma
1 TL gemahlener Kreuzkümmel
1 rote Zwiebel, in feine Streifen geschnitten
2 Strauchtomaten, fein gewürfelt
750 ml Gemüsebrühe (s. S. 284)

Die Butter in einer Pfanne auf mittlerer Stufe zerlassen. Den Spinat fein hacken, in die schäumende Butter geben und zugedeckt garen, bis er dunkelgrün und zusammengefallen ist. Vom Herd nehmen und beiseitestellen.

Den Reis mehrfach in kaltem Wasser waschen, bis das Wasser klar bleibt. In einem großen Topf das Olivenöl auf mittlerer Stufe erhitzen. Die Kurkuma, den Kreuzkümmel und die Zwiebel darin 6 Minuten anschwitzen, bis die Zwiebel goldgelb und leicht karamellisiert ist. Den Reis zufügen und 1 Minute umrühren. Den Spinat sorgfältig ausdrücken und mit den Tomaten und der Brühe unterrühren. Zum Kochen bringen und zugedeckt auf ganz kleiner Flamme 25 Minuten garen. Den Reis mit Joghurt und Limettenspalten zu gegrilltem Fisch servieren. Für 6 Personen als Beilage.

Risoni mit Meeresfrüchten

200 g Risoni (Nudeln in Reisform)
2 EL Butter
12 Safranfäden
2 Knoblauchzehen, fein gehackt
400 g gehackte Tomaten aus der Dose
500 ml Weißwein
12 große rohe Garnelen, bis auf die Schwanzfächer geschält, Därme entfernt
16 große Miesmuscheln, gesäubert
2 EL fein gehackte eingelegte Zitronenschale
1 Handvoll glatte Peterilie

In einem großen Topf gesalzenes Wasser aufkochen und die Risoni darin al dente garen, abtropfen lassen. In einer großen, tiefen Pfanne oder einem Wok die Butter mit dem Safran und dem Knoblauch aufschäumen. Die Tomaten und den Weißwein zugeben und 2 Minuten köcheln lassen. Die Risoni, die Garnelen und die Muscheln untermengen und zugedeckt garen, bis sich die Muscheln geöffnet haben (Muscheln, die sich nicht öffnen, wegwerfen). Auf vier vorgewärmten Tellern anrichten und mit der gehackten Zitronenschale und der Petersilie garnieren. Für 4 Personen.

Fisch-Tajine →

Fisch-Tajine

4 EL Olivenöl
1 große rote Zwiebel, grob gehackt
10 Safranfäden
1 TL gemahlener Kreuzkümmel
4 große Kartoffeln (etwa 750 g), in mundgerechte Würfel geschnitten
2 Stangen Staudensellerie, grob gewürfelt
400 g gehackte Tomaten aus der Dose
1 kleine Zimtstange
600 g dickes Snapperfilet (oder anderes festes, weißfleischiges Fischfilet), in 4 cm große Würfel geschnitten
Meersalz, schwarzer Pfeffer, frisch gemahlen
1 Handvoll glatte Petersilie
2 EL fein gehackte eingelegte Zitronenschale
knuspriges Brot zum Servieren

Das Olivenöl in einer Tajine oder großen, tiefen Pfanne auf mittlerer Stufe erhitzen. Die Zwiebel, den Safran und den Kreuzkümmel darin goldgelb anschwitzen. Die Kartoffeln, den Sellerie, die Tomaten, den Zimt und 250 ml Wasser zugeben, aufkochen und zugedeckt bei mäßiger Hitze 10 Minuten köcheln lassen. Sobald die Kartoffeln fast weich sind, den Fisch mit Meersalz würzen, in die Tajine geben und zugedeckt 10 Minuten behutsam garen. Mit Pfeffer abschmecken, mit der Petersilie und der gehackten Zitronenschale bestreuen und mit knusprigem Brot servieren. Für 4 Personen.

Langsam gebackener Thunfisch

600 g Thunfischfilet am Stück
Meersalz
15 Kaffir-Limettenblätter
2 EL rosa Pfefferkörner
250–500 ml helles Olivenöl
Dampfkartoffeln, Mayonnaise (s. S. 64) und Limettenspalten zum Servieren

Den Ofen auf 130 °C vorheizen. Das Thunfischfilet parieren und von etwaigen dunklen Stellen befreien. Ist es sehr dick, das Filet der Länge nach halbieren. Den Fisch in eine Kastenform oder kleine Auflaufform legen und mit Meersalz würzen. Die Kaffir-Limettenblätter und die Pfefferkörner darüber verteilen und so viel Olivenöl zugießen, dass der Fisch gerade bedeckt ist. Mit einem Deckel oder Alufolie zudecken und 45 Minuten im Ofen garen.

Den Thunfisch aus dem Öl heben, abtropfen lassen und in dicke Scheiben schneiden. Mit Dampfkartoffeln, Mayonnaise und Limettenspalten servieren. Für 4 Personen.

Pikantes Schweinefleisch mit Choisum

2 EL Sojasauce
2 EL Mirin
1 EL Sesamöl
2 Knoblauchzehen, fein gehackt
1 EL brauner Zucker
1 TL Fünf-Gewürze-Pulver
4 Sternanis
1 EL fein geriebener Ingwer
2 kleine Schweinefilets (etwa 500 g)
1,5 kg Choisum (chinesischer Blattkohl), gewaschen
gedämpfter Reis zum Servieren

In einer großen Schüssel Sojasauce, Mirin, Sesamöl, Knoblauch, braunen Zucker, Fünf-Gewürze-Pulver, Sternanis und Ingwer verrühren, bis sich der Zucker aufgelöst hat. Das Schweinefilet einlegen und zugedeckt mindestens 1 Stunde oder über Nacht im Kühlschrank marinieren.

Den Ofen auf 180 °C vorheizen. Eine beschichtete Pfanne auf großer Stufe erhitzen und das Fleisch darin von allen Seiten braun anbraten. Auf ein Blech legen und im Ofen weitere 10 Minuten garen. Die Pfanne mit der Marinade und 125 ml Wasser ablöschen, die Sauce aufkochen und bei geringer Hitze 3 Minuten köcheln lassen.

Inzwischen den Choisum dämpfen oder im Wok pfannenrühren. Das Fleisch aus dem Ofen nehmen und einige Minuten ruhen lassen. In dünne Scheiben schneiden, auf dem Reis und Gemüse anrichten und mit einem Löffel der Sauce überziehen. Für 4 Personen.

Dieses Schweinefilet bringt fernöstliche Aromen auf Ihren Tisch.

Chili-Muscheln

Lamm marokkanische Art

125 ml Zitronensaft
3 EL Olivenöl
1 TL gemahlener Zimt
3 Knoblauchzehen, in Scheiben geschnitten
1 TL gemahlener Kreuzkümmel
fein abgeriebene Schale von 1 unbehandelten Orange
2 Lammrückenfilets (etwa 500 g), pariert
1 Handvoll glatte Petersilie
20 Minzeblätter, grob gehackt
20 Oreganoblätter
2 Strauchtomaten, grob gewürfelt
Couscous zum Servieren

In einer Glasschüssel Zitronensaft, Olivenöl, Zimt, Knoblauch, Kreuzkümmel und Orangenschale verrühren. Das Fleisch in der Mischung wenden und zugedeckt im Kühlschrank 3 Stunden oder über Nacht marinieren.

Eine beschichtete Pfanne auf großer Stufe erhitzen. Das Lamm aus der Marinade nehmen und in der Pfanne anbraten, bis sich an der rohen oberen Seite etwas blutiger Saft zeigt. Wenden, die Hitze reduzieren und weitere 5 Minuten braten. Von der Kochstelle nehmen und das Fleisch einige Minuten ruhen lassen.

Die frischen Kräuter und die Tomaten vermengen und auf Teller verteilen. Das Lammfleisch quer zur Faser in Scheiben schneiden und auf dem Salat anrichten. Mit warmem Couscous servieren. Für 4 Personen.

Chili-Muscheln

2 kg Miesmuscheln
3 EL Olivenöl
1 TL Chiliflocken
3 Knoblauchzehen, fein gehackt
15 Safranfäden
1 kg geschälte Tomaten aus der Dose
3 EL Tomatenmark
180 ml Weißwein
1 Handvoll glatte Petersilie
knuspriges Brot zum Servieren

Die Muscheln gründlich abbürsten und von den Bärten befreien. Sorgfältig unter kaltem Wasser abspülen – geöffnete Exemplare wegwerfen – und beiseitestellen.

In einem großen Topf das Olivenöl auf mittlerer Stufe erhitzen. Den Chili, den Knoblauch und den Safran 1 Minute darin anschwitzen, die Tomaten zugeben, umrühren und dabei leicht zerdrücken. Das Tomatenmark unterrühren und die Sauce 10 Minuten garen. Aufkochen lassen, die Muscheln hineingeben und zugedeckt etwa 3 Minuten garen, bis sie sich geöffnet haben (Muscheln, die sich nicht öffnen, wegwerfen).

Die Hitze reduzieren und die Muscheln auf vier vorgewärmte Teller verteilen. Den Weißwein in den Topf gießen, 2 Minuten aufkochen und die Sauce über die Muscheln schöpfen. Mit der gehackten Petersilie garnieren und mit knusprigem Brot servieren. Für 4 Personen.

Steak mit Zwiebel-Salsa

2 große rote Zwiebeln, in dicke Scheiben geschnitten
2 reife Tomaten
2 Handvoll glatte Petersilie
10 Oreganoblätter
1 EL Balsamicoessig
3 EL natives Olivenöl extra
Meersalz, schwarzer Pfeffer, zerstoßen
4 Rinderfiletsteaks je 175 g

Den Grill vorheizen. Für die Zwiebel-Salsa die Zwiebelscheiben von beiden Seiten grillen, bis sie kräftig Farbe genommen haben. Auf ein Küchenbrett legen. Die Tomaten auf den Grill legen; während sie garen, die Zwiebeln grob hacken und in eine Schüssel geben. Sobald die Tomaten von unten schwarz zu werden beginnen, wenden und 1 weitere Minute grillen. Zu den Zwiebeln in die Schüssel geben und die Mischung mit einer Küchenschere weiter grob zerkleinern. Die Petersilienblätter, den Oregano, den Essig und das Olivenöl untermengen und mit Meersalz und zerstoßenem Pfeffer würzen.

Inzwischen die Steaks auf den Grill legen und 2–3 Minuten garen. Wenden und 1 weitere Minute grillen. Vom Grill nehmen, kurz ruhen lassen und mit der Zwiebel-Salsa servieren. Für 4 Personen.

Steak mit Zwiebel-Salsa

Desserts

Ob als krönendes Finale furioso oder in Gestalt einer schlichten Schüssel Himbeeren mit Eis spät am Abend vor dem Fernseher, Desserts sollten immer dem Gaumen schmeicheln.

Dessertideen

die magische Alchemie
von Eiern, Zucker, Früchten und Sahne

Eischnee
luftige Meringe
zartschmelzende Schokolade
dazu die besten Früchte der Saison
und einen dicken Klecks Schlagsahne

Früchte pochieren

1 In einen Topf mit schwerem Boden 350 g Zucker, 1 l Wasser, 1 aufgeschlitzte Vanilleschote und 2 Streifen unbehandelte Zitronenschale geben und bei starker Hitze unter Rühren zum Kochen bringen, bis sich der Zucker aufgelöst hat. Vom Herd nehmen.

2 4 Birnen schälen, die Stiele stehen lassen. Mit einem kleinen, scharfen Messer sorgfältig die Kerngehäuse herausschneiden.

3 Ein rundes Stück Backpapier zuschneiden, das im Durchmesser etwas größer ist als der Topf. Das Papier zerknüllen und wieder glätten. Die Früchte aufrecht in den Sirup stellen und mit dem Papier zudecken. Die Stiele ertasten, an der Stelle das Papier mit einer kleinen Schere einschneiden und die Stiele durchstecken. Das Papier eng an die Früchte schmiegen und die Birnen mit Deckel bei schwacher Hitze 1½ Stunden sanft garen. Den Topf vom Herd nehmen und die Birnen in ihrem Sirup abkühlen lassen. Für 4 Personen.

Tipps & Tricks

- Möchten Sie eine Sauce zu den Früchten servieren, lassen Sie die Garflüssigkeit bei geringer Hitze zu einem dicken Sirup einkochen. Die so kandierte Zitronenschale in feine Streifen schneiden und vor dem Servieren über die Birnen streuen.

- Ein geschmacklich noch kräftigeres Resultat lässt sich erzielen, wenn Sie 250 ml des Wassers durch Weiß- oder Rotwein ersetzen.

- Zum Pochieren von Steinobst zunächst wie in Schritt 1 beschrieben einen Sirup kochen und die Früchte hineinlegen. Je nach Menge der Früchte eventuell portionsweise vorgehen – die Früchte sollten vollständig mit dem Sirup bedeckt sein. Mit Backpapier zudecken und 5 Minuten behutsam pochieren; anschließend mit einem Spieß oder einem spitzen Messer prüfen, ob sie gar sind. Mit einem Schaumlöffel herausheben. Sind alle Früchte gegart, den Sirup bei starker Hitze sämig einkochen und wieder über die pochierten Früchte gießen.

Beerenfrüchte

Wenn ich meine Henkersmahlzeit wählen müsste, so würde ich mich für eine große Schüssel frischer Beeren entscheiden und eine nach der anderen genießen. Aromatische Walderdbeeren, pralle Himbeeren, saftige Maulbeeren, dicke Blaubeeren, säuerliche Johannisbeeren – jeder Mundvoll ist ein Hoch auf die bunte Pracht der Beerenfrüchte. Zwar gibt es viele Sorten mittlerweile das ganze Jahr über, doch Beeren sind durch und durch Sommerfrüchte. Und um die Kulisse perfekt zu machen, versetze ich mich in Gedanken auf eine Veranda mit Blick auf den blauen Ozean und blinzele in die Sonne. Dazu gibt es natürlich Unmengen dunkles Schokoladeneis und ein paar Gläser delikaten Dessertwein.

Das ist das Schöne an Beeren. Selbst schlicht und schnörkellos serviert versprechen sie absoluten Hochgenuss. Einfach in eine Schüssel häufen, nach Belieben etwas Zucker oder Sahne darüber, fertig – einfacher geht es wirklich nicht.

Beerendienst

Beeren sind zarte, empfindliche Wesen und erfordern beim Kauf und bei der Vorbereitung Umsicht. Hier ein paar Tipps:

- Achten Sie beim Kauf auf Anzeichen von Schimmel und weiche Stellen. Lassen Sie die Finger von Schälchen, deren Boden bereits durchgeweicht ist oder die beschädigte Beeren enthalten. Machen schon die obersten Beeren keinen guten Eindruck, sieht es darunter erst recht nicht gut aus.
- Bereiten Sie Beeren einige Zeit im Voraus vor. Die Früchte vorsichtig aus der Schale nehmen und auf Druckstellen oder Schimmel überprüfen. Die einwandfreien Beeren auf einen großen Teller legen und in den Kühlschrank oder bis zum Servieren beiseitestellen. Waschen sollte man Beeren erst kurz vor dem Servieren. In einen Durchschlag geben und unter fließendem Wasser kurz abspülen; darauf achten, dass sie nicht gequetscht werden. Dann gründlich abtropfen lassen. Erdbeeren sollte man erst nach dem Waschen entstielen, sonst werden sie wässrig. Bei Himbeeren reicht es, sie zu verlesen.
- Beeren schmecken am besten raumtemperiert, daher sollte man sie vor dem Hauptgang aus dem Kühlschrank nehmen. Wenn Sie Erdbeeren servieren, die Früchte von den Kelchen befreien, halbieren und in einer Schüssel mit etwas Zucker bestreuen. Ist die Zeit für das Dessert gekommen, sind die Erdbeeren raumtemperiert und in der Schüssel hat sich eine süße Sauce gebildet.
- Beeren sind zwar Sommerfrüchte, lassen sich glücklicherweise aber gut einfrieren. Wenn Ihnen also in der kalten Jahreszeit nach ein bisschen Sommer ist, kaufen Sie tiefgefrorene Beeren. Aus Beeren lassen sich auch schmackhafte Saucen zu Puddings oder Eiscreme zubereiten. Für Erdbeer- oder Himbeersauce die tiefgefrorenen Früchte auf kleiner Flamme mit etwas Zucker garen, bis sich der Zucker aufgelöst hat. Anschließend im Mixer oder in der Küchenmaschine pürieren und das Fruchtpüree durch ein feines Sieb streichen. Gefrorene Himbeeren lassen sich wunderbar über englischen Brotpudding streuen, tiefgekühlte Blaubeeren unter Teige ziehen. Oder Sie garen die gefrorenen Beeren mit etwas Zucker (sehr süße Beeren mit einem Spritzer Zitronensaft abrunden). Anschließend abkühlen lassen, über einen Sandkuchen löffeln und mit warmer Vanillesauce übergießen.

Einfach, aber gut

Hier noch ein paar Ideen für den kleinen, feinen Beerengenuss:

- Beeren mit Sahne sind himmlisch. Erdbeeren in eine Schüssel geben und mit Schlagsahne und zerkrümelten Baisers garnieren oder die Früchte mit etwas Zucker und Likör zerdrücken und über Vanilleeis servieren.
- Flüssige Sahne in einem Krug mit dem Mark einer Vanilleschote oder einigen Tropfen natürlichem Vanilleextrakt verrühren. Eine Schüssel mit gemischten Beeren und gerösteten Mandelblättchen füllen und mit der Vanillesahne servieren. Alternativ die Beeren mit süßem Likör beträufeln und mit echter Vanillesauce übergießen.
- Erdbeeren vierteln und mit einem Schuss Balsamicoessig in eine Schüssel geben. Behutsam durchheben, die Früchte auf einem Klecks Mascarpone anrichten und mit ligurischem Honig beträufeln.
- Haselnüsse leicht rösten, die dunkle, bittere Haut abreiben und die Nüsse grob hacken. Türkisches Lokum in dünne Scheiben schneiden und mit den Nüssen in einer Schüssel vermengen. Weiches Schokoladeneis unterrühren, wieder einfrieren und mit Erdbeeren servieren.
- Himbeeren, weiße Pfirsiche und Orangensaft mit zerstoßenem Eis im Mixer pürieren – ein idealer Sommerdrink.
- Kleine Mürbeteigböden mit Mascarpone füllen und mit in Zucker getauchten Beeren garnieren. Kurz vor dem Servieren mit süßem Likör oder mit Rosenwassersirup mit Kardamom (s. S. 355) beträufeln.
- Rohrzucker und das Mark von 1 Vanilleschote im Mixer fein zermahlen und über Blaubeeren streuen. Einen Schuss Cointreau zugeben, die Früchte mit Schlagsahne und Himbeeren in gekühlte Gläser schichten und servieren.

Crème anglaise – eine köstliche

Crème anglaise (Englische Creme)

1 in einen Topf mit schwerem Boden 250 ml Milch und 250 ml Sahne gießen. 1 Vanilleschote behutsam mit den Fingern kneten, damit sie weich wird. Mit der Spitze eines kleinen, scharfen Messers der Länge nach halbieren und in die Milchsahne legen. Die Mischung auf mittlerer Stufe nur eben bis zum Siedepunkt erhitzen und vom Herd nehmen.

2 In einer Schüssel 5 Eigelb und 4 Esslöffel Zucker hellgelb und schaumig schlagen. Etwas heiße Sahnemilch unterschlagen, dann langsam die restliche Flüssigkeit zugießen und sorgfältig unterrühren. Die Vanilleschote zurückbehalten, den Topf ausspülen und die Mischung wieder hineingießen.

3 Die Eiercreme bei mittlerer Temperatur unter ständigem Rühren mit einem Holzlöffel behutsam erhitzen, bis sie eindickt und den Rücken des Löffels überzieht. Durch ein Sieb in eine Schüssel gießen. Das Mark aus der Vanilleschote herauskratzen und unterrühren und die Creme in einen Krug füllen. Für 6–8 Personen.

Tipps & Tricks

- Bei einer gegarten (abgezogenen) Creme kommt es vor allem darauf an, behutsam vorzugehen und nichts zu überstürzen. Die Eiercreme darf nicht zu stark erhitzt werden und schon gar nicht aufkochen, sonst gerinnt sie.
- Die Creme, sobald sie eine sämige Konsistenz hat, vom Herd nehmen und in eine Schüssel passieren, damit sie in dem heißen Topf nicht nachgart und am Ende doch noch gerinnt. Falls Ihnen das immer noch zu heikel ist, stellen Sie eine große Metallschüssel in die mit Eis gefüllte Spüle und passieren die gegarte Creme unter Rühren hinein, um sie rasch herunterzukühlen.
- Crème anglaise lässt sich im Voraus zubereiten. Die fertige Creme vollständig abkühlen lassen und mit Frischhaltefolie bedeckt im Kühlschrank lagern. Sie hält sich 2–3 Tage.

Dessertsauce und auch Grundlage vieler Eiscremes.

Klassische Eiszubereitungen

Schokoladeneis

In einem Topf mit schwerem Boden 375 ml Milch, 250 ml Sahne und 100 g grob zerkleinerte Bitterschokolade auf mittlerer Stufe bis knapp unter den Siedepunkt erhitzen; dabei umrühren, damit die Schokolade schneller schmilzt. Vom Herd nehmen. In einer Schüssel 4 Eigelb und 4 Esslöffel Zucker dickschaumig schlagen. 2 Esslöffel Kakaopulver zugeben und erneut schlagen. Etwas heiße Schokoladensahne unterschlagen, dann die restliche Flüssigkeit einarbeiten. Die Mischung zurück in den gesäuberten Topf gießen und auf mittlerer Stufe unter ständigem Rühren mit einem Holzlöffel garen, bis sie dick wird und den Löffelrücken überzieht. Durch ein Sieb in eine Schüssel passieren und abkühlen lassen. In eine Eismaschine füllen und nach Bedienungsanleitung gefrieren. Für 4 Personen.

Zitronensorbet

In einem Topf 225 g Zucker und 250 ml Wasser bei starker Hitze unter Rühren aufkochen, bis sich der Zucker aufgelöst hat. Vom Herd nehmen. Die fein abgeriebene Schale von 2 unbehandelten Zitronen und den Saft von 5 Zitronen unterrühren und abkühlen lassen. In eine Gefrierdose gießen und zugedeckt für 1 Stunde in den Kühlschrank stellen. Die Mischung in eine Eismaschine füllen und entsprechend der Bedienungsanleitung gefrieren. In einer Schüssel 1 Eiweiß schaumig schlagen. Nach 30 Minuten das Eiweiß unter die Sorbetmasse in der Eismaschine mengen und weiter gefrieren, bis das Sorbet fest ist. Sofort servieren oder in einem fest verschlossenen Behälter im Gefrierschrank aufbewahren. Für 4 Personen.

Kaffee-Granita

In einem Topf 115 g Zucker in 125 ml Wasser bei starker Hitze unter Rühren auflösen. Vom Herd nehmen, 1 Teelöffel fein geriebene Zitronenschale, 1 Esslöffel Zitronensaft und 500 ml starken Kaffee unterrühren. Abkühlen lassen; dann zugedeckt im Kühlschrank durchkühlen. Die Mischung in ein großes, flaches Metallgefäß gießen. Sie sollte möglichst rasch gefrieren und das geht in einem großflächigen Gefäß am schnellsten. Zugedeckt in den Gefrierschrank stellen. Nach 1 Stunde mit einer Gabel die Eiskristalle am Rand zur Mitte hin schaben. Erneut tiefkühlen und diesen Vorgang alle 30 Minuten wiederholen, bis die Granita komplett gefroren ist. Die Granita am besten sofort servieren. Andernfalls 1 Stunde vor dem Servieren aus dem Gefrierschrank nehmen und leicht antauen lassen. Die Eiskristalle auflockern und vor dem Servieren noch einmal 30 Minuten einfrieren. Für 4 Personen.

Vanilleeis

2 Vanilleschoten mit den Fingern leicht kneten, damit sie weich werden. Die Schoten längs halbieren. In einem Topf mit schwerem Boden 375 ml Milch, 250 ml Sahne und die Vanilleschoten auf mittlerer Hitze nur eben zum Sieden bringen und vom Herd nehmen. In einer Schüssel 5 Eigelb und 125 g Zucker schaumig schlagen. Etwas heiße Flüssigkeit unterschlagen, dann langsam den Rest zugießen und unterrühren; die Vanilleschote zurückbehalten. Die Mischung zurück in den gesäuberten Topf gießen und auf mittlerer Stufe unter ständigem Rühren mit einem Holzlöffel erhitzen, bis sie den Löffelrücken überzieht. Durch ein Sieb in eine Schüssel gießen. Das Mark aus der Vanilleschote herauskratzen und unter die Eiercreme rühren. Abkühlen lassen und in der Eismaschine nach der Bedienungsanleitung gefrieren. Für 4 Personen.

Bieten Sie im Sommer Platten mit reifen Feigen, Mango- oder Pfirsichspalten oder süßsaftiger Ananas und große Schüsseln mit Kirschen und anderen Steinfrüchten an.

Süße Früchte

Desserts müssen nicht mit Stunden mühevoller Arbeit am Herd oder Ofen verbunden sein, es gibt so viele wunderbare saisonale Früchte. Gerade im Sommer, wenn sie besonders verlockend sind, ist nichts so einfach, wie ein paar Beeren oder einige sonnengelbe Scheiben Ananas, Mango, Pfirsich oder Aprikose zu selbst gemachter oder gekaufter Eiscreme zu servieren. Nach einem reichhaltigen Essen gibt es keinen leichteren und belebenderen Abschluss als frische Früchte.

Wenn Sie einen ausreichend großen Gefrierschrank haben, sollten Sie stets für einen Vorrat an Eiscremes und Sorbets (selbst gemacht oder gekauft) sorgen. Dann noch die Obstschale füllen und ein paar Becher Mascarpone und Sahne sowie eine Auswahl selbst gemachter Sirupe in den Kühlschrank stellen und schmackhafte Nachspeisen werden zum Kinderspiel.

Sirup

Hier zwei vielseitige Sirupe für den Einstieg. Sie halten sich im Kühlschrank einige Wochen lang:

- Für einen Rosenwassersirup mit Kardamom 115 g Zucker, 1 Teelöffel Zitronensaft und 5 leicht zerstoßene Kardamomkapseln in einem Topf mit schwerem Boden vermengen und 250 ml Wasser zugießen. Langsam zum Kochen bringen und dabei ständig rühren, bis sich der Zucker aufgelöst hat. Die Hitze reduzieren und die Mischung 5 Minuten köcheln lassen. Vom Herd nehmen und ½ Teelöffel Rosenblütenwasser unterrühren. In ein sterilisiertes Glas füllen. Dieser Sirup macht sich hervorragend über frischen Feigen, entsteinten Kirschen, gemischten Beerenfrüchten oder einfach über Schokoladeneis geträufelt.
- Für einen Passionsfruchtsirup mit Zitronengras 225 g Zucker, 2 zerstoßene Stängel Zitronengras und 250 ml Wasser in einem Topf mit schwerem Boden vermengen und unter Rühren zum Kochen bringen. Die Hitze herunterstellen und die Mischung in 10 Minuten auf die Hälfte einkochen. 125 g Passionsfruchtmark zugeben, 1 Minute umrühren, vom Herd nehmen und abkühlen lassen. Das Zitronengras herausnehmen und den Sirup in ein sterilisiertes Glas füllen. Über tropischen Früchten servieren oder über jede Art von Fruchteis oder Sorbets löffeln.

Desserts, schnell wie der Blitz

Hier ein paar Anregungen, wie man aus ganz alltäglichen Zutaten im Handumdrehen schmackhafte Desserts zaubert:

- Eine gekühlte reife Ananas in Spalten schneiden, mit Zitronen- oder Limettensorbet anrichten und mit klein geschnittener frischer Minze bestreuen.
- Bananen der Länge nach halbieren, mit großen Kugeln Vanilleeis anrichten und mit Passionsfruchtsirup mit Zitronengras beträufeln.
- Ein Sommerklassiker ist Obstsalat mit Pfirsichen, Bananen, Passionsfrüchten und Orangen- oder Limettensaft, serviert mit Eiscreme. Oder gewürfelte rote Papaya, Pfirsiche und Passionsfruchtmark mit Limettensaft vermengen, nach Belieben mit geriebenem Palmzucker süßen und mit Limettensorbet servieren.
- Fein gewürfelte Mango, dünne Scheiben Erdbeeren, halbierte Blaubeeren und klein geschnittene frische Minze zu einer Früchte-Salsa vermengen und über Limettensorbet löffeln.
- In dicke Spalten geschnittene weiße Pfirsiche mit 1 Prise gemahlene Nelken in Sauternes einlegen und mit Crème anglaise (s. S. 350) oder gesüßtem Mascarpone servieren.
- Manchmal gibt es nichts Schöneres als knackige grüne Äpfel mit einem kräftigen, festen Cheddar. Mit frisch geknackten Walnüssen oder Mandeln servieren.
- Für einen winterlichen Obstsalat mit einem scharfen Messer 4–6 Orangen filetieren und die Filets in eine Schüssel legen. Die Fruchtreste über der Schüssel sorgfältig auspressen, damit kein Saft verloren geht. Dünne Scheiben Banane und roten Apfel, den Saft von 1 Zitrone und braunen Zucker nach Geschmack untermengen und zu Vanilleeis oder Sahnejoghurt servieren.
- Dicke Bananenscheiben in Limettensaft und gemahlenem Zimt oder in einem Zitronensirup mit Cointreau wenden und zu gewürztem Joghurt (s. S. 52) servieren.
- 10 getrocknete Feigen in feine Scheiben schneiden und in einer Schüssel mit dem Saft und der abgeriebenen Schale 1 Orange, ¼ Teelöffel gemahlenem Zimt und 1 Teelöffel Rosenblütenwasser vermengen. Mit heißem Wasser bedecken und über Nacht einweichen. Die Früchte aus der Marinade heben und über Eiscreme servieren.

Vielleicht ist es ein Überbleibsel noch unwiderstehlich. Knusprige

Baisers (Meringen)

1 Den Ofen auf 150 °C vorheizen. 3 Eier trennen, die Eigelbe werden nicht benötigt. Ein großes Backblech mit Backpapier bedecken.

2 Die Eiweiße und 175 g feinen Rohrzucker in eine kleine, hitzebeständige Schüssel geben und auf einen Topf mit kochendem Wasser setzen. Die Mischung umrühren, bis sie warm ist und sich der Zucker aufgelöst hat. Herunternehmen und mit dem elektrischen Handrührgerät aufschlagen, bis die Masse dick und wieder kalt ist. Das dauert etwa 12 Minuten. ¼ Teelöffel natürliches Vanilleextrakt zugeben und noch 1 Minute weiterschlagen.

3 Die Baisermasse in großen Klecksen auf das Blech löffeln und 45 Minuten im Ofen backen. Den Ofen ausschalten, die Ofentür einen Spaltbreit öffnen und die Baisers langsam abkühlen lassen. Sobald sie vollständig erkaltet sind, luftdicht verschlossen lagern. Ergibt 6 große Baisers.

Tipps & Tricks

- Baisers sind prima, um übrig gebliebenes Eiweiß von einer Mayonnaise oder Vanillesauce zu verwerten. In einem Behälter luftdicht verschlossen bleiben sie mehrere Tage knusprig. Mit frischen Beeren oder Passionsfrüchten und Schlagsahne servieren.

- Für eine klassische Baisertorte (Pavlova) den Ofen auf 180 °C vorheizen. Ein Backblech mit Backpapier auslegen und einen Kreis von etwa 30 cm Durchmesser aufzeichnen. 4 Eiweiß mit 1 Prise Salz steif schlagen. Unter ständigem Weiterschlagen nach und nach 250 g feinsten Zucker einarbeiten und dann 1 Esslöffel Maisstärke und 1 Teelöffel Weißweinessig unterziehen. Die Masse auf dem vorgezeichneten Kreis zu einem flachen Baiser verstreichen. Im Ofen 5 Minuten backen, die Temperatur auf 150 °C herunterstellen und noch 1 Stunde backen. Den Ofen ausschalten, die Tür einen Spaltbreit öffnen und den Baiser langsam abkühlen lassen – vorzugsweise über Nacht im Ofen. Mit Schlagsahne bedecken und mit Bananenscheiben, Erdbeeren und Passionsfruchtmark garnieren.

meiner Kindheit, aber ich finde Baisers immer
Baisers, Schlagsahne, frische Beeren ... Mmhh!

Gebackene englische Puddings

Zitronenpudding

Den Ofen auf 180 °C vorheizen. Eine große Auflaufform ausbuttern. Die Schale von 2 unbehandelten Zitronen abreiben und den Saft der Früchte auspressen. 3 Eier trennen. 70 g Butter, 175 g Zucker und die Zitronenschale hellgelb und cremig rühren. Die Eigelbe unterschlagen. Nach und nach im Wechsel 3 Esslöffel gesiebtes Mehl und 185 ml Milch zugeben und alles zu einem glatten Teig verarbeiten. Den Zitronensaft unterrühren. In einer zweiten Schüssel die Eiweiße sehr steif schlagen, den Eischnee locker unter die Puddingmasse ziehen. Die Mischung in die vorbereitete Form füllen und diese in einen Bräter stellen. Den Bräter bis zur halben Höhe der Form mit heißem Wasser füllen und den Pudding 1 Stunde im Ofen garen. Für 8 Personen.

Dattelpudding

Den Ofen auf 180 °C vorheizen. Vier Puddingförmchen à 300 ml Fassungsvermögen ausbuttern. In einer Schüssel 150 g entsteinte und fein gehackte Datteln und 1½ Teelöffel Natron vermengen. Mit 150 ml kochendem Wasser übergießen und 10 Minuten quellen lassen. In einer weiteren Schüssel 2½ Esslöffel Butter und 125 g braunen Zucker schaumig rühren. 2 Eier einarbeiten und dann 1 Teelöffel natürliches Vanilleextrakt und 1 Esslöffel fein gehackten kandierten Ingwer unterrühren. 125 g Mehl und 1 Teelöffel Backpulver hineinsieben und locker unterziehen. Zuletzt die Datteln untermengen. Die Puddingmasse in die vorbereiteten Förmchen füllen, auf ein Backblech stellen und 20–25 Minuten backen, bis die Puddings gestockt sind. Mit Karamellsauce (s. S. 363) und Schlagsahne servieren. Für 4 Personen.

Brotpudding

Den Ofen auf 180 °C vorheizen. Eine ofenfeste Keramikform leicht ausbuttern. 450 g Brioche entrinden, in Scheiben und diese dann in Dreiecke schneiden. Die Dreiecke fächerartig in die Form legen und mit 1 Teelöffel gemahlenem Zimt bestreuen. In einer Schüssel 3 Eier, 3 Esslöffel feinsten Zucker und 500 ml Sahne verschlagen. Die Mischung über die Brioche gießen und mit 4 Esslöffeln hellem Zuckerrohrsirup *(golden syrup)* beträufeln. Im Ofen 25 Minuten backen, bis der Pudding goldbraun und gestockt ist. Mit frischen Beeren servieren. Für 6 Personen.

Schokoladenpudding

Den Ofen auf 180 °C vorheizen. Sechs Puddingförmchen à 300 ml leicht ausbuttern. In einem großen Krug 4 Esslöffel Kakaopulver, 90 g braunen Zucker und 300 ml kochendes Wasser verrühren. In einer großen Schüssel 2 Eier und 150 g feinsten Zucker leicht verquirlen. In einem Topf 2½ Esslöffel Butter und 100 g gehackte Bitterschokolade in 125 ml Milch auf mittlerer Stufe in etwa 3 Minuten schmelzen lassen. Vom Herd nehmen und leicht abkühlen lassen. 125 g Mehl, 1 Teelöffel Backpulver und 2 Esslöffel Kakaopulver in das verquirlte Ei sieben und die flüssige Schokomilch unterrühren. Den Teig in die Förmchen füllen und mit dem heißen Kakaowasser übergießen. Auf ein Backblech stellen und 30 Minuten im Ofen backen, bis die Puddings fest sind. Mit Kakao bestauben und mit Sahne oder warmer Vanillesauce servieren. Für 6 Personen.

Soufflés sind die Krönung eines luftigen Backwerk einen erfrischend

Soufflé

1 Den Ofen auf 200 °C vorheizen. Sechs Auflaufförmchen à 300 ml Fassungsvermögen leicht ausbuttern. Etwas Zucker hineinstreuen und durch Bewegen der Förmchen verteilen, bis Böden und Ränder gleichmäßig bedeckt sind. Überschüssigen Zucker ausleeren. 7 Eier trennen (2 Eigelb werden nicht benötigt). In einer Metallschüssel 5 Eigelb mit 115 g Zucker hellgelb und cremig schlagen.

2 Die Schüssel auf einen Topf mit kochendem Wasser setzen und die Eiercreme behutsam verrühren, bis sie dick wird und sich relativ heiß anfühlt. Aus dem Wasserbad nehmen, in die mit Eiswasser gefüllte Spüle stellen und die Creme kalt rühren; anschließend 4 Esslöffel Passionsfruchtmark untermischen. In einer weiteren Schüssel die 7 Eiweiß schlagen, bis sich weiche Spitzen bilden. 1 Teelöffel Maisstärke zugeben und noch 1 Minute schlagen. Die Hälfte des Eischnees sorgfältig unter die Soufflémasse ziehen, dann locker den Rest unterheben.

3 Den Teig bis 1 cm unterhalb des Randes in die vorbereiteten Förmchen füllen und glatt streichen. Mit dem Finger rundherum am Rand entlangfahren, sodass eine kleine Furche entsteht. Im Ofen 5 Minuten backen, dann die Temperatur auf 180 °C herunterstellen und weitere 12 Minuten backen, bis die Soufflés goldbraun und aufgegangen sind. Aus dem Ofen nehmen, mit Puderzucker bestauben und sofort servieren. Für 6 Personen.

Tipps & Tricks

- Achten Sie darauf, dass der Ofen gut vorgeheizt ist, bevor Sie die Soufflés hineinschieben. Die kräftig aufgeschlagenen Eier und ein richtig heißer Ofen sorgen dafür, dass sie luftig und locker werden. Und denken Sie daran: Ein frisch gebackenes Soufflé duldet keinen Aufschub!
- Da das Gelingen von Soufflés in hohem Maße von der Ofentemperatur und vom richtigen Timing abhängt, ist es ratsam, einen Testlauf durchzuführen, bevor Sie das Rezept für eine Dinnerparty ins Auge fassen.
- Für ein klassisches Soufflé ersetzen Sie das Passionsfruchtmark durch 3 Esslöffel Grand Marnier und 1 Teelöffel fein geriebene unbehandelte Orangenschale.

reichhaltigen Essens. Passionsfrucht verleiht dem säuerlichen Touch.

Gegarte Desserts

Heiß und duftend, knuspriges Gebäck, triefend vor Karamell, gebackene Früchte in ihrem warmen Saft … nichts erwärmt das Herz so sehr wie ein Dessert, das direkt aus dem Ofen kommt. Nur keine Panik, ich rede nicht von einem aussichtslosen Kampf mit Nudelhölzern und Backlinsen – es gibt viele Möglichkeiten, einen leckeren Nachtisch aus dem Ofen zu zaubern, ohne sich übermäßig in Arbeit zu stürzen. Hier sind einige meiner Favoriten:

Äpfel ganz groß

- Einfacher Apfelauflauf: Geschälte und entkernte Apfelspalten in eine Bratenpfanne legen. 150 g frische Semmelbrösel mit weicher Butter zu einer krümeligen, leicht klebrigen Masse zerreiben. Über die Äpfel streuen, mit hellem Zuckerrohrsirup *(golden syrup)* beträufeln und im 180 °C heißen Ofen etwa 30 Minuten backen, bis die Brösel goldbraun sind. Mit Eiscreme und einem Löffel Zuckerrohrsirup servieren.
- Einfache Apfeltarte: 100 g Butter mit 100 g Zucker zerlassen und in eine Schüssel geben. 1 Teelöffel gemahlenen Zimt, 2 geraspelte Äpfel, 1 Teelöffel Zitronensaft und 2 Eier untermengen, die Mischung in einen vorgebackenen Tarteboden füllen und im 180 °C heißen Ofen in 30 Minuten goldbraun backen.
- Einfache Apfeltaschen: Dünne Apfelscheiben in etwas Zucker, gemahlenem Zimt und abgeriebener Zitronenschale wenden. Aus Blätterteigplatten (Fertigprodukt) Kreise von 12 cm Durchmesser ausstechen und jeweils etwas Apfelmischung in die Mitte setzen. Den Teig zu Halbmonden falten und die Ränder fest zusammendrücken. Die Apfeltaschen auf ein Blech legen, mit Zucker bestreuen und mit den Zinken einer Gabel einstechen. Im 180 °C heißen Ofen in 30 Minuten goldbraun backen. Heiß servieren.
- Noch einfacher: Aus Blätterteig Kreise ausstechen und auf ein Backblech legen. Mit dünnen Apfelscheiben belegen und mit Butterflöckchen und etwas Zucker bedecken. Im auf 180 °C vorgeheizten Ofen in 15 Minuten goldbraun backen. Mit Vanilleeis servieren.

Warme Sommerfrüchte

- Feigen halbieren und mit fein geriebenem Ingwer und etwas Zimt bestreuen. Mit Ahornsirup beträufeln und im 220 °C heißen Ofen 10 Minuten backen. Mit Vanilleeis und Mandelplätzchen servieren.
- Nektarinen halbieren, entsteinen und mit Zucker bestreuen. Unter den Backofengrill schieben, bis der Zucker karamellisiert ist. Mit Pistazieneis servieren.
- Pflaumen in Orangensaft mit einer Zimtstange oder Vanilleschote pochieren und gut gekühlt mit Schlagsahne und Schokoladenplätzchen servieren. Oder Nektarinen in einem mit Zimt, Kardamom und Sternanis gewürzten Sirup garen und zu Karamelleis reichen.
- Pflaumen in Rotwein pochieren, bis sie weich sind. Herausheben und mit griechischem Joghurt anrichten. Mit Honig und Rosenwassersirup mit Kardamom (s. S. 355) beträufeln.
- Halbierte entsteinte Pfirsiche auf ein Backblech legen. Etwas weiche Butter mit fein gehacktem kandiertem Ingwer und braunem Zucker vermengen und die Pfirsichhälften damit füllen. Für einige Minuten unter den Backofengrill schieben, bis die Butter schäumt und goldbraun ist. Mit Vanilleeis servieren.
- Rhabarber mit Zucker (je nach Säure mehr oder weniger) dünsten und mit Zimttoast servieren. Oder grob gewürfelten Rhabarber in einer Auflaufform mit braunem Zucker, Orangensaft, geriebener unbehandelter Orangenschale und einer gespaltenen Vanilleschote gründlich vermengen und zugedeckt im 180 °C heißen Ofen 30 Minuten backen.
- 4 Quitten schälen, entkernen und in dicke Spalten schneiden. In eine Bratenpfanne legen, 250 ml Wasser, 2 Esslöffel Butter und 3 Esslöffel Zucker zugeben und vermengen. Zugedeckt im 150 °C heißen Ofen 3–4 Stunden garen. Je länger die Früchte schmoren, desto intensiver wird die Farbe. Sie können zusätzlich 1 Zimtstange, 1 Vanilleschote oder etwas geriebenen Ingwer in die Pfanne geben. Die Quitten über Schokoladenbrownies löffeln, mit Schlagsahne, mit Likör aromatisiertem Mascarpone oder schlicht mit Vanilleeis servieren.
- Der beim Garen von Quitten entstehende Sirup verleiht Crème double oder Vanillesauce eine reizvolle süßsäuerliche Note. Aus den Schalen können Sie mit einer Vanilleschote oder einer Zimtstange und Zuckersirup (s. S. 229) einen aromatischen Sirup kochen. Den Quittensirup durch ein Sieb gießen und zum Pochieren von Birnen verwenden oder über einen einfachen Biskuit oder Schokoladenkuchen ziehen.
- Karamellsauce: 4 Esslöffel Sahne, 70 g braunen Zucker und 1½ Esslöffel Butter in einem kleinen Topf mit schwerem Boden vermengen. Zum Kochen bringen, die Hitze reduzieren und die kochelnde Sauce gründlich verschlagen. Vom Herd nehmen und abkühlen lassen. Die Sauce über Puddings, pochierte Früchte, geröstete Zimt-Brioches oder ein anderes winterliches Dessert gießen.

VALRHONA

Ein bisschen was zu naschen

Hin und wieder ist es am einfachsten, den nächsten Süßwaren- oder Feinkostladen anzusteuern, um ein paar süße Gaumenfreuden oder einen guten Käse zu erstehen. Ich finde, das einfachste und beste Dessert der Welt ist immer noch eine große Tafel guter Schokolade, die man im Kreise guter Freunde teilt.

Auch der eine oder andere würzige Käse und eine Auswahl an Brot und Kräckern erfordern nur einen kurzen Stopp an der Feinkosttheke. Wenn Sie dann noch ein bisschen Zeit erübrigen können, hier ein paar Vorschläge, wie man Käse und Früchte schmackhaft kombiniert:

- Gegarte Quitten passen hervorragend zu Blauschimmelkäse, aber auch zu Frischkäse wie Ricotta. Servieren Sie als nicht übermäßig süßes Dessert dünne Scheiben gegarte Quitten oder Quittenpaste zu einer Schale Ricotta und dünnen Kräckern.
- Weiße Pfirsiche in feine Spalten schneiden, mit frisch gemahlenem schwarzem Pfeffer würzen und mit Mascarpone und Biscotti oder anderem Mandelgebäck servieren.
- Ein Glas Süßwein oder Likör mit einer kleinen Schale Mascarpone und Mandelkeksen servieren. Das Gebäck in den Wein tunken, etwas Mascarpone drauflöffeln und genießen.
- Schokoladenbrownies mit Grand Marnier beträufeln und mit einer Kugel Schokoladen- oder Vanilleeis servieren.
- Eine Platte mit Feigen, Birnen und roten Trauben zu einer Käseauswahl wie cremigem Dolcelatte oder vollreifem Brie servieren. Dazu Fladenbrot oder knusprige Kräcker und einen guten Dessertwein reichen, zurücklehnen und genießen.
- Dünne Orangenscheiben mit gemahlenem Zimt bestreuen und mit Mascarpone, verrührt mit Honig, und Brandy Snaps (knusprige, cremegefüllte Teigröllchen) servieren.
- Klein geschnittene Pfirsiche anrichten, mit schwarzem Pfeffer würzen und mit einer Schale Mascarpone und Cantuccini oder Mandelbrot servieren.
- Feigen vierteln, in Grand Marnier oder Ihrem Lieblingslikör marinieren und mit einer Kugel Vanilleeis servieren.
- Quittenpaste und einen Schuss Grand Marnier unter Ziegenquark rühren, auf einem Teller anrichten und mit gerösteten Mandelblättchen bestreuen. Mit Beeren oder Nektarinenspalten servieren.
- Ein Stück Honigwabe zerdrücken und die klebrigen Stücke zu frischen Feigen reichen: die Feigen halbieren und die Wabensplitter über das Fruchtfleisch ziehen – knusprig und zartschmelzend zugleich.
- Zerdrückte Honigwabe unter Mascarpone oder Crème double rühren und über frische Pfirsichscheiben löffeln.
- Gewürfelten türkischen Honig (weißer Nugat) mit Mandeln und Zitronenzesten zu einer Schüssel Erdbeeren oder Himbeeren servieren.
- Türkischen Honig oder Nugat in dünne Scheiben schneiden und mit Vanilleeis in Dessertgläser schichten. Mit flüssiger Schokolade oder Kaffeelikör beträufeln.
- Rosa Lokum mit gerösteten Pistazien auf eine Platte häufen und servieren oder in kleine Würfel schneiden und über Vanilleeis streuen.

Für die nächtlichen Sünden

- Für einen kleinen Mitternachtsschmaus oder als einfaches Dessert legen Sie sich am besten einen Vorrat an Keksen, Plätzchen und anderem Fertiggebäck zu, dem Sie beim Servieren noch den letzten Schliff und ihre persönliche Note geben, oder präsentieren Sie einfach einen großen Teller mit allen möglichen Süßwaren gegen späte Gelüste.
- Wenn Sie den Abend noch etwas vergnüglicher abschließen möchten, so unternehmen Sie eine Zeitreise in Ihre Kindheit und feiern Sie ein mitternächtliches Feuerwerk mit Ihren Lieblingssüßigkeiten von damals – Nugat, Weingummis, eine große Schüssel mit bunten Lollis …
- Süße Pastetchen und Teigtaschen aus dem arabischen Kulturraum versprechen dem Gaumen ein Abenteuer wie aus Tausendundeiner Nacht. Das süße Naschwerk lässt sich gut in kleine, mundgerechte Häppchen schneiden. Dekorativ auf einer Platte angerichtet und mit kleinen Tässchen Mokka serviert, wird niemand Nein sagen – wer kann schon gemahlenen Nüssen, schimmerndem Teig und nach Rosenblütenwasser duftendem Sirup widerstehen? Erhältlich ist das Zuckerwerk in arabischen, aber auch in türkischen Bäckereien und Konditoreien.
- Alle lieben Affogato, eine klassische italienische Nachspeise und eine Art Kaffee mit Schuss: Einfach eine kleine Kugel Vanille-, Schokoladen- oder Haselnusseis ins Glas geben und mit einem Löffel Kaffeelikör beträufeln. Mit heißem Espresso übergießen und mit einem kleinen Löffel servieren.

Dessertrezepte

süße Puddings

Beeren mit Schlagsahne

Schokolade in allen Variationen

knuspriges Baiser

bunter Wackelpeter

verwöhnen Sie Freunde und Familie,

bis nichts mehr übrigbleibt

Schokoladenparfait

125 g Zucker
125 g Bitterschokolade, in Stücke zerbrochen
4 Eigelb
300 ml Sahne, geschlagen
1 EL Haselnusslikör (beispielsweise Frangelico)
50 g geröstete Mandelblättchen
frische Beeren und Himbeersauce (s. S. 349) zum Servieren

Eine Terrinen- oder Kastenform mit Backpapier auskleiden. In einem Topf 150 ml Wasser und den Zucker unter Rühren aufkochen, bis sich der Zucker aufgelöst hat; 3 Minuten kochen lassen. Vom Herd nehmen, die Schokolade hineingeben und rühren, bis sie geschmolzen und die Mischung glatt ist.

Die Eigelbe in einer Schüssel hellgelb schlagen. Langsam die heiße Schokomasse zugießen und dabei ständig schlagen, bis die Mischung abgekühlt ist. Die Schlagsahne, den Likör und die Mandeln unterziehen und die Masse in die vorbereitete Form füllen. Zugedeckt über Nacht in den Gefrierschrank stellen.

Das Parfait aus der Form lösen und mit einem großen Messer in dicke Scheiben schneiden (die Klinge zuvor etwas anwärmen, dann geht es leichter). Mit frischen Beeren und Himbeersauce servieren. Für 6 Personen.

Beeren-Granita

175 g Zucker
600 ml Earl-Grey-Tee
250 g Erdbeeren
Saft von 1 Orange
150 g Himbeeren zum Servieren

Den Zucker in dem heißen Tee auflösen und beiseitestellen. Im Mixer oder in der Küchenmaschine die Erdbeeren mit dem Orangensaft pürieren. Das Püree unter den abgekühlten Tee rühren und die Mischung in eine Kunststoffschale von etwa 15 × 20 cm Größe füllen. Zugedeckt für 2 Stunden in den Gefrierschrank stellen.

Die Granita aus dem Gefrierschrank nehmen, mit einer Gabel die gefrorenen Eiskristalle aufkratzen und unter die noch flüssige Masse rühren. Wieder einfrieren und diesen Vorgang alle 40 Minuten wiederholen, bis sich die Masse in zerstoßenes Eis verwandelt hat. Falls Sie die Granita über Nacht einfrieren, vor dem Servieren 30 Minuten antauen lassen, dann mit der Gabel aufkratzen, durchrühren und wieder kurz einfrieren. Mit Himbeeren in hohe Gläser schichten und servieren. Für 4–6 Personen.

Rhabarbergelee

1 kg Rhabarber
350 g Zucker
abgeriebene Schale und Saft von 1 unbehandelten Orange
1 Teelöffel gemahlener Zimt
etwa 300 ml Orangensaft
8 Blatt Gelatine

Den Ofen auf 180 °C vorheizen. Den Rhabarber schälen, in 3 cm lange Stücke schneiden und in eine ofenfeste Glas- oder Keramikform legen. Den Zucker, den Saft und die Schale der Orange, den Zimt sowie 500 ml Wasser zugeben und zugedeckt 1 Stunde im Ofen garen. Die Mischung durch ein feines Sieb in einen Messbecher passieren und mit Orangensaft auf 900 ml Flüssigkeit auffüllen.

Die Gelatine in kaltem Wasser einweichen. Inzwischen eine Puddingform oder eine Glasschüssel mit einem neutralen Pflanzenöl einpinseln.

In einem Topf 250 ml des Rhabarbersafts fast zum Kochen bringen und vom Herd nehmen. Die eingeweichte Gelatine gut ausdrücken und in der heißen Flüssigkeit unter Rühren vollständig auflösen. Die Mischung sorgfältig unter den restlichen Saft rühren und in die vorbereitete Form gießen. Für 5 Stunden in den Kühlschrank stellen, bis der Saft geliert ist.

Zum Stürzen ein Küchentuch mit heißem Wasser anwärmen und um die Form wickeln. Umgekehrt einen Teller aufsetzen, die Form stürzen und durch kurzes kräftiges Rütteln das Gelee herauslösen. Vielleicht benötigen Sie dazu mehrere Versuche. Köstlich mit flüssiger Sahne oder Vanilleeis. Für 8 Personen.

Apfel-Vanilleeis mit Grapefruit

4 EL Zucker
1 Vanilleschote, längs halbiert
1 grüner Apfel, gerieben
200 ml Apfelsaft
2 rosa Grapefruits, filetiert, zum Servieren

In einem Topf Zucker, Vanilleschote und 170 ml Wasser zum Kochen bringen und rühren, bis sich der Zucker aufgelöst hat, die Hitze reduzieren und den geriebenen Apfel untermengen. Abkühlen lassen.

Den Apfelsaft unterrühren, die Masse in eine Gefrierdose füllen und 1 Stunde tiefkühlen. Herausnehmen, mit einer Gabel die Eiskristalle aufschaben, durchrühren und für weitere 1–2 Stunden tiefkühlen. Vor dem Servieren noch einmal mit der Gabel durcharbeiten und mit den Grapefruitfilets garnieren. Für 4 Personen.

Feigen mit Honig

Pfirsich-Blaubeer-Dessert

Feigen mit Honig

8 Feigen
Saft und Zestenstreifen von 1 unbehandelten Orange
12 kleine Minzeblätter
1 EL Honig
200 ml Crème double
½ TL feiner Zucker
1 EL gemahlene Walnüsse

Die Feigen in Scheiben schneiden und leicht überlappend auf einer Platte anrichten. Mit dem Orangensaft übergießen, die Zesten und die Minze gleichmäßig darüber verteilen und mit dem Honig beträufeln. Die Crème double, den Zucker und die Walnüsse in einer kleinen Schüssel verrühren und zu den Feigen servieren. Für 4 Personen.

Pfirsich-Blaubeer-Dessert

60 g Mehl
3 EL Maisstärke
3 EL brauner Zucker
½ TL gemahlener Ingwer
½ TL Backpulver
1½ EL weiche Butter
1 Eigelb
150 g Blaubeeren
2 EL Zucker
2 Pfirsiche, geschält und in Spalten geschnitten
Puderzucker zum Bestauben
Crème double zum Servieren

Den Ofen auf 180 °C vorheizen. Das Mehl, die Stärke, den braunen Zucker, den Ingwer und das Backpulver in eine Schüssel sieben. Die Butter und das Eigelb zugeben und alles zu einem weichen Teig verarbeiten. Ist er zu fest, einen Schuss kaltes Wasser untermengen. Den Teig ausrollen, vier Kreise von 8 cm Durchmesser ausstechen und auf ein mit Backpapier bedecktes Blech legen. Im Ofen in 12 Minuten goldbraun backen und abkühlen lassen.

Eine beschichtete Pfanne auf mittlerer Stufe erhitzen. Die Blaubeeren mit 2 Esslöffeln Wasser und dem Zucker darin garen, bis sich der Zucker aufgelöst hat, die Beeren glänzen und ihre Haut zu platzen beginnt. Die Plätzchen auf vier Teller legen und mit den Pfirsichspalten belegen. Die heißen Blaubeeren darüberschöpfen und mit Puderzucker bestauben. Mit Crème double servieren. Für 4 Personen.

Haselnussbaiser mit Beeren

2 Eiweiß
115 g feinster Zucker
4 EL gemahlene Haselnüsse
300 ml Sahne
1 TL natürliches Vanilleextrakt
450 g gemischte Beeren (geviertelte Erdbeeren, Himbeeren, Brombeeren, Blaubeeren)

Den Ofen auf 150 °C vorheizen. In einer Schüssel die Eiweiße schlagen, bis sich weiche Spitzen bilden. Unter ständigem Weiterschlagen langsam den Zucker einarbeiten, bis die Masse steif ist. Die gemahlenen Haselnüsse unterziehen.

Zwei Backbleche mit Backpapier auslegen, jeweils die Hälfte der Baisermasse in die Mitte geben und mit dem Rücken eines Löffels zu Kreisen von etwa 20 cm Durchmesser verstreichen. Im Ofen 40 Minuten backen. Den Ofen ausschalten, die Tür einen Spaltbreit öffnen und die Baisers im Ofen 30 Minuten abkühlen lassen.

Die Sahne steif schlagen und dabei das Vanilleextrakt einarbeiten. Einen abgekühlten Baiserboden auf eine Platte legen, mit Schlagsahne bedecken und die Hälfte der Beeren darauf verteilen. Das zweite Baiser auflegen und in gleicher Weise mit Sahne und Früchten garnieren. Vor dem Servieren 15 Minuten ruhen lassen. Für 6 Personen.

Kein Wunder, dass ich bei diesem Naschwerk aus knusprigem Haselnussbaiser, Sahne und frischen Beeren schwach werde.

Haselnussbaiser mit Beeren

Pfirsicheis

3 große weiße Pfirsiche, geschält und entsteint
3 EL Cointreau
2 EL Zitronensaft
1 TL Rosenblütenwasser
4–6 EL feinster Zucker
300 ml Sahne, steif geschlagen
50 g Mandelblättchen, geröstet

Die Pfirsiche in kleine Würfel schneiden und in einer Schüssel mit dem Cointreau, dem Zitronensaft, dem Rosenblütenwasser und dem Zucker nach Geschmack vermengen. Den Zucker unter Rühren auflösen.

Den Fruchtmix behutsam unter die geschlagene Sahne ziehen und die Mandeln unterheben. Die Masse in eine Terrine oder eine Kastenform von 22 × 8 × 7 cm Größe füllen und über Nacht einfrieren.

Zum Herauslösen die Form kurz in heißes Wasser tauchen und anschließend das Eis stürzen. In Scheiben schneiden und auf gekühlten Tellern servieren. Für 6 Personen.

Kalte Rahmschokolade

200 g Bitterschokolade, in Stücke zerbrochen
300 ml Sahne
1 Prise Meersalz
½ TL natürliches Vanilleextrakt
1 ganz frisches Ei
Erdbeeren oder Mandelkekse zum Servieren

Die Schokolade und die Sahne in einem Topf auf kleiner Flamme erhitzen. Gelegentlich umrühren, bis die Schokolade geschmolzen ist. 1 Prise Salz und das Vanilleextrakt zugeben und das Ei unterrühren. Bei schwacher Hitze weiterrühren, bis die Mischung ganz glatt ist.

Die Rahmschokolade in sechs Tasse füllen und für 3 Stunden kalt stellen. Mit frischen Erdbeeren oder Mandelkeksen servieren. Für 6 Personen.

Schokoladen-Samosas

1 Eigelb
12 Won-tan-Blätter
125 g Vollmilchschokolade, fein gehackt
70 g geröstete Haselnüsse, grob gehackt
2 Babybananen, in Scheiben geschnitten
500 ml Pflanzenöl
Puderzucker zum Bestauben
Crème double zum Servieren

In einer Schüssel das Eigelb mit 2 Esslöffeln Wasser verquirlen. Die Won-tan-Blätter auf eine trockene, saubere Arbeitsfläche legen und jeweils etwas Schokolade, einige Haselnüsse und Bananenscheiben in die Mitte geben. Die Ränder der Teigblätter mit verquirltem Ei bestreichen, die Ecken über der Füllung zusammenführen und versiegeln. Die gefüllten Teigtaschen auf einen trockenen Teller legen, zudecken und bis zur Verwendung kalt stellen.

Das Öl in einer tiefen Pfanne erhitzen, bis es zu flimmern beginnt. Einige Teigtaschen in das heiße Öl gleiten lassen und goldbraun ausbacken. Herausheben und auf Küchenpapier abtropfen lassen. Sämtliche Samosas in dieser Weise frittieren, mit Puderzucker bestauben und heiß mit einem großzügigen Klecks Crème double servieren. Für 4 Personen.

Brombeercreme

300 g Brombeeren
3 EL Zucker
2 EL Himbeerlikör (Crème de Framboise; nach Belieben)
1 TL Orangenblütenwasser
300 ml Sahne, steif geschlagen
Mandelkekse oder Mandelbrot zum Servieren

Die Brombeeren, den Zucker, den Likör und das Orangenblütenwasser im Mixer oder in der Küchenmaschine pürieren. (Wenn Sie die Kerne stören, das Püree anschließend durch ein Sieb streichen.)

Das Brombeerpüree unter die Schlagsahne ziehen und in vier gekühlte Gläser oder Dessertschalen füllen. Mit Mandelkeksen oder Mandelbrot servieren. Für 4 Personen.

Feigen in Sauternes mit Sahneparfait

Nuss-Filoteig mit Erdbeeren

Feigen in Sauternes mit Sahneparfait

12 Feigen, halbiert
400 ml Sauternes
1 TL Honig
5 Eigelb
125 g Zucker
1 TL natürliches Vanilleextrakt
500 ml Crème fraîche

Die Feigen in einer Schüssel mit dem Sauternes bedecken, mit Honig beträufeln und zugedeckt für 12 Stunden in den Kühlschrank stellen.

In einer großen Schüssel die Eigelbe, den Zucker und das Vanilleextrakt hellgelb und cremig schlagen. Behutsam die Crème fraîche unterziehen, die Masse in eine mit Backpapier ausgekleidete Kastenform von 8 × 22 cm Größe füllen und tiefkühlen, bis sie fest ist. Das Parfait in sechs dicke Scheiben schneiden und auf gekühlten Tellern anrichten. Mit den Feigen und einem Löffel Sauternes garnieren und servieren. Für 6 Personen.

Nuss-Filoteig mit Erdbeeren

4 EL Mandelblättchen
3 EL Pistazienkerne
2 EL Honig
1 TL abgeriebene unbehandelte Zitronenschale
1 EL Zitronensaft
4 Blätter Filoteig
2 EL Butter, zerlassen
1 TL gemahlener Zimt
Puderzucker zum Bestauben
250 g Erdbeeren, von den Kelchen befreit und halbiert
Rosenwassersirup mit Kardamom (s. S. 355) zum Servieren

Den Ofen auf 180 °C vorheizen. Die Mandeln und die Pistazien fein hacken und mit dem Honig, der Zitronenschale und dem Zitronensaft in einer kleinen Schüssel vermengen. Ein Backblech einölen und mit Backpapier bedecken. Ein Blatt Filoteig darauflegen und mit etwas zerlassener Butter bestreichen. Ein zweites Teigblatt auflegen, mit Butter einpinseln und mit dem Nüssemix bestreuen. Die beiden letzten Teigblätter nacheinander darüberlegen und jeweils buttern und in 15 Minuten im Ofen goldbraun backen.

Den Filoteig aus dem Ofen nehmen, mit einem Sieb großzügig mit Puderzucker bestauben und in große Stücke zerbrechen. Die Erdbeeren auf vier Teller verteilen, den Filoteig darauf anrichten und mit etwas Rosenwassersirup beträufeln. Für 4 Personen.

Bratäpfel

2 kleine Panettone oder 1 großer (italienischer Früchtekuchen; etwa 200 g)
Butter zum Bestreichen
4 große grüne Äpfel
2 EL brauner Zucker, plus Zucker für die Füllung
2 EL Butter
Puderzucker zum Bestauben
Crème double oder Vanillesauce zum Servieren

Den Ofen auf 180 °C vorheizen. Ein Backblech mit Backpapier auslegen. Von einem kleinen Panettone den gewölbten Deckel abschneiden und den Kuchen in vier runde Scheiben schneiden. Einen großen Panettone senkrecht in vier Scheiben schneiden und daraus vier Kreise ausstechen. Die runden Panettone-Scheiben auf das Blech legen und leicht buttern.

Die Kerngehäuse der Äpfel mit einem Apfelausstecher oder einem scharfen Messer sorgfältig entfernen. Den zweiten kleinen Panettone (oder ein weiteres Stück des großen Kuchens) in Scheiben schneiden, buttern und in kleine Stücke zerpflücken. Die Stückchen im Wechsel mit braunem Zucker in die Äpfel füllen. Zuoberst mit je ½ Esslöffel braunem Zucker und einem Stückchen Butter abschließen. Die Äpfel auf die Panettone-Scheiben setzen und 40 Minuten im Ofen backen.

Die Bratäpfel mit Puderzucker bestauben und warm mit Crème double oder Vanillesauce servieren. Für 4 Personen.

Ein Bratapfel mit Stil und Persönlichkeit – kein Wunder, bei dem Bett aus süßem Panettone.

Bratäpfel

Rhabarberkompott mit Sahne

500 g Rhabarber
2 EL Zucker
Saft von 2 Orangen
90 g brauner Zucker
300 ml Sahne, steif geschlagen

Den Rhabarber schälen und in 2 cm lange Stücke schneiden. Mit dem Zucker und dem Orangensaft in einem Topf auf kleiner Flamme erhitzen und zugedeckt 15 Minuten dünsten. Den Rhabarber vom Herd nehmen und abkühlen lassen.

Etwas Rhabarberkompott in vier Glasschalen füllen, mit braunem Zucker bestreuen und mit einer Schicht Schlagsahne bedecken. Weiteres Kompott darüberschichten und erneut mit Zucker bestreuen. Für 4 Personen.

Sahnereis mit Rosenblütenwasser und Himbeeren

500 ml Milch
3 EL Zucker
2 TL fein abgeriebene unbehandelte Orangenschale
1 Prise Meersalz
70 g Rundkornreis
125 ml Sahne, steif geschlagen
1 TL Rosenblütenwasser
150 g Himbeeren zum Garnieren
60 g gehackte Pistazienkerne zum Garnieren

In einem Topf die Milch mit dem Zucker, der Orangenschale und 1 Prise Salz zum Kochen bringen. Die Hitze reduzieren, den Reis hineingeben und 30 Minuten sanft garen; gelegentlich umrühren. Den Reis abkühlen lassen. Die Schlagsahne und das Rosenblütenwasser unterziehen.

Den Sahnereis in Schalen anrichten und mit den Himbeeren und Pistazien garnieren. Für 6 Personen.

Schokoladen-Marquise

100 g Bitterschokolade, in Stücke zerbrochen
2½ EL weiche Butter
3 EL Zucker
2 EL ungesüßtes Kakaopulver
2 ganz frische Eigelb
1 TL Rosenblütenwasser
150 ml Sahne
150 g Himbeeren zum Servieren
6 Nektarinen, in Spalten geschnitten, zum Servieren
50 g Mandelblättchen, geröstet, zum Servieren
Puderzucker zum Bestauben

Die Schokolade in einer Schüssel im heißen Wasserbad schmelzen (der Schüsselboden darf das Wasser nicht berühren). Die Butter und die Hälfte des Zuckers hellgelb und schaumig schlagen, den Kakao unterrühren. In einer zweiten Schüssel die Eigelbe mit dem restlichen Zucker cremig schlagen; das Rosenblütenwasser unterrühren. Die Sahne steif schlagen. Die flüssige Schokolade unter die Butter rühren, die Eigelbe einarbeiten und die Sahne unterziehen. Eine 8 × 22 cm Form mit Frischhaltefolie auskleiden, die Creme einfüllen und in 3 Stunden im Kühlschrank fest werden lassen.

Die Marquise aus der Form stürzen, in dicke Scheiben schneiden und mit Früchten und Mandelblättchen garniert und mit Puderzucker bestaubt servieren. Für 4–6 Personen.

Pflaumen-Zimt-Gelee mit Sahne

6 Blutpflaumen (rotfleischige Pflaumen), geviertelt
225 g Zucker
1 Zimtstange
1 Vanilleschote, längs halbiert
Saft von 1–2 Orangen
6 Blatt Gelatine
Sahne zum Servieren

Die Pflaumen, den Zucker, die Zimtstange, die Vanilleschote und 750 ml Wasser in einem Topf vermengen, aufkochen und bei schwacher Hitze 30 Minuten köcheln lassen. Vom Herd nehmen und den Saft durch ein sehr feines Sieb oder ein Passiertuch in einen Messbecher gießen. Mit Orangensaft auffüllen, sodass Sie insgesamt 600 ml Flüssigkeit erhalten.

Die Gelatine in kaltem Wasser 10–15 Minuten einweichen. Den Saft zurück in den Topf gießen und bei schwacher Hitze erwärmen. Die Gelatine gut ausdrücken und in dem warmen Saft unter Rühren auflösen. In sechs Puddingformen à etwa 100 ml füllen und für 3 Stunden oder über Nacht in den Kühlschrank stellen. Mit flüssiger Sahne servieren. Für 6 Personen.

Gebackene Quitten →

Gebackene Quitten

2 große Quitten, geschält, entkernt und geviertelt
Saft von 2 Orangen
3 EL Zucker
2 EL Honig
Biscotti (Mandelkekse), Mandelbrot oder Cantuccini, mit Puderzucker bestaubt zum Servieren
Joghurt oder Crème double zum Servieren

Den Ofen auf 180 °C vorheizen. Ein Backblech mit Backpapier auskleiden und die Quitten darauflegen. Den Orangensaft, den Zucker und den Honig über den Früchten verteilen und mit einem zweiten Bogen Backpapier bedecken.

Die Quitten im Ofen 1 Stunde backen, die Temperatur auf 140 °C reduzieren und die Früchte weitere 2 Stunden garen, bis sie weich sind und sich tiefrot gefärbt haben.

Die gebackenen Quitten mit Mandelkeksen oder -brot und Joghurt oder Crème double servieren. Für 4 Personen.

Früchte-Crumble

500 g Rhabarber, geschält, grob gewürfelt
Saft von 1 Orange
6 getrocknete Feigen, in dünne Scheiben geschnitten
2 Äpfel, geschält, entkernt und grob gewürfelt
3 EL Zucker
60 g Mehl
90 g brauner Zucker
100 g gemahlene Mandeln
3 EL Butter
Sahne oder Vanillesauce zum Servieren

Den Ofen auf 180 °C vorheizen. Den Rhabarber, den Orangensaft, die Feigen, die Äpfel und den Zucker in eine Auflaufform geben und gründlich vermengen.

Das Mehl, den braunen Zucker und die gemahlenen Mandeln in einer Schüssel vermengen. Die Butter zugeben und in die trockenen Zutaten reiben, bis die Mischung krümelig ist. Die Streusel über die Früchte streuen und 45 Minuten im Ofen backen. Mit Sahne oder Vanillesauce servieren. Für 6 Personen.

Schokoladenmousse mit Orangen

140 g Bitterschokolade, in Stücke zerbrochen
4 EL Grand Marnier
4 Eigelb
4 EL Kakaopulver
2 TL abgeriebene unbehandelte Orangenschale
180 ml Sahne, steif geschlagen
4 Orangen

Die Schokolade und 2 Esslöffel Grand Marnier in einer hitzebeständigen Schüssel im heißen Wasserbad schmelzen. Nacheinander die Eigelbe zugeben und vor jeder weiteren Zugabe vollständig unterrühren. Die Schokomasse verfestigt sich dabei eventuell vorübergehend, wird aber schnell wieder glatt und geschmeidig.

Das Kakaopulver und die geriebene Orangenschale unter die Schlagsahne mengen und die Sahne unter die Schokomasse ziehen. Die Mousse in eine Schüssel füllen und zugedeckt einige Stunden kalt stellen.

Die Orangen mit einem scharfen Messer mitsamt der weißen Innenhaut schälen, in dünne Scheiben schneiden und in einer Schüssel mit dem restlichen Grand Marnier benetzen. Die Orangen auf Desserttellern anrichten und mit je einer großen Kugel Schokoladenmousse krönen. Für 4–6 Personen.

Diese Schokoladenmousse ist ein geliebter Evergreen, aber Vorsicht – sie ist ziemlich gehaltvoll und schmeckt nach mehr.

← Früchte-Crumble

Schokoladenmousse mit Orangen

Glossar

Asiatische Röstzwiebeln
Getrocknete knusprige Röstzwiebeln werden gewöhnlich in Bechern oder Plastiktüten im Supermarkt oder Asia-Handel angeboten und als eine Art Geschmacksverstärker über Reis und salzige Gerichte gestreut.

Austernpilze
Diese schön geformten, milden, aromatischen Pilze gibt es in den verschiedensten Farbtönen von Graubraun, über Weiß bis zu Rosa und Gelb. Roh schmeckt der heute im großen Stil gezüchtete Pilz recht scharf, daher ist er besonders für cremige Pasta-Saucen und Gerichte aus dem Wok geeignet.

Balsamicoessig
Balsamico ist ein dunkelbrauner, leicht süßlicher Essig, der aus Traubenmost hergestellt und in Fässern gereift wird. Die Produktion des echten Balsamico in der italienischen Provinz Modena unterliegt strengen Kontrollen. Zu erkennen ist das Original an der Etikettaufschrift „Aceto Balsamico Tradizionale de Modena". Die Industrieware gelangt schlicht als „Aceto Balsamico de Modena" in den Handel.

Bioprodukte
Der Begriff Bio wird für Produkte verwendet, die nach den Grundsätzen des ökologischen Landbaus, d. h. ohne den Einsatz von Kunstdünger und anderen chemisch-synthetischen Stoffen durch nachhaltige Bewirtschaftungsmethoden hergestellt wurden. Das Resultat sind gesündere Lebensmittel, die meist auch besser schmecken.

Blätterteig
Verwenden Sie für die Rezepte ein hochwertiges Fertigprodukt mit hohem Butteranteil. Mit Pflanzenfett hergestellte Teige sind geschmacklich deutlich unterlegen. Falls nötig, helfen Sie mit etwas zerlassener Butter nach.

Bocconcini
Die kleinen, frischen Mozzarellakugeln werden gewöhnlich in ihrer eigenen Molke verkauft. Der weiche, elastische Käse hat ein milchiges Aroma. Zu finden ist er im Feinkostladen sowie im gut sortierten Supermarkt.

Braune Champignons
Braune Champignons haben einen kräftigeren Geschmack und eine festere Konsistenz als die weißen Verwandten. Sehr große, bereits offene Exemplare werden auch Portobello-Pilze genannt.

Bulgur
Der im Nahen Osten und Nordafrika beliebte Bulgur ist der Hauptbestandteil des Taboulé. Bulgur ist gedämpfter, getrockneter und zerkleinerter Hartweizen. Sie bekommen ihn in den Körnergrößen fein, mittel und grob.

Buttermilch
Reine Buttermilch ist die bei der Butterherstellung übrig bleibende fettarme Milchflüssigkeit. Sie ist leicht dickflüssig und ihr säuerlicher Geschmack wird zum Teil durch die Zugabe von Milchsäurebakterien erzielt. In der Bäckerei wird sie gelegentlich als Triebmittel eingesetzt.

Cajun-Gewürz
Eine in der Küche Louisianas (USA) verbreitete Gewürzmischung, die im Feinkosthandel oder in speziellen Gewürzläden erhältlich ist. Sie besteht überwiegend aus Kreuzkümmel, Cayennepfeffer, Chili, Senf und verschiedenen getrockneten Kräutern und wird gern vor dem Grillen über Hähnchen oder Lammfleisch gestreut.

Cha-Plu-Blätter (Thail. Pfeffer)
Diese zarten grünen Blätter, die mit dem Betelpfeffer verwandt sind, werden in der Thai-Küche meist roh als Hülle oder Bestandteil kleiner Snacks, *miang* genannt, verwendet. Man findet sie gebündelt im Asia-Laden.

Chinesische schwarze Bohnen
Die fermentierten, gesalzenen Sojabohnen werden entweder vakuumverpackt oder in Dosen im asiatischen Lebensmittelhandel angeboten und zum Würzen verwendet.

Chinesischer schwarzer Essig
Dieser dunkle Reisessig ist schärfer als die helleren Sorten und wird traditionell für Wok-Gerichte, Suppen und Dips eingesetzt. Der angeblich beste schwarze Essig stammt aus der chinesischen Provinz Zhejiang.

Chipotle-Chilischoten
Chipotles sind große geräucherte und getrocknete Jalapeño-Chilischoten, die man in einer rauchigen Sauce eingelegt in Dosen im Feinkosthandel findet. Auch getrocknet werden sie angeboten, müssen allerdings vor der Verwendung in warmem Wasser eingeweicht werden.

Choisum
Ein asiatischer Blattkohl mit ovalen grünen Blättern, schlanken Stielen und kleinen gelben Blüten.

Crème fraîche
Ein ursprünglich aus Frankreich stammender gehaltvoller Sauerrahm aus Kuhmilch mit mindestens 30 Prozent Fettgehalt.

Curryblätter
Die kleinen, grünen, duftenden Blätter des in Indien und Sri Lanka beheimateten Currybaums verleihen vielen Gerichten der Landesküchen ihr charakteristisches Aroma. Sie werden gewöhnlich frittiert unter das Gericht gemengt oder als Garnitur verwendet. Man findet die frischen Blätter in indischen Supermärkten.

Daikon-Rettich
Der weiße Riesenrettich aus Asien entfaltet je nach Jahreszeit und Sorte ein mildes bis überraschend scharfes Aroma. Daikon enthält ein verdauungsförderndes Enzym. Er wird frisch gerieben genossen oder langsam in Brühe gegart und ist in jedem Asia-Laden zu haben. Wählen Sie festen Daikon mit glänzender Schale ohne schadhafte Stellen.

Eingelegte Zitrone
Von den in Salz eingelegten Zitronen wird häufig nur die Schale verwendet, die mit der Zeit weich und geschmeidig wird. Das Fruchtfleisch wird abgekratzt. Eingelegte Zitronen findet man im arabischen Feinkostladen.

Eingelegter Ingwer
Japanischer eingelegter Ingwer ist im asiatischen Lebensmittelhandel erhältlich. Die dünnen Scheiben der jungen Ingwerwurzel werden in süßem Essig eingelegt, wodurch sie sich lachsrosa färben. Bei industriell hergestellten Produkten wird meist durch künstliche Lebensmittelfarbe nachgeholfen. Der zum Einlegen verwendete Essig ist ideal für Saucen, die nach einer süßlich-frischen Ingwernote verlangen.

Enoki-Pilze
Die hellen, delikaten Pilze mit den langen Stielen und winzigen Kappen sind sehr empfindlich und benötigen nur minimale Garzeiten. Sie sind relativ geschmacksarm, haben jedoch eine ansprechende Konsistenz und Erscheinung, ideal zum Mischen mit anderen Pilzen und für Wok-Gerichte.

Feiner Rohrohrzucker
Im Gegensatz zum handelsüblichen raffinierten Streuzucker hat Rohrohrzucker eine gelbliche Farbe und ein angenehm karamelliges Aroma.

Feta
Feta (griechisch für „Scheibe") ist ein Weißkäse aus Schafs- oder Ziegenmilch, der gesalzen, anschließend in Blöcke geschnitten und in der eigenen Molke gereift wird. Er muss unbedingt in Molke oder Öl eingelegt gelagert werden, da er schnell verdirbt. Als besonders cremig gilt persischer Schafskäse.

Fünf-Gewürze-Pulver
Die aromatische Gewürzmischung aus der chinesischen Küche besteht aus Sternanis, schwarzem Pfeffer, Fenchelsamen, Kassiarinde und Gewürznelken. Sie wird gern zum Einreiben von Hähnchen und Ente verwendet. Sparsam dosiert verleiht sie auch Schweine- und Rindfleisch eine interessante Note.

Galgant
Obwohl zu den Ingwergewächsen gehörend, ist diese auch als Thai-Ingwer bekannte Wurzel anders als Ingwer und erinnert fast ein wenig an Kampfer. Der optisch gewöhnlichem Ingwer sehr ähnliche Galgant ist äußerst faserig und hart und daher schwer zu schneiden. In den Küchen Malaysias und Indonesiens ist er weit verbreitet und kommt besonders in Thai-Suppen zu seinem Recht. Galgant gibt es frisch oder in Lake eingelegt im Asia-Laden.

Getrocknete Beeren
Gemischte getrocknete Beeren sind besonders in Amerika populär und als Fertigmischung erhältlich. Alle Trockenbeeren, vor allem aber Cranberries, verleihen Gebäck und Buttermischungen ein angenehm süßsäuerliches Aroma. Sie lassen sich eingeweicht, aber auch für frische Obstsalate verwenden. Die Früchte einfach mit kochendem Wasser bedecken und quellen lassen, bis sie weich sind.

Getrocknete Bohnen
Es gibt zahllose Sorten in allen Formen und Farben, darunter die weißen Cannellini-Bohnen, die aus Frankreich stammenden hellgrünen Flageolet, die roten, leicht süßlichen Adzuki-Bohnen und viele mehr. Die meisten Sorten müssen vor dem Garen in kaltem Wasser eingeweicht werden.

Gläser sterilisieren
Gläser und Flaschen sollte man möglichst sterilisieren, bevor man Speisen längere Zeit darin aufbewahrt. Dazu die Gefäße in heißem Spülwasser reinigen und anschließend 10 Minuten vollständig bedeckt in kochendes Wasser legen. Umgedreht auf einem sauberen Küchentuch abtropfen lassen und im 130 °C heißen Ofen vollständig trocknen. Die Speisen einfüllen, solange die Gläser heiß sind.

Granatapfelsirup
Dieser dicke Sirup aus eingekochtem Granatapfelsaft von bittersüßem Geschmack verleiht vielen Gerichten des Nahen Ostens eine frische, säuerliche Note. Zu finden ist er im arabischen Feinkosthandel.

Greyerzer
Ein Schweizer Hartkäse aus Kuhmilch von geschmeidiger Konsistenz und leicht nussigem Aroma, ideal für Tartes und Gratins. Der französische Verwandte heißt Gruyère.

Grünteenudeln
Getrocknete japanische Nudeln auf Weizenmehlbasis, die mit grünem Tee aromatisiert wurden. Sie sind von blassgrüner Farbe und ideal für kalte Nudelsalate.

Halloumi
Halbfester Käse aus Kuh-, Schafs- oder Ziegenmilch von leicht gummiartiger Konsistenz, der beim Grillen oder Braten jedoch wunderbar weich und zart wird. Man findet ihn in gut sortierten Supermärkten.

Hatcho-Miso
Diese kräftige, braune Paste wird aus fermentierten Sojabohnen, Salz und Reis oder Gerste hergestellt. Miso ist aus der japanischen Küche nicht wegzudenken, wo es für Saucen und Pickles ebenso verwendet wird wie für Suppen, Dressings und Fonds. Braunes Miso hat ein kräftigeres Aroma als die hellere Variante. Sie finden es im asiatischen Lebensmittelhandel.

Hijiki
Hijiki ist eine getrocknete, braune Algenart, die im Gegensatz zu anderen Speisealgen etwas dicker und leicht zäh ist. Sie muss vor dem Gebrauch in Wasser eingeweicht werden, ist reich an Kalzium und schmeckt vor allem sautiert zu frittiertem Tofu und in japanischen Salaten. Hijiki-Algen finden Sie im asiatischen Lebensmittelhandel.

Indisches Lime Pickle
Lime Pickle (scharf eingelegte Limetten) werden unter dieser Bezeichnung beim Inder angeboten und als Würzbeigabe zu indischen Gerichten gereicht.

Kaffir-Limettenblätter
Die auch als *makrut* bekannten glänzenden Blätter eines tropischen Zitrusbaumes verleihen vielen Gerichten ein wunderbar frisches Zitrusaroma. Geben Sie frischen Blättern den Vorzug vor getrockneter Ware.

Kapern
Die grünen Blütenknospen eines mediterranen Strauchs werden trockengesalzen, in Öl oder in Salzlake eingelegt angeboten. Erstere sind fester und meist auch kleiner als in Lake eingelegte Kapern. Die in Salz eingelegten sollten vor Gebrauch gründlich abgespült werden.

Kardamom
Die grünen Blütenkapseln der in Indien beheimateten Pflanze gelten nach Safran und Vanille als drittteuerstes Gewürz der Welt. Die darin enthaltenen Samen haben ein süßlich-scharfes Aroma und werden ganz oder gemahlen verwendet. Kardamom sollte wegen seines durchdringenden Aromas sparsam dosiert werden.

Kombu
Die in großen getrockneten Blättern erhältlichen Kombu-Algen werden mit Bonitoflocken für die Zubereitung von Dashi, einer japanischen Grundbrühe, verwendet. Man findet sie im japanischen Feinkosthandel und im Asia-Shop.

Lavash
Dünnes, ungesäuertes Fladenbrot aus Armenien. Ein ähnliches Fladenbrot finden Sie beim Türken.

Ligurische Taggiasca-Oliven
Die kleinen schwarzen Oliven werden gewöhnlich für Salate oder zum Garnieren fertiger Speisen verwendet, für Pasten sind sie nicht geeignet.

Marsala
Vielleicht Italiens berühmtester Süßwein, den es auch in einer trockenen Version als Aperitif gibt. Marsala wird häufig für Desserts verwendet, etwa für Zabaglione, und schmeckt hervorragend in Kombination mit Eiern, Sahne und Mandeln.

Mascarpone
Dieser ursprünglich aus Italien stammende milde Frischkäse dient als Basis vieler süßer und salziger Speisen. Er wird aus dickgelegter Sahne hergestellt, ist daher sehr gehaltvoll und besonders beliebt in dem Klassiker Tiramisu.

Matsutake
Wörtlich „Kiefernpilz". Der in Japan begehrte

bräunliche und fleischige Wildpilz schmeckt am besten schlicht mit etwas Knoblauch in Butter gebraten.

Meerrettich
Die lange, weiße Wurzel mit der braunen Schale gehört zur Senffamilie und hat einen durchdringenden, sehr scharfen Geschmack. Frisch gerieben wird Meerrettich gern zu gebratenem Rindfleisch oder Räucherfisch gereicht. Im Handel findet man ihn meist in gezähmter Form als Sahnemeerrettich. Sehr zu empfehlen zu Roastbeef und Räucherlachs.

Mirin
Japanischer Reiswein, der vielen Dressings und Saucen eine Spur Süße verleiht, aber auch zum Marinieren und zum Glasieren, beispielweise für Teriyakis Verwendung findet. Erhältlich ist Mirin sogar im gut sortierten Supermarkt.

Miso-Paste
Ein Muss in der japanischen Küche. Miso-Paste wird aus fermentierten Sojabohnen, Gewürzen und Weizen, Reis oder Gerste hergestellt und dient als Würzzutat; siehe auch Hatcho-Miso und Shiro-Miso.

Mizuna
Dieser zarte japanische Blattsalat hat ein angenehm pfeffriges Aroma.

Mozzarella
Echter Büffel-Mozzarella wird im guten Lebensmittelhandel angeboten und ist an seiner eher unregelmäßig runden Form und seiner cremigen Konsistenz zu erkennen. Geschmacklich steht er Welten über der industriellen Massenware.

Nori
Nori ist eine essbare Algenart, die in papierdünnen Blättern verkauft wird. Um das Aroma zu konzentrieren, röstet man sie auf kleiner Flamme von der schimmernden Seite. Erhältlich sind Nori-Algen in allen Asia-Läden.

Orangenblütenwasser
Diese aus den Blüten von Bitterorangen gewonnene Essenz wird vornehmlich zum Aromatisieren von Gebäck und Getränken eingesetzt. Gute Supermärkte und Feinkostläden, aber auch Apotheken sollten es vorrätig haben.

Palmzucker
Palmzucker wird aus dem Saft von Blütenständen verschiedener Palmenarten gewonnen und in Form von festen Küchlein, zylindrischen Blöcken und in Kunststoffbechern angeboten. Erhältlich ist Palmzucker im Feinkost- oder Asia-Laden. Ersatzweise können Sie zu braunem Rohrohrzucker greifen.

Pancetta
Luftgetrockneter und gelegentlich auch leicht geräucherter italienischer Bauchspeck, der heute an jeder guten Fleischtheke zu finden und problemlos durch durchwachsenen Frühstücksspeck zu ersetzen ist.

Panettone
Ein aus Mailand stammender, kuppelförmiger Hefekuchen mit Rosinen und kandierten Früchten, der traditionell zu Weihnachten serviert wird. Es gibt ihn als Fertigprodukt im Supermarkt.

Prosciutto
Italienische Bezeichnung für rohen, luftgetrockneten Schinken. Berühmte Sorten sind Prosciutto di Parma und Prosciutto di San Daniele.

Quittenpaste
Die großen duftenden Früchte mit dem hohen Pektingehalt sind roh ungenießbar und verwandeln sich beim Einkochen in eine geleeartige Paste von orangeroter Färbung. Getrocknet wird daraus schnittfähiges Quittenbrot. Quittenpaste finden Sie im Feinkosthandel.

Reisessig
Den aus fermentiertem Reis hergestellten Essig gibt es in den Versionen klar, rot und schwarz. Wenn nicht anders angegeben, nehmen Sie den klaren Essig. Klarer Reisessig ist süßer und milder als die bei uns üblichen Essigsorten oder als chinesischer schwarzer Essig.

Reispapierblätter
Reispapierblätter sind vor allem in Vietnam und Thailand verbreitet, bestehen aus nichts als Reis und Wasser und werden rund oder eckig in allen Größen angeboten. In Wasser eingeweicht dienen sie zum Einwickeln der verschiedensten Speisen. Zu finden sind Reisblätter im Asia-Laden.

Ricotta
Der italienische Frischkäse wird abgepackt im Becher oder lose von Laiben abgeschnitten angeboten. Letzterer ist fester und besser zum Backen geeignet. Bei Ricotta aus dem Becher lässt sich Abhilfe schaffen, indem man den Käse einige Stunden in einem Passiertuch abtropfen lässt.

Risoni
Diese reisförmigen Nudeln sind ideale Geschmacksträger für Suppen oder Salate, da sie dank ihrer geringen Größe andere Aromen gut aufnehmen.

Risottoreis
Es gibt drei bekannte Reissorten, die für Risotto geeignet sind, darunter der rundlich-dicke Arborio, der einen eher klebrigen Risotto liefert, der Vialone nano, dessen etwas kürzeres Korn für eine lockere Konsistenz sorgt und etwas mehr Biss behält, und, von ähnlicher Größe, der Carnaroli, der dem Risotto eine eher feste Beschaffenheit verleiht. Alle drei Sorten sind austauschbar, wobei die Garzeit variieren kann.

Rosa Pfeffer
Die roten Beeren des Peruanischen Pfefferbaums *(Schinus molle)* sind zwar kein Pfeffer, entfalten aber dennoch einen pfeffrigen Geschmack, der hervorragend mit intensiven Aromen harmoniert.

Rosenblütenwasser
Die aus frischen Rosenblütenblättern destillierte Essenz wird sparsam dosiert eingesetzt, um Gebäck, Obstsalaten und Puddings ein blumiges Aroma zu verleihen. Rosenblütenwasser findet man im Feinkostladen und Apotheken.

Safran
Die orangeroten Narben einer Krokusart sind das teuerste Gewürz der Welt. Jede Blüte liefert nur drei Fäden, die von Hand geerntet und getrocknet werden – ein sehr arbeitsintensiver Prozess. Safran sollte sparsam bevorratet und verwendet werden, nicht allein wegen seines horrenden Preises, sondern auch wegen des kräftigen Aromas. Hüten Sie sich vor Billigware, echter Safran ist es garantiert nicht!

Schokolade
Als Tauchschokolade und Überzug für Gebäck ist Kuvertüre am besten geeignet, da ihr hoher Anteil an Kakaobutter die Fließeigenschaften begünstigt. Für andere Zwecke, sofern nicht anders angegeben, sollte man zu hochwertiger Bitterschokolade mit hohem Kakaoanteil greifen, die geschmacklich die besten Resultate erzielt. Deutlich unterlegen ist Kochschokolade, die in erster Linie auf gute Schmelzeigenschaften ausgelegt ist.

Schwarzer Sesam
Der vornehmlich in der asiatischen Küche verwendete schwarze Sesam sorgt in vielen Gerichten für knusprigen Biss, ein nussig-erdiges Aroma

und ein paar Farbtupfer. Der in Asia-Shops erhältliche schwarze Sesam wird mit der Zeit ranzig und sollte daher sparsam bevorratet werden.

Senfsamen
Senfsamen haben ein feurig-scharfes Aroma, das durch Garen etwas gebändigt wird. Es gibt sie in den Farben Gelb und Braun, wobei brauner Senf verbreiteter ist.

Sesamöl
Sesamöl gibt es in zwei Varianten, eine dunklere, kräftigere Sorte aus China, die aus den gerösteten Samen hergestellt wird, und ein helleres Öl aus nicht geröstetem Sesam, das im Nahen Osten verbreitet ist.

Shaoxing-Reiswein
Die Stadt Shaoxing im Norden Chinas liefert seit Jahrhunderten den gleichnamigen Reisessig, dessen Aroma an Sherry erinnert. Er wird aus Klebreis hergestellt und meist für Schmorgerichte und Saucen verwendet.

Shiitakepilze
Die aus Asien stammenden Pilze haben weiße Lamellen und braune Kappen. Da sehr fleischig, bewahren sie beim Garen gut ihre Form. Sie werden auch getrocknet gehandelt.

Shiro-Miso
Diese gelbliche Paste wird aus fermentierten Sojabohnen, Salz und Reis oder Gerste hergestellt. Sie hat einen mild-süßlichen Geschmack und einen relativ geringen Salzgehalt. Shiro-Miso ist im Asia-Handel und im Reformhaus erhältlich (siehe auch Hatcho-Miso).

Sichuan-Pfeffer
Die getrockneten roten Beeren eines in der chinesischen Provinz Sichuan beheimateten stacheligen Strauchs schmecken würzig-scharf und hinterlassen ein leichtes Taubheitsgefühl, das einige Zeit anhält. Trocken geröstet und zerstoßen ist Sichuan-Pfeffer besonders aromatisch. Der japanische Sancho-Pfeffer ist ein naher Verwandter und ein guter Ersatz.

Stangenbohnen
Die auch als Buschbohnen bekannten grünen Bohnen gibt es in vielen Formen und Größen. Die gelben Verwandten werden als „Wachsbohnen" angeboten. Rohe Stangenbohnen enthalten einen giftigen Eiweißstoff, der erst nach etwa zehnminütigem Garen abgebaut ist.

Sternanis
Die Kapseln der getrockneten, sternförmigen Früchte enthalten ovale, braune Samen, die einen anisähnlichen, fast lakritzartigen Geschmack haben. Wegen seines dekorativen Äußeren verwendet man Sternanis meist im Ganzen.

Sumach
Der säuerlich-pfeffrige Sumach wird aus den getrockneten und gemahlenen Beeren des Gerbersumachs (Färberbaum) gewonnen, der auf Sizilien und im Nahen Osten verbreitet ist. Vor allem in der türkischen und libanesischen Küche ist Sumach beliebt.

Tahin
Eine dicke, cremige Paste aus geschälten und gemahlenen weißen Sesamsamen, die vor allem in der arabischen Küche beliebt und ein Bestandteil von Hummus ist. Tahin verleiht Salaten und Saucen ein nussiges Aroma und ist mittlerweile im guten Supermarkt zu finden.

Tamarinde
Die säuerliche Fruchtpulpe der auch als Sauerdatteln bekannten Schoten kommen gewöhnlich in Form von gepressten Blöcken oder als Konzentrat in Gläsern in den Handel. Tamarindenkonzentrat ist nahezu in jedem Supermarkt erhältlich, das gepresste Fruchtmark bekommen Sie im Asia-Laden.

Tofu
Der weiße Sojaquark ist nicht nur in Asien eine beliebte Eiweißquelle. Da relativ geschmacksneutral, nimmt Tofu das Aroma anderer Zutaten gut an. Er wird gewöhnlich als Block gehandelt und in verschiedenen Sorten angeboten – cremig-zart als Seidentofu, fest, geräuchert, frittiert … Frischer Tofu hält sich mit Wasser bedeckt im Kühlschrank bis zu fünf Tage, wobei das Wasser täglich gewechselt werden muss.

Triticale
Eine Kreuzung aus Weizen und Roggen mit hohem Nährwert, die hauptsächlich als Futtergetreide bekannt ist, aber auch für Frühstückszerealien, Suppen und Süßspeisen verwendet wird. Erhältlich ist Triticale im Reformhaus.

Trüffelöl
Trüffeln sind unterirdisch wachsende Pilze meist französischer oder italienischer Provenienz. Die geschätzten Knollen haben ein kräftiges Aroma. Da sie sehr teuer und nur saisonal frisch erhältlich sind, ist Trüffelöl ein passabler Ersatz.

Umeboshi-Pflaumen
Trotz ihres Namens handelt es sich um japanische Aprikosen, die rot eingefärbt und in Salz eingelegt wurden. Sie schmecken säuerlich-salzig und werden in Japan mit weißem Reis und Miso-Suppe traditionell zum Frühstück serviert. Auch für Saucen und Salatdressings kommen sie zum Einsatz. Erhältlich sind sie im japanischen Lebensmittelhandel.

Vanille
Die langen, schlanken, schwarzen Schoten verströmen ein Aroma, das synthetische Vanille nicht im Ansatz erreicht. Gute Vanille sollte weich und nicht zu trocken sein. Lagern Sie die Schoten vorzugsweise in einem Glas Zucker. So bleiben sie frisch und nebenbei entsteht ein aromatischer Vanillezucker.

Wakame
Diese Speisealge wird zumeist getrocknet angeboten und muss vor dem Gebrauch in warmem Wasser einweichen. Wakame wird überwiegend für Salate und Suppen verwendet und ist im Asia-Handel erhältlich.

Wasabi
Der auch als japanischer Meerrettich bekannte Wasabi wird meist als Paste in der Tube oder als Pulver, das man mit Wasser verrührt, verkauft. Er wird aus dem dunkelgrünen Rhizom einer japanischen Wasserpflanze gewonnen und ist ausgesprochen scharf. Er würzt Sushi, Sashimi und Saucen.

Wasserkastanien
Die essbaren weißen Knollen dieser aquatisch lebenden Pflanze verleihen vielen Gerichten der südostasiatischen Küche Biss und Substanz. Frische Wasserkastanien findet man im chinesischen Lebensmittelhandel. Ganz oder in Stücke geschnitten werden sie auch in Dosen angeboten.

Weinblätter
Die großen grünen Blätter werden überwiegend in Lake eingelegt oder vakuumiert angeboten. Gefüllt sind sie vor allem im östlichen Mittelmeerraum, allen voran in der griechischen und türkischen Küche, populär. In Lake eingelegte Weinblätter müssen vor der Verwendung abgespült werden. Die jungen frischen Blätter werden in kochendem Wasser 10 Minuten blanchiert.

Ziegenquark
Ein weicher, cremiger Frischkäse aus Ziegenmilch von mildsäuerlichem Aroma.

Register